女性学概论

魏国英 主编

北京大学出版社

女性学教材系列

女性学概论

主编 魏国英

编写者（以姓氏笔画为序）
马忆南 王美秀 仝 华 李英桃
佟 新 苏彦捷 郑必俊 郑晓瑛
祖嘉合 康沛竹 蔡文媚 魏国英

北京大学出版社
北 京

图书在版编目(CIP)数据

女性学概论/魏国英主编. —北京:北京大学出版社,2000
ISBN 978-7-301-04768-2

Ⅰ. 女… Ⅱ. 魏… Ⅲ. 妇女学—教材 Ⅳ. C913.68

中国版本图书馆 CIP 数据核字(2000)第 76701 号

书　　　名:	女性学概论
著作责任者:	魏国英
责 任 编 辑:	张　冰
标 准 书 号:	ISBN 978-7-301-04768-2/C·0203
出 版 发 行:	北京大学出版社
地　　　址:	北京市海淀区成府路 205 号　100871
网　　　址:	http://www.pup.cn
电 子 邮 箱:	zbing@ pup. pku. edu. cn
电　　　话:	邮购部 62752015　发行部 62750672　编辑部 62759634
	出版部 62754962
印　　刷　者:	北京虎彩文化传播有限公司
经　　销　者:	新华书店
	890 毫米×1240 毫米　A5　9.25 印张　245 千字
	2000 年 12 月第 1 版　2022 年 3 月第 9 次印刷
定　　　价:	38.00 元

未经许可,不得以任何方式复制或抄袭本书之部分或全部内容。
版权所有,侵权必究　举报电话:010-62752024
　　　　　　　　　　电子邮箱: fd@pup.pku.edu.cn

目 录

导 言 …………………………………………………………（1）

第一章　女性学的概念与体系 ………………………………（8）
　第一节　女性学的界定 ……………………………………（8）
　　1.1　概念与定义 …………………………………………（8）
　　1.2　作为独立学科的依据 ………………………………（9）
　　1.3　几种界定辨析 ………………………………………（11）
　第二节　女性学研究对象 …………………………………（14）
　　2.1　对象的内核 …………………………………………（14）
　　2.2　对象的外延 …………………………………………（17）
　　2.3　对象的历时态性 ……………………………………（19）
　第三节　女性学研究方法 …………………………………（21）
　　3.1　一般方法论原则 ……………………………………（21）
　　3.2　观念和手段 …………………………………………（22）

第二章　女性的特质与特征 …………………………………（26）
　第一节　性与性别 …………………………………………（26）
　　1.1　人的性与性别 ………………………………………（27）
　　1.2　性别的自我概念 ……………………………………（31）
　　1.3　性别的刻板印象 ……………………………………（35）
　第二节　性别的自然差异 …………………………………（37）
　　2.1　基因、性激素与两性分化 …………………………（37）
　　2.2　脑与生理机能的差异 ………………………………（41）

2.3 "三期"的生理心理特点 …………………………… (46)
　第三节 性别的心理机能差异 ………………………………… (55)
　　3.1 言语、数学与空间定向能力 ……………………… (55)
　　3.2 其他认知能力 ……………………………………… (60)
　　3.3 个性与人格差异 …………………………………… (62)

第三章　**社会性别与女性社会角色** ……………………… (66)
　第一节 社会性别差异 ………………………………………… (66)
　　1.1 被建构的社会性别 ………………………………… (66)
　　1.2 差异的现实表现 …………………………………… (68)
　第二节 社会性别差异的生产和再生产 …………………… (72)
　　2.1 性别社会化 ………………………………………… (72)
　　2.2 实现过程 …………………………………………… (74)
　第三节 社会性别差异理论 ………………………………… (79)
　　3.1 劳动分工与父权制 ………………………………… (79)
　　3.2 从亲属关系到性别制度 …………………………… (82)
　　3.3 心理学观点 ………………………………………… (83)
　　3.4 社会学理论 ………………………………………… (84)
　　3.5 多学科综合观念 …………………………………… (88)
　第四节 女性的主体意识 …………………………………… (89)
　　4.1 主体意识界定 ……………………………………… (89)
　　4.2 主体意识发展过程与矛盾分析 …………………… (90)
　　4.3 主体意识的内容 …………………………………… (96)
　第五节 女性的价值选择 …………………………………… (98)
　　5.1 价值问题的提出 …………………………………… (98)
　　5.2 价值选择 …………………………………………… (101)
　　5.3 价值实现 …………………………………………… (103)

第四章　**女性的生存与发展** ……………………………… (109)
　第一节 女性的经济地位与生存状态 ……………………… (109)
　　1.1 经济地位与生存状态演变 ………………………… (110)

1.2	对社会与经济发展的贡献	(112)
1.3	无薪社会劳动	(113)
1.4	生存状态变迁规律	(116)

第二节 女性的政治参与 (117)
  2.1 参与途径 (117)
  2.2 参政状况 (119)

第三节 女性与社会文化 (122)
  3.1 女性的文化历程 (123)
  3.2 男性文化与女性文化 (125)
  3.3 中国文化与女性的关系 (127)

第四节 女性与道德伦理 (131)
  4.1 一般理论 (132)
  4.2 现代实践 (134)
  4.3 影响分析 (138)

第五节 女性与婚姻家庭 (141)
  5.1 婚姻制度演进中的地位 (141)
  5.2 家庭结构变迁中的作用 (144)
  5.3 现代变革中的角色 (147)

第五章 女性观的产生与演变 (157)

第一节 女性观的发展 (157)
  1.1 古代社会女性观 (158)
  1.2 "男尊女卑"女性观 (160)
  1.3 近代女性观 (162)
  1.4 唯物史观女性观 (164)
  1.5 当代女性主义 (165)

第二节 女性观演变动因 (168)
  2.1 与生产力的关系 (168)
  2.2 社会政治的反映 (170)
  2.3 哲学、宗教等影响 (172)

第三节 女性观的特点 (174)

3.1　民族地域特色……………………………………（174）
　　3.2　阶层阶级属性……………………………………（176）
　　3.3　多元共生态势……………………………………（177）
　第四节　女性观与女性发展……………………………（180）
　　4.1　主流女性观与女性总体地位……………………（180）
　　4.2　女性观与女性社会地位的矛盾与差异…………（181）
　　4.3　女性观的先进性与落后性………………………（182）

第六章　**女性问题与妇女运动**………………………（186）
　第一节　女性问题………………………………………（186）
　　1.1　界定………………………………………………（186）
　　1.2　由来与类别………………………………………（187）
　　1.3　社会影响…………………………………………（192）
　第二节　妇女运动………………………………………（193）
　　2.1　概念………………………………………………（193）
　　2.2　产生的基本条件…………………………………（194）
　　2.3　历程与特点………………………………………（195）
　　2.4　规律与启示………………………………………（206）
　第三节　妇女运动在中国………………………………（208）
　　3.1　历史依据及其面貌………………………………（208）
　　3.2　贡献与局限………………………………………（210）
　　3.3　理论与方针………………………………………（214）

第七章　**中国社会与中国女性**………………………（219）
　第一节　制度演进与女性地位变迁……………………（219）
　　1.1　女性主体地位的丧失……………………………（219）
　　1.2　宗法制度与儒学礼教……………………………（224）
　　1.3　家国同构的社会条件……………………………（231）
　　1.4　社会转型与女性作用……………………………（234）
　第二节　制度制约与女性的独特贡献…………………（241）
　　2.1　相夫教子…………………………………………（242）

2.2　物质生产……………………………………………(244)
　　2.3　商品经济与市井文化………………………………(246)
　第三节　文化传承与立世精神………………………………(249)
　　3.1　从属身份与进取的人生态度………………………(250)
　　3.2　卑下地位与独立的人格追求………………………(251)
　　3.3　外在柔弱与内在刚强………………………………(252)

第八章　女性与未来……………………………………………(254)
　第一节　可持续发展中的女性………………………………(254)
　　1.1　面临新问题…………………………………………(254)
　　1.2　男女平等原则………………………………………(258)
　第二节　科技发展与女性地位………………………………(262)
　　2.1　新的机遇……………………………………………(262)
　　2.2　新的挑战……………………………………………(266)
　第三节　生态环境、经济全球化与女性作用………………(269)
　　3.1　女性与生态环境……………………………………(270)
　　3.2　保护环境的权利与义务……………………………(273)
　　3.3　经济全球化的影响…………………………………(274)
　第四节　社会进步与女性发展………………………………(277)
　　4.1　同步前进……………………………………………(277)
　　4.2　进步模式……………………………………………(279)
　　4.3　两性平等和谐………………………………………(280)
　　4.4　自由而全面的发展…………………………………(282)

后　记……………………………………………………………(284)

导　言

　　女性学是一门年轻的现代学科，发轫于 20 世纪中期以后，倘从 70 年代女性学进入大学讲堂算起，大概仅有 30 年的时间。在中国，女性学研究是 80 年代才起步的，至今不到 20 年。这期间，在中外妇女理论研究的碰撞与融会中，女性学知识系统与理论体系发生着显著的变化，取得了可喜的进展。可以说，女性学在基本理论与应用方面的每一个新探讨、新推进，都是在时代条件促动下，在女性解放与发展的实践中，于不断的学术争鸣中取得的。同时，围绕着女性学的基本概念、范畴和原理的解释，学术界也一直是见仁见智。应该承认，女性学的基本概念、深刻内涵、应用前景及其新形态的展示，还远未被发掘出来，一个很大的必然王国还摆在我们面前。然而，作为女性学硕士方向的专业基础课，女性学基本理论教材是不可或缺的。于是，我们经过反复研讨、论证与切磋，结合各自的学术专长，吸收国内外研究成果，合作编写了这部阐述女性学中具有普遍意义的最基本的知识系统与理论体系的教材。

一、本书的思路与特点

　　既然是女性学概论，就要理清女性学基本理论自身相对的自足性、独立性与有机性。这是作为一门学科的最大立足点。经再三推敲，我们把女性学概论体系定位在四个方面，即"女性是什么"、"女性什么样"、"女性怎样存在"、"女性如何发展"，这就构成了全书的内在逻辑与基本内容。

女性学与一般的女性研究的区别在于,它具有系统的、逻辑的、完整的阐述其研究对象的理论体系,以使其成为一门独立的学科。要形成这样的学科或者说这样的体系,它首先应该回答的是女性学的界定及其研究对象、范畴与方法。这就是第一章的基本内容,也是这个学科建设的前提与基础。

女性学的逻辑起点是什么,生发这门学科的胚胎或内核在哪儿,这是我们要回答的第二个问题。我们认为,它的逻辑起点是"人",是"自觉地实践活动着的女人"。因此,便有了第二章与第三章。我们从阐述人类的性别与性别差异入手,分析女性的属性、功能与价值,以展示完整的女性的图景。当然,我们所说的"完整",也是相对的,是现代科学所能提供的,它包括各个历史时期女性的各种属性与特质、特征等。

在这里,我们想说明的是,男女两性在生理上是有差异的:染色体、性激素、下丘脑的不同,脑两半球专化程度的不一致,心理机能的某些差别等等。但是,男女两性在智力上是均衡的,其群体差异并没有个体差异大。而导致两性社会功能与价值的差异并非是生理的,而是社会的,是人类社会在其发展过程中动用各种手段建立的。这种被建构的过程无处不在,无时不有,在人——无论是男人还是女人——的一生中不断被强化。同时,也必须承认,自然差异是社会差异滋生的土壤,社会是在这个先天平台上运作并编织出新的图景的。可以说,自然差异只构成了社会差异的发生学前提。但是,承认差异,仅仅是一种事实描述和判断,它不能也不应该成为价值评价和价值判断的依据,更不应该成为结构设计的原由。

女性的生存与发展是女性本质与特征的外在显示,也是女性学由逻辑起点向外推演而铺展出的必然景致。探讨女性生存发展的普遍规律便构成了本书第四章的内容。既然人在其现实性上是社会关系的总和,那么,要揭示女性的生存状况及发展变迁,就必然要探讨其社会关系的方方面面:女性与社会经济之关系,女性与政治法律之关系,女性与时代文化——大文化的关系等等。我们考虑,婚姻家庭制度、伦理道德习俗是时代文化诸因素中对女性影响更为直接、关系更为密切的链条，因此，特分出小节专门论及。这些探讨足以展示女性与各种层面的关系，既是逻辑的，又是历史的。女性就是在此种特定的环境中存在与发展。

在人类社会的发展进程中，人们从政治、经济、社会等不同角度对女性加以关注和研究，形成这样或那样的观念、主张和思想，即是说，人们——无论是男人还是女人，都会形成对女性或零散或系统的认识，我们称之为女性观。阐释女性观的历时态特色，多元共生态势，研究女性观与女性发展的互动机理，是第五章的任务。

女性在生存与发展中面临诸多问题，最大最重要的是女性社会解放及其与男性平等和谐发展的问题。它是在特定历史条件下产生并作为过程存在的。女性为了争取自身的权益，在各个历史时期均进行过不屈不挠的抗争。近现代以来，女性开始以各种不同的形式组织起来进行斗争，从而形成了各具特色的妇女运动（这里把妇女运动特定为一个专用名词）。揭示妇女运动与女性、女性问题的内在必然联系，探寻其发展动因与轨迹，展望其未来形态，便构成了本书第六章的内容。

共性寓于个性之中，普遍性在特殊性中存在。中国社会的特定形态——无论是长达数千年"家国同构"、"政教合一"的封建社会，还是资本主义发育不全的半殖民地半封建社会与社会主义初级阶段，华夏大地的特有氛围造就了中国女性特殊的生存境况和发展脉络。剖析这个特殊群体与其所处社会的历史与逻辑的内在统一性，是对人类女性生存发展普遍规律的丰富展示和有机深化。于是，便有了第七章：中国社会与中国女性。

第八章是对女性与未来的探讨。从本质上来说，人类社会的进步与发展决定了女性的进步与发展。然而，历史的昨天与今天，经济的发展与社会的进步并没有使女性与男性同步等量受益，因此，在新的千年，如何抓住机遇，迎接挑战，以使人类的两性逐步达到平等和谐自由而全面的发展，这既是女性面对的课题，更是全社会必须回答的问题。

本书从学科的逻辑起点出发，把握最基本的范畴，抓住最基本的问题，一环扣一环，层层展开，形成了阐发女性本质、特征、存在状态与发展规律的有机的、逻辑承递的、有衔接顺序的整体。

本书的作者，来自哲学、历史学、政治学、法学、心理学、社会学、人口学等不同学科，他们在把握女性学基本理论体系严整的同时，融入了各自学科女性研究的成果，汇进了自然、社会、人文学科不同的研究方法，提高了本书的学术性与开放性。

二、对几个重要问题的思考

女性学是一门科学。既然是科学，就要求用科学的方法对待它。这里面涉及的内容很多，这里仅就几个问题稍加说明。

一是确立女性学的研究视角。

作为一门基础学科，女性学从现实的具体的女性出发，但它论及的却是一般的女性或女性的一般，而不是某一个女性或某一群女性。由于女性分布在社会各个层面，不存在一致的经济地位和政治地位，因此女性没有形成一个阶级或阶层。但是，女性由于共同的生理特征，在人类社会中扮演着特殊角色，在社会演进中又面临共同的问题，是具有特殊需求的特殊利益群体。我们认为，女性学不仅是从女性的角度对女性的再认识，更是从人的角度对人的重新诠释。它是从对女性生存格局的历时态的综合考察和哲学反思中来描述"完整的女性图景"，进而描述"完整的人类图景"。它确立的是一种女性视角与男性视角交融汇聚的人文视角。它试图通过补写女性文化，来重新审视人类文化，乃至重建人文学科。这是一种独特的思考方式，也是一种新鲜的研究方法。必须看到，女性的解放与发展和男性的解放与发展是同一场革命，传统的社会性别结构与传统的社会文化既压迫了女性，也伤害着男性，痛苦的女性和不幸的男性是同一根性别文化链条捆绑的奴隶。因此，女性的解放即是人的解放。

二是明确女性学的逻辑结构。

在研究和论证女性问题时，逻辑结构一般可以分成三个层面：从"人"切入，以"男人"作参照，对"女人"聚焦。我们认为，女性是作为人的女性，女性的存在与发展是人的存在与发展的一种形态。因此，女性学首先要思考与论证的是人的存在与发展的基本构成和完整历程。而人是由具体的男人和女人构成的,男女两性既互相依存,又互相制约。因此,女性学始终要把男性的存在状态作为思考与论证女性问题的参照物。但是,承认女性存在是人的存在,并受到男性存在的制约,并不意味着否定女性存在的特殊性,而是要在考察女性与男性存在与发展的同一性时,着力探寻女性存在与发展的特殊性,发现并揭示出女性存在作为一种特殊存在的生成过程及其特殊发展规律——这是女性学研究的核心与宗旨。因此,女性始终是女性学关注的聚焦点。

女性学从"人"入手,注重性别分析与论证,但它并不等同于性别学或性别理论。不可否认,性别研究为女性学带来了一个新的视角,展示出诸多新思路,但性别研究不能取代女性学。其道理并不复杂:女性学是对女性的阐释,性别研究是对性别的论述,不能混为一谈,也不能越俎代庖。女性学研究需要引进性别理论的某些观念与方法,引进的目的在于突出女性学的特殊性。这是学科性质决定的。从某种意义上说,性别研究是从女性研究中生成的。由于女性研究的不断深入和拓展,为性别研究提供了丰富的材料和广阔的空间。

三是把握"自律性"与"他律性"的辩证统一。

女性学基本理论既要注重对女性本体内在要素的探讨,从生理、心理到意识、情感,再到存在、发展;同时,又要把这些因素同社会、经济、政治、文化、种族、地域、男性等因素结合在一起来论证,只有这样才符合女性存在的实际,才可能较全面准确地认识与把握研究对象。女性学的独特之处在于,它不是对女性本体的具体化研究,而是对女性本体的综合性研究;它并不侧重于对女性作纯粹的实证性考察,而是侧重于对女性进行形而上的思考,作哲学的抽象与探索。因此,必须把女性放在人类发展和社会进步的历史进程中去认识与揭示,考察与诠释。同时还要充分认识到,女性生存进步有其自身的发展规律,同时又受到人类社会演变规律的制约,这两个规律在本质上又是对立统一的:既相互制约,又相互依存。

四是要有一种历史主义的研究态度。

女性学归根结底是一种历史的科学。说它是历史的科学,是因为它所涉及的是历史性的即经常变化的材料，它的概念、范畴、体系同它表现的关系一样，不是永恒的，只是历史的暂时的产物。任何企图超出时间和空间的界限，去寻求终极的真理，都是一种臆想，都是不现实的。因为，女性学是女性生存与发展实践的概括与总结，它总是要受到社会发展水平的限制；因为"我们只能在我们时代的条件下进行认识，而且这些条件达到什么程度，我们便认识到什么程度"。所以任何时代的女性学，不管它多么具有预见性，从根本上说都只能是它所在的那个时代女性存在与发展面貌的反映。这就决定了任何时代的女性学所达到的客观真理性与知识的全面性都是相对的，它只能随着社会和女性的发展逐步丰富和完善。这当中有一个认识不断深入、知识不断积累的过程。所以，我们今天的女性学所包容的内容和领域，不仅是当今女性实践的概括与总结，同时也是几千年以来对女性认识积累的成果。因此，在研究问题时，一定要实事求是地从女性实际出发，切不可从抽象的原则出发。女性学基本理论的要义，不是将所谓规律从外部注入女性研究，而是从女性存在现象本身找出这些规律并在女性生活中加以阐发。同时，也要注意女性问题的变动不居性，不要把动态的东西描绘成静态的东西，把相对的东西解释成绝对的东西，把局部的东西证明成全体的东西。

任何理论都是要前进的。理论的生命力取决于它对现实问题的说明能力。女性学应紧扣时代脉搏，关注当代女性问题。只有从现实出发，不断研究女性面临的新问题，女性学才能发展，才能不断进入新境界。如果缺乏问题意识，把女性学基本理论变成一堆"死知识"或"新概念"，是有悖于女性学的功用的。

五是注重女性学的本土性。

正如一切知识与理论都是人类实践经验的概括与总结一样，女性学作为人们对于女性的系统认识，也是在女性实践的基础上产生的。该书中对女性学的认识，除了学习借鉴前辈与当代国内外研究成果，更多的是中国女性生存与发展实践的总结。因此，我们的女性学应该称之为有中国特色的女性学。同时，女性学是在多学科女性研究的基础上发展起来的，是一门综合性很强的学科。因此借鉴各个既有学科女性研究的成果,借鉴自然与人文社会学科的研究成果与方法,是其题中应有之义。

女性学是一个综合性很强的学科,女性学研究在中国还刚刚起步,仍处于初级阶段。然而,女性学的进步是迅速而复杂的。任何一个研究女性学的人,不管是专家学者,还是普通学生,都是一个"在路上者",都可能带有自己的盲点和偏颇,我们也不例外。我们愿意在教学科研实践中,不断修正提高。同时,本书是众人合力之作,各章叙述的角度与风格有些差异,虽然努力协调整合,仍可能留下不少遗憾。

本书在写作与出版过程中,得到了北京大学妇女研究中心原主任郑必俊教授和北京大学副校长、北京大学妇女研究中心现任主任何芳川教授的支持,并得到了美国福特基金会的资助。在此深表谢意。

第一章 女性学的概念与体系

女性学是一门新兴的独立学科，国内外学术界对该学科的建构进行过多方面的探讨。本章仅就女性学的界定，其研究对象和方法，该学科与相关学科的联系等问题做一概述。

第一节 女性学的界定

1.1 概念与定义

女性学，顾名思义，是有关女性的理论和知识系统。与一般女性研究的区别在于，它具有相对系统、完整、逻辑地阐释其研究对象的理论体系特点。形成这样的体系，首先需要回答什么是女性学的研究对象以及相关的研究范围，这是学科建设的必要条件。

什么是女性学呢？简而言之，它是一门关于作为整体的女性的本质、特征、存在形态及其发展规律的科学。

女性学不同于一般的所谓"女性的科学"。女性的科学往往泛指关于女性的各种学科。如自然科学或社会科学的某些学科，诸如解剖学、生理学、心理学、历史学、文学、教育学等，都有以研究女性特征为出发点的分支，相继产生了妇产学、女性生理学、女性心理学、妇女史学、女性文学、女性教育学等，这些均可被笼统地称为"女性的科学"。女性学当然也属于一种女性的科学，但它不是在既有学科范围内，对女性某一方面行为和特征做具体的分析和研究，而是从作为人的一半——自觉地实践活动着的女人——去认识女性的；它不是单纯地从某一特定角度去探讨女性特质和行为特征，而是从宏观综合角度认识女性特质，并在人类发展和社会进步的历史进程中去发现和揭示女性行为的一般规律。从某种意义上讲，它是关于女性的分门别类研究成果的综合性理论升华，是对女性本体认识更集中、更系统、更具高度的理论概括，是关于一系列女性问题的形而上的思考。因此，它可以并且应该成为各种女性研究的理论基础。

女性学也不同于"女性人类学"。虽然女性学和女性人类学均把女性整体作为研究对象，但女性人类学是人类学的一个分支，更侧重于对女性作实证性考察，其重点研究的是作为人类一半的女性的起源与进化、女性人种的形成及女性人体结构的正常变异，它试图根据女性的生物特性和文化特征来研究女性，特别强调女性人种的差异性及种族和文化问题。

从学术界研究现状看，女性学在一定意义上可以说与人学的某些部分有着较为密切的联系。人学是关于作为整体的人及其本质的科学，女性学则是关于整体的人类女性及其本质的科学，二者揭示的内容及其规律有些只是对象和范围的内涵与外延的差别。诚然，由于对象与范围的差异，不可避免带来各自学说体系有明显的区别。

女性学作为一门学科的历史还比较年轻。它是一门20世纪才兴起的学科，具有跨学科的交叉性质，需要借助很多其他学科的知识，尤其是要吸收和利用其他学科中关于女性研究的成果。但是，它绝不是将各学科中以女性为出发点的研究成果集合而成的学科"聚汇"或"联合"，而是在各学科女性研究的基础上，经过缜密思考，把分解在各个学科意义上的女性——政治学、经济学、生理学、心理学、历史学、法律学、人口学、文艺学中的女性等等——整合成完整的女性来解析；把具体的不同视角、不同层面的女性研究抽象地提升为稀薄的理论思考，从而形成专门以女性整体特质及其变化规律为研究对象的科学体系。

1.2 作为独立学科的依据

女性学可以作为一门独立的学科存在，不仅因为它具有特殊的研究客体——女性，更因其通过分析、归纳、推理等方法，可以寻求到有秩序的、合乎逻辑又合乎实际的理论框架系统。这一系统，对各种女性问题，都有阐释和解说能力。独特的研究对象、系统的研究方法、科学的理论体系，使女性学具有了作为一门独立学科存在的意义。

这里有必要说明一下，为何把这门学科称为"女性学"，而不称为"妇女学"。

这是因为，其一，这门学科是从性别的角度，把人类的一半作为客体来研究，称"女性学"可能比称"妇女学"更科学、更准确一些。其二，在当代中国文化语境中，"女性"是一个超越社会关系的泛指女人的合适概念。应该说，在当下中国，"女性"与"妇女"两词在内涵上没有本质的区别，但在外延上似乎存在一些细微的差别。"妇女"多被用来指称那些有一定年纪和经历的女人，或有婚史的女人；而"女性"涵盖的范围则往往要大些，它既可指称已婚的女人，也可以指称未婚的年轻女子，还可包括未成年的少女、女童。

考查一下我国社会话语的变化路径，我们会发现，在近代以前，中国社会话语未受西方影响之时，"女"与"妇"不连在一起使用，也不存在"女性"一词。清朝官吏陈弘谋在《教女遗规》序中写道："夫在家为女。出嫁为妇。生子为母。有贤女然后有贤妇。有贤妇然后有贤母。有贤母然后有贤子孙。王化始于闺门。家人利在女贞。"由此可见，"女"与"妇"曾是两个各有特指的词汇。①

清末，随着维新运动兴起，"女子"一词在行文中使用频率增高，成为当时约定俗成泛指女人的用语②。新文化运动中，"女性"、"妇女"两词被普遍使用。大致从30年代中后期始，"妇女"一词逐渐

---

① 梁启超在《兴女学》中写道："今中国之人无不忧贫也，则以一人须养数人也。所以酿成此一人养数人之世界者，其根原非一端，而妇人无业，实为最初之起点。"他还说："女权运动能否有意义有价值，第一件就要看女子切实自觉的程度何如。"他分别使用了"妇人"与"女子"两语。太平天国时期，洪秀全也曾提到："天下多男人，尽是兄弟之辈，天下多女子，尽是姐妹之群。"可见，在当时的语境中，"妇"与"女"分开使用较为普遍。

② 1902年，陈撷芬在上海创立并主编中国第一张女报时，曾以"楚南女子"的笔名，发表《中国女子之前途》的文章。秋瑾在《勉女权》歌中写道："旧习最堪羞，女子竟同牛马偶。"燕斌在论及婚制问题时曾说："男子有保护其妻之责任，女子有赞助其丈夫之义务。"

在使用上相对居于突出地位。如1937年以后，各地女界办了不少刊物，多冠以"妇女"一词①。各地的女界组织机构，也大多以"妇女"命名②。中华人民共和国成立后，"妇女"一词的使用仍居主导位置：女界权威组织机构称"中华全国妇女联合会"，女界权威报刊为《中国妇女报》、《中国妇女》杂志。新时期以来，人们比较注重区别"妇女"、"女子"、"女性"等词在外延上的细微差别，在使用上也多有选择。

这样的界说有中国的文化背景。究其实质，对于"妇女"、"女性"、"女子"等语词，不同民族、不同历史时期有着不同的含义。例如，在日本，"妇女"的概念一般是指没有解放的老式女人，而"女性"则泛指现代社会中已经获得了某种程度解放的新式女人，"女人"则是对一般女子的泛称，使用上显然有特殊性。

1.3 几种界定辨析

目前,学术界对女性学这门学科的命名还没有完全一致的看法，中外学者仍有称其为"妇女学"的。对这门学科内涵的界定，研究界也有着不同的见解。

有种意见认为，"妇女学"是"以妇女问题为研究对象的科学，也是实现男女平等，发挥妇女作用的应用科学"③。毫无疑问，这种界定略嫌狭窄。女性学应该研究"妇女问题"，也应该成为"实现男女平等，发挥妇女作用"的理论指导，但这只是女性学的一部分内容，甚至可以说不是核心部分，把一门学科限定在这样一个范畴内，显然是涵盖面不够的。

有种意见认为，妇女学"研究妇女问题的产生、演变以及妇女

---

① 抗战时期，汉口创立《妇女职哨》，桂林创办《妇女岗位》，广州创办《抗战妇女》，重庆创办《职业妇女》，上海创办《慈俭妇女》等刊物。

② 抗战时期，各地女界相继成立一些群众组织，如甘肃妇女慰劳分会、上海妇女教育馆、江西妇女生活改进会等。

③ 湖南省妇联妇女干部学校、湖南省委党校妇女理论教研室编：《妇女学概论》，北方妇女儿童出版社，1987年版，第1页。

问题的解决，也就是妇女解放的性质、条件和道路"①。这一界说较为细致地指出了"妇女解放"问题的研究范围，但同上述意见一样，仍忽略了对女性自身特征及其发展规律的探究。因为，"妇女问题"的产生、演变与解决，"妇女解放"的实现，是以女性的特征及其发展规律作为根据的。只有解决了女性本体论的问题，才能解决女性的价值论和发展论的问题。

还有种意见认为，"妇女学"是"妇女研究各子学科综合体的概念"，"每一子系统都有自己的研究对象"，"其中理论妇女学的研究对象是妇女问题"②。女性学的确具有跨学科的性质，但它决不是由各学科中女性研究成果叠加而成的"综合体"。女性研究的"各子学科"无论怎样"综合"，也不是科学形态的"女性学"，因为各个"子系统"的"研究对象"都有其特殊性，"综合"在一起的"对象"并没有反映出来。这里，"理论妇女学"的概念有启发意义，但它又有语义重复的毛病，"妇女学"或"女性学"本身就是"理论"，难道还要再划分出"理论妇女学"和"实践妇女学"，显然，这个界定也欠准确。至于"研究对象"，同前两种意见一样，缺乏由逻辑起点的有机展开。

另有种意见认为，应从"人"的角度来研究"妇女学"，而"妇女学"的对象是"妇女"，该学科的主要任务是探讨"妇女的存在、历史和发展，及其在人类社会中的地位和作用"③。这种界定，注意了从"人"出发，较之局限于"妇女问题"为对象，显然是一个进步，更接近本学科的应有的面貌。但其不足之处在于，其表述对女性外在形态规律关注得多些，而对女性内在本质、特征及其发展规律体现得少些。

---

① 段火梅、毕滨生、丁娟主编：《妇女学原理》，中国妇女出版社，1989年版，第3页。

② 丁娟：《妇女工作知识手册》，转引自《中国妇女理论研究十年》，中国妇女出版社，1992年版，第196页。

③ 《中国妇女》1986年第9期李小江文，转引自《中国妇女理论研究十年》，中国妇女出版社，1992年版，第196页。

女性学（Women's Studies）于70年代在美国迅速兴起，它源于60年代后半期至70年代前半期的妇女解放运动。1970年，加利福尼亚州立圣地亚哥大学就拟定了最早的女性学教学大纲，自此以后，女性学得到了突飞猛进的发展。一般说来，美国学者认为，女性学虽然是研究女性的学科，但并不仅限于调查女性的实况。她们认为这门学科应以对女性在历史上和制度上一直受歧视这一性别上的不平等为基础，追究产生这种不平等的宗教、哲学和社会思想根源，使它成为女性依靠自己力量消除不平等的手段，并致力于通过妇女力量来进行社会改变和文化革命[1]。美国女性学界这种要求阐明至今不为人们认识的"女性的历史和现状"，要求根据这种认识来"重新阐述和解释历史"的思路是可取的，是有现实动因的。但是，这种"女性学"多少有些"女性解放运动学"的味道。如果能够在学科的对象与范围上，照顾到对女性特质及其规律性的揭示，那么作为一门学科的体系性基础就会更加巩固了。

日本学者一般亦称该学科为"女性学"。70年代末、80年代初，时任日本女性学研究会理事长的富士谷笃子在其主编的《女性学入门》一书中谈到，"日本女性学会"给"女性学"下的定义是："所谓女性学，是从尊重女性人格的立场出发，跨学科地研究女性及妇女问题，并以女性的观点重新研究既有学问的一门科学"[2]。日本学者把该学科的研究对象聚焦在"女性及妇女问题"，力图涵盖女性的方方面面，无疑是经过深思熟虑的。这种界定的问题是，把"女性"与"妇女问题"并列，必要性不大，因为研究女性，必然要涉及到有关女性的各种问题。另外，单独强调"从女性人格的立场出发"，"以女性的观点重新研究既有学问"，这些提法也欠妥当。女性学研究应站在科学的立场上进行创造性阐发，而不是仅仅从"女性的观点"来审视"既有的学问"。

综上所述，对女性学研究对象及范围的界定，大体上分为三类：一是认为研究对象是女性（或称"妇女"），二是把女性和妇女

---

[1] 富士谷笃子主编：《女性学入门》，中国妇女出版社，1986年版，第17页。
[2] 同上书，第1页。

问题并列,三是把对象确定为妇女问题。在把女性确定为研究对象的诸意见中,对研究范围又存在不同程度的差别。有的认为应着重研究女性的社会属性,有的认为其自然属性不可忽视,有的则认为还应当包括妇女解放道路、妇女教育等问题。对于什么是"妇女问题",看法也不甚一致。一种意见认为,"妇女问题"就是女性自身的问题,它影响到女性的进步与发展;一种意见认为,"妇女问题"是男女不平等以及如何实现男女平等问题;还有一种意见认为,"妇女问题"应囊括与女性自身及其相关的各种问题,其中包括男女不平等问题。

上述种种意见,对深入探讨女性学有着不同程度的启示和借鉴作用。

第二节 女性学研究对象

2.1 对象的内核

我们认为,女性学研究对象的核心是女性,女性是女性学的元问题,是生发体系的逻辑起点。从这一原生点出发,孕育出女性学的胚胎,生长成该学科的知识和理论体系。

研究女性,首先要揭示其本质,这是女性学研究的关键。

女性的本质,归根结底,是从质的规定性上讲女性是什么。这个问题可以分解为三个方面,即从女性本身来看,从女性和她的条件的关系来看,从女性的将来发展来看,也就是女性的自身属性、女性的地位和女性的发展。女性的自身属性可以分为自然属性、社会属性和精神属性。精神属性亦可说是社会属性的一部分。

毋庸置疑,人是肉体的、有自然力的、有生命的、现实的、感性的、对象性的存在物。人的生理机能,是人得以生存、发展的自然物质基础。人类产生于大自然,来源于动物界的客观事实,决定了人永远不能完全摆脱自然的本能,即具有自然属性。作为人类的二分之一,女性具有与男性共有的自然属性与本能,也具有不同于男性的自然属性与本能,例如女性特有的性本能,生育、哺乳本能等等。但是，与地球上存在的其他高等动物不同的是，人——无论是女人，还是男人——不仅具有其他高等动物所没有的一些自然属性和本能，而且，即使那些共有的自然属性和本能，也是在人类社会中表现出来的，不可避免地带有社会的印记。这就表明，女性的自然属性早已不同于高等动物雌性的本能，已经是经过长期劳动和社会实践改造，发展成为女性的带社会性因素属性的一部分，在相当的情况下，变成了从属于女性的社会性的东西。因此，认识女性的自然属性，不能脱离女性的生产实践和社会生活，仅仅从生物学的意义上来孤立地考察。先哲们曾经指出，吃、喝、性行为等，固然也是真正的人的机能，但是，如果使这些机能脱离了人的其他活动，并使它们成为最后的和惟一的终极目的，那么，在这种抽象中，它们就是动物的机能了。孤立的"女性自然属性观"，必然会变成一种庸俗的机械的唯物主义见解。

女性的社会属性是女性最重要的本质属性。无论是生产还是生活，以及其他各种实践活动，女性都不可能脱离社会而孤立地进行。既然生产、生活及其他活动都是社会性的，那么从事生产和生活的女性也只能是社会的人。女性的社会性就是由女性后天的社会实践、女性所具有的各种社会关系造成的。同时，由于女性的社会生活、社会实践、社会关系是多方面、多层次的，各个方面和各种层次并不是平列的，其中，物质经济关系是最基本、最基础的关系。所以，女性的社会性归根到底是由女性在社会物质经济结构中所处的地位、所从事的主要社会实践决定的。

女性的意识、思维、语言、美感、道德感等，是其精神属性，是带有社会因素的精神属性。这些心理、思维、意识等精神层面的东西，不是女性先天就有的，也不是不可解释的，它是现实的、具体的，是由女性生理、心理特征在其社会实践和社会关系条件下造成的，并表现在其社会实践和社会关系之中。

女性的地位，是在女性的外涉关系中体现的。地位总是相对于某物而言的，某物就是一定的参照系。女性的地位包括三个方面：在自然界中的地位，在社会中的地位，在性际关系中的地位。

女性在自然界中的地位具有两面性：一方面，女性与男性一样，是物质发展的产物,是自然界的一部分,是大自然的依赖者;另一方面,女性与男性同为改造自然的主体,是自然规律的掌握者和运用者,是"人化自然"的实践者。

女性在社会中的地位也具有两面性:其一,女性同男性一样,是构成社会的最基本的分子,没有女性就没有社会,没有女性的活动就没有人类社会的历史;其二,女性得以成为女性是有社会前提的,没有人类社会,女性就不成其为真正社会意义上的女性。从相对意义上讲,女性是社会的创造者;从绝对意义上讲,女性又是社会造就的。女性的地位,从根本上来说,是受制于其在社会结构中的状况的。

女性在性际关系中的地位,即指女性在与男性关系中的地位。女性与男性均为人,他们之间的处境与位置应当是平等的,不应当有等级,不应当有地位上的差别。但女性与男性之间,由于各种先天和后天的特殊原因,实际上又是有差别的、不平等的。只要这些不平等不涉及女性作为人,与男性一样作为人的社会平等地位,就是正常的。但历史上的昨天和今天,许多不平等现象侵犯了这种平等地位。这种不平等是在人类历史发展进程中产生的,应该也必然会随着历史的前进而不断减小,直至消失。

女性的发展是女性在社会历史中不间断的进步问题,其理想状态是获得自由而全面的发展。

如何理解"自由而全面的发展"呢?首先,"自由而全面的发展"是个动态过程,它将随着人类社会的进步而不断演进,不断丰富,永无止境,静止绝对的"自由而全面的发展"是不存在的。其次,由于女性自身具有相对特殊的自然属性和社会属性,因此,女性"自由而全面的发展"在任何时候总要受到这些条件和需要的限制。这些限制,一方面是约束,一方面也包含着促进。复次,女性"自由而全面的发展"决不是以女性为中心,不顾甚至排斥男性以及社会的进步,而只能是在社会的发展中,与男性一起,各自充分发挥自己的潜能、价值和个性,最终达到男女两性即整个人类的和谐发展。再次,女性"全面而自由的发展"根本上取决于社会的进步,取决于生产力的发展和生产关系的改善。其实现途径只能是男女两性团结一致，共同进行改造自然和社会的实践。

女性特征是女性的征象和标志，它是女性本质属性的外在表现。女性具有不同于男性的独特的自然特征，有其特有的社会文化特征。即使是自然特征，也已经在长期的社会实践中，被赋予了不同程度的社会与文化内涵。因此，可以说，女性特征是在不同历史时期，不同社会形态，不同地域中被不断地生产出来的。

从古至今，无论在东方还是西方，人们对女性身体的各个部分——形体，面貌，五官，乃至头发——美的评价不断变化，甚至是相互对立的。人们有时推崇肥胖丰满，有时称赞骨瘦如柴；有时赞赏丰乳肥臀，有时夸奖平坦无奇；甚或把"三寸金莲"奉为女性美。尽管从遗传学的角度认定，女人的形体是多种多样的，但在一个特定的时代，却很少有两种形体被作为女性的象征而受到社会的奉承。因此，存在主义女性主义的创始人、《第二性》的作者西蒙娜·德·波伏瓦（Simone de Beauvoir）说：女人不是天生的，而是被造成的，是社会文化——父权社会文化塑造着女性特征。

综上所述，女性学研究的对象是女人——现实的活动着的女人。它要探究的核心是女人作为人的本质属性和自身特征，这一特征既有与男性一致的"共性"，也有其特有的"个性"。女性学正是从这一逻辑起点出发，按照历史和逻辑相统一的原则，生发和形成其学科的整体框架。

2.2 对象的外延

在确立了女性学研究对象是作为整体的女性，其内核是女性的本质，从根本上回答了"女性是什么"问题之后，就应该阐释女性存在状态，这是女性本质在表层上的反射，也是女性本质的生长变化点及其存在的现实形态，可以说，女性存在状态是女性学研究对象核心的第一层外延。

地球上为什么会出现女人，女人之所以在历史上具有相对特殊的存在状态，这是由自然界的各种条件和人类的社会实践造成的，也就是说，女性的存在与发展不能超越自然界，同时又不断地作用于自然界。女性的存在与发展均以社会为前提，同时女性对社会又不只是受动的,她还有着巨大的能动作用,人类社会的历史始终打烙着女性的印记。

女性的生活是女性存在状态的具体表现形式。概而言之,女性的生活可分为公共社会生活和个人家庭生活两部分。社会生活又可分为经济生活、政治生活和文化生活。严格地说,作为社会的细胞,个人家庭生活也是社会性的,它与公共社会生活有着千丝万缕的联系。

如同人的本质在其现实性上是其社会关系的总和一样,女性的本质在其现实性上则是女性社会关系的总和。因之,要探究女性本质、探究女性存在状态,就必须揭示女性社会关系的方方面面:女性与社会经济之关系,女性与社会政治(包括制度、法、国家等)之关系,女性与时代文化——大文化之关系,即女性与民族、宗教、伦理、道德、文学、艺术、科学、技术、教育等的关系。这些关系纵横交错,构成了女性生活的现实场景和全部内容,它们既是引发女性特定存在状态的直接原因,造成女性独特生活境况的根本依据,又是女性本质的多维的现实规定。

女性问题是多层面、纷繁复杂的,其实质是男女平等问题。女性,作为有着共同生理和心理特征、特殊利益和需要的社会群体,在人类进入文明社会之后的变迁中,其地位逐步下降,以至产生了长达数千年的男女不平等的状况。这种不平等像空气一样弥漫在人类生活的各个领域。时至今日,男女事实上的不平等依然是世界范围内普遍存在的问题。在社会主义条件下,男女不平等状况有了相当大的改变,女性的社会地位得到了前所未有的提高。但在实际生活中,男女不平等的现象仍不鲜见。这是羁囿女性发展、阻碍社会进步、妨害人类和谐的大问题,是中外学术界、思想理论界颇为关注的问题。研究这一问题,探寻解决的方法和道路,是女性学要解决的一个现实重要课题。

男女平等问题,归根结底是个社会关系性问题。这一问题是人类社会关系网络上与人类同样悠久,且影响着整个社会进程的一个大网结。它的产生与变迁,都与不同时期的社会结构关系紧密相联。造成男女不平等的某种"合法化",既有生产力的因素,也有社会文明水准的因素。进步思想家一直把女性解放的尺度看成整个社会进步的一个标志,应该说是很有见地的。

女性为了争取自身与男性享有同等的存在发展权利,在各个历史时期都曾进行过不屈不挠的反抗与斗争。近现代以来,女性开始以各种不同的形式组织起来,展开争取女性的社会解放和男女平等的斗争,形成了各具特色的妇女运动。揭示妇女运动的规律及其与女性、女性问题的内在本质联系,前瞻性地预测女性未来的发展道路和状况,理性地批判男性占统治地位的历史,这是女性学的题中应有之义,它包含在女性学的研究对象之内。因此,我们说,女性问题与妇女运动属于女性学研究对象核心再扩大一层的外延范围。

在女性生存和发展过程中,人们——无论是男人还是女人,都会形成对女性或零散或系统的认识,我们称之为"女性观"。女性观属于社会观念形态,是女性群体形象在人们头脑中的反映的产物。不同时代,不同民族,不同地域,不同文化,会产生不同的女性观。随着社会经济基础、政治制度和文化形态的演变,作为意识形态上层建筑的女性观也必然会发生或迟或快的变化。同时,女性观在各种不同时期也会对社会产生一定的反作用。深入探讨女性观产生的根源及其变化规律,无疑成为女性学研究的又一层外延。

历史的演进告诉我们,人类在不可阻挡地一步一步走向未来。女性的未来将与其自由而全面的发展紧密相连。人类社会的进步与发展制约着女性的发展,女性的发展又反作用于社会。探索女性未来发展的轨迹,是女性学研究的最外一层外延。

总之,女性学的研究对象应是一个不断扩大的同心圆,它由"女性"这一原点出发,逐次探讨女性本质、女性存在和生存状态、女性的外涉关系、女性问题、妇女运动、女性观念和女性未来发展问题等,这样,层层向外延伸,便可形成女性学研究的基本系统。

2.3 对象的历时态性

女性学是一门独立的学科,它有着特殊的研究客体,即整体的女性。作为人类的一半,女性与人类的发展演变具有不可分割的共时性。这就是说,无论是女性的本质特征,还是她的存在形态和发展态势，都是随着人类社会的进步而不断演变的。女性学研究对象不是静止的、凝固的，而是具有典型的历时态性的。因此，要认识女性，解释任何一个女性现象或女性问题，都必须放在一定的历史范围之中。

女性不同于男性的生理、心理特点，比较集中地体现在其生命过程中的"三期"即经期、孕期和生产哺乳期之中。这是形成女性有别于男性的本质特征的重要特殊性因素。然而，这一特殊性因素也不是一成不变的。不管是女性在经期、孕期和生产哺乳期中特殊的生理要求与心理状态，还是在这一期间其特有的社会实践与社会关系，都是变动的——在人类发展的不同时期，在不同的社会形态下，都有明显的差异。

女性的存在状态和生活境况也是变动的，在人类社会的不同时期、不同地域、不同民族、不同阶级、不同阶层、不同文化圈内的女性的存在状态都具有其各自的特殊性。考察的历史和范围越广，这种变动性越大。因此，女性学既要揭示同一"时态"不同女性群体的生存差异，又要考察同一女性群体在不同"时态"的演变轨迹，从而对其作出科学的抽象，找出运动的规律。

以男女不平等为中心的女性问题亦是一个属于历史范畴的问题。从历时态的纵向看，它是在历史上产生并作为过程而存在的，是随着社会形态和人类进步程度的演变而发生或本质的或非本质的变化的。也就是说，女性学在这个问题上，要反映出它的变动不居性，反映出任何有关女性问题的观念和范畴，同它表现出来的关系一样，都是历史的暂时的产物。

因此，研究女性，研究任何一个女性现象、女性问题，都要把它放到一定的历史范围之内，考察它的历史起源与它的前提，考察它经过了哪些主要阶段，并以此为根据去认识它的现在和推断它的未来。女性学的研究实践表明，那种忽略和忘记基本的历史联系，脱离一定的历史范围，把某些有关女性的问题、结论、观点绝对化、抽象化、公式化的做法，都是难以站得住脚的。

第三节 女性学研究方法

3.1 一般方法论原则

女性学研究对象的内核是女性。由于女性具有自然属性和社会属性,所以有人说,女性学兼有自然科学与社会科学的性质。但是,女性的自然属性只是女性的自然前提而不是女性的本质属性,况且,女性的自然属性也不能不受其社会属性的限制与约束,因此,从女性学的学科属性分类来说,它是一门社会科学。

女性学既然是社会科学,它的最直接的指导思想即方法论原则就应该是历史唯物主义和辩证唯物主义。唯物史观是一般社会学即关于人类社会及其历史的科学的指导理论。而辩证唯物主义世界观则是更高一层的指导思想。其他科学对女性学研究也都有指导或借鉴意义,但它们都只限于对女性理论研究的某一局部而言,而科学的世界观和历史观的指导意义,则是对女性学的整体而言的。

以唯物史观指导女性的研究,是按照唯物史观的思维模式来分析女性、解剖女性,把女性看成社会的产物、社会的缩影,从女人身上寻求社会历史的因素。也就是说,要从女性与社会的联系和制约中,从生产力和生产关系、经济基础和上层建筑的基本矛盾及其运动规律中,寻求关于女性的一切问题的答案。

唯物史观是从下述原则出发的,即"生产以及随着生产而来的产品交换是一切社会制度的基础;在每个历史地出现的社会中,产品分配以及和它相伴随的社会之划分为阶级或等级,是由生产什么、怎样生产以及怎样交换产品来决定的。所以,一切社会变迁和政治变革的终极原因,不应当在人们的头脑中,在人们对永恒的真理和正义的日益增进的认识中去寻找,而应当在生产方式和交换方式的变更中去寻找;不应当在有关的时代的哲学中去寻找,而应当在有关的时代的经济学中去寻找"。[①]这就是说,考察女性特征的变动、女

---

① 恩格斯:《反杜林论》,人民出版社,1970年版,第264页。

性存在形态的演变、女性价值的进步与发展,都要从分析当时的生产方式、交换方式及经济关系入手。这是惟一正确的方法。

然而,强调"历史过程中的决定性因素归根到底是现实生活的生产和再生产",并不意味着否认其他因素的作用,"如果有人在这里加以歪曲,说经济因素是惟一决定性的因素,那么他就是把这个命题变成毫无内容的、抽象的、荒诞无稽的空话"了①。

事物对立统一的观点和普遍联系、发展的观点是辩证法的基本内容。这是在女性学研究中应坚持的又一方法论原则。

女性的自然属性和社会属性,是女性具有的双重属性,强调社会因素在女性学研究中的重要作用,并不意味着贬低和否定生物因素在其中的作用,更不能把两者对立起来,而应坚持在社会因素为主导的前提下重视生物因素的作用。把女性的自然属性和社会属性、女性的群体性和个体性辩证地统一起来,是从事女性研究的科学思路。研究中,还要注意主客体的辩证关系。这就是说,我们不但要从自然科学、社会科学角度把女性作为客体研究,更要从哲学——人文科学的角度研究作为主体的女性,因为,只有透过实践活动中的主客体之间的关系,才能研究客体世界规律,研究主体发展尺度。脱离对实践活动中主体与客体关系的分析,既难以认识客体世界,也难以认识主体自身。

3.2 观念和手段

在确立了女性学研究的方法论原则之后,科学的观念对于研究者来说便至关重要。可以说,许多社会科学的研究观念对女性学都有指导意义。比较而言,理论与实践统一的观念、批判继承的观念、借鉴吸收的观念,对于女性学研究更有普遍的指导意义。

理论与实践统一的观念 任何理论都是在实践的呼唤下产生的。离开女性发展的社会现实,离开妇女运动蓬勃多样的历史进程,女性学理论就只能是无源之水、无本之木。因此,女性学研究必须源于实践,必须进行系统地、深入地考察与调查,充分地占有女性

---

① 《马克思恩格斯选集》第四卷,人民出版社,1972年版,第477页。

发展及妇女运动的各种材料：历史的，现实的；国内的，国际的；定性的，定量的。尤其是要对当前女性的实践状况与妇女运动的现代形态有深入的了解与把握。"研究只有充分地占有材料，分析它的各种发展形式，探索这些形式的内在联系，只有这项工作完成以后，现实的运动才能适当地叙述出来。"① 这是科学研究工作的基本途径。因此，研究女性，只能是从大量的、第一手的现实与历史材料中去探寻女性发展的规律，去寻找解决妇女问题的途径，由此获得的认识才能是科学的、可靠的、经得起历史检验的。

女性学是一门综合性的边缘学科，也是一门与实际紧密相连的应用学科。它的理论源于女性实践，也必须服务于女性自身发展与妇女问题的解决。这就是说，女性学理论要与实际相结合。否则，再好的理论也只能是镜中花、水中月，甚至还可能走向反面。

批判继承的观念　　对待历史上的各种女性研究成果和研究方法，都应该采取批判继承的态度。

人类社会是人类自己创造的，既是不断发展的，又是有历史继承性的。这是社会发展的客观规律。马克思曾经指出："人们自己创造自己的历史，但是他们并不是随心所欲地创造，并不是在他们自己选定的条件下创造，而是在直接碰到的、既定的、从过去承继下来的条件下创造。"② 恩格斯谈到哲学发展的时候也曾指出：每一个时代的哲学作为分工的一个特定的领域都具有它的先驱者传给它而它便由此出发的特定的思想资料作为前提。同样，女性学的发展也是有历史继承性的，它应该在继承人类所创造的一切进步的、有价值的女性学理论观念和方法的基础上进一步创造和发展。

然而，继承并不等于兼收并蓄，盲目照搬，而必须是批判的继承。所谓批判的继承，不是全盘否定，完全抛弃，也不是全盘肯定，一切照搬，而是在认真学习、仔细研究的基础上，进行科学的分析、评价和鉴别，取其精华，弃其糟粕。因为，任何时代的妇女理论和

---

① 《马克思恩格斯全集》第二十三卷，人民出版社，1972 年版，第 23 页。
② 马克思：《路易·波拿巴的雾月十八日》，《马克思恩格斯选集》第一卷，人民出版社，1972 年版，第 603 页。

观念，都无不带有其历史的、阶级的局限，常常是正确和错误、有益的与有害的成分、有价值的与无价值的东西混杂在一起，因此，我们必须批判地继承，科学地扬弃。

借鉴吸收的观念 对当代国内外各种女性研究的理论与成果，我们要借鉴，要吸收。研究借鉴国外女性研究的成果与经验，是创建有中国特色的女性学理论体系的重要环节。20世纪60年代以来，西方女性研究取得了长足进展，引起了世界学术界的广泛关注。西方女性学是在其特定的政治、经济、文化、历史以及社会背景下产生和发展的，是西方国情的产物，具有浓厚的本土性。这种本土性必然决定了它的局限性：它不是放之四海而皆准的真理。但是，这种局限性并不排斥它的可借鉴性。因为，女性在父权制社会中的特定地位，在不同社会结构中有相似之处——东西方不同国度的女性研究之间的相互借鉴性便由此而生。当然，借鉴不等于全盘接受，也不是生吞活剥地毫无批判地吸收，只能是排除其糟粕，吸收其精华，从而得到有益的经验和方法。

借鉴吸收当代自然科学和社会科学各学科关于女性研究的成果和方法，也是不可或缺的。

女性学力图研究对女性生存状态产生影响的一切自然因素和社会因素，并通过对这些因素发生作用的过程的分析，概括出女性自身生物功能和社会功能发展的客观规律。因此，女性研究涉及面很广，从经济、政治、社会到历史、法律、教育、文学、生理、心理，从国内到国际，与众多学科发生密切的横向联系。从科学发展趋势看，学科分工愈来愈细，学科的交叉与渗透亦愈来愈明显。事实上，自然科学和社会科学的若干学科，都以研究女性特征为出发点，出现了以"女"冠名的学科分支，如女性文学、妇女心理学、妇女史学等等。尽管既有学科中的女性研究不等同于女性学，但女性学并不排斥其他学科对女性的研究，也无法取代其他学科的女性研究。它应该而且必须借鉴吸收各学科中女性研究的科学成果和有效方法，因为，任何学科女性研究的进展和突破，都可能为女性学提供难得的经验和启示。

女性学是一门新兴的边缘学科，现有的自然科学、社会科学各学科的研究手段和方法都可以为其所用。相对而言，考察、调查、考证、统计与分析、演绎、推理，哲学的抽象与提升，使用得更多些。

要获得大量的第一手现实材料，就必须进行深入细致准确的调研与考察；掌握历史材料，也要进行考证与查实。同时，对取得的一切材料与实据还要进行分析、统计、测算，以去伪存真。

在这里，有必要强调的是，占有的材料必须是事实的全部总和。

女性学是一种社会研究学科，"应当记住一条原则：在社会科学中（如同在整个科学中一样），研究的是大量的现象，而不是个别的事件。"① 我们必须把握事实的总和，因为，"在社会现象领域，没有哪种方法比胡乱抽出一些个别事实和玩弄实例更普遍、更站不住脚了。挑选任何例子是毫不费劲的，但这没有任何意义，或者有纯粹消极的意义，因为问题完全在于，每一个别情况都有其具体的历史环境。如果从事实的整体上、从它们的联系中去掌握事实，那么，事实不仅是'顽强的东西'，而且是绝对确凿的证据。如果不是从整体上、不是从联系中去掌握事实，如果事实是零碎的和随意挑出来的，那么它们就只能是一种儿戏，或者连儿戏都不如。"②

在统计分析时，必须非常慎重，仔细区别哪些是比较有用的材料，哪些是无用的材料。"因为比较可靠的、完整的和一致的材料即使少一些，也比大量片段的、可疑的和无法比较的材料要好一些"。③ 只有不怕用功夫，依靠大量的、批判审查过的、充分掌握的历史事实和现实材料，进行正确的科学的独立研究，才能找到女性学学科的理论和知识体系，获得相对的真理。

---

① 列宁：《第二国际的破产》，《列宁选集》第二卷，人民出版社，1995年版，第491页。

② 列宁：《统计学和社会学》，《列宁全集》第二十三卷，人民出版社，1984年版，第364页。

③ 列宁：《论我国工厂统计问题》，《列宁全集》第四卷，人民出版社，1984年版，第37页。

第二章 女性的特质与特征

研究女性，必须从准确地了解、认识女性入手。这一章，我们将概要阐述女性的特质与特征。

研究者们已经注意到①，当事物只分为两类时，为了保持这种分类，人们倾向于相对独立地分别认识它们，常常不可避免地强调差异。长期以来，人们对男性、女性的看法往往陷于这样一种状况。当然，既然是两性，肯定会有这样那样的差异，但只强调差异可能会导致与真实情况并不一致的定型观念（或称刻板印象，stereotype），进而会对两性思考、认识自身及对另一性的看法有很大的影响。基于上述原因，本章的出发点虽是探讨女性自身的特质与特征，但有时为了更准确地理解女性，与相对照的一面——男性的比较也是必不可少的。

第一节 性与性别

非人动物的研究文献中，通常用性差异（sex differences）来描述两性个体的不同。而在关注人类男女差异的研究者中，有的习惯用性差异，有的则倾向于使用性别差异（gender differences）来描述自己的工作。尽管目前相关书籍和文献中这些术语的使用并未达成一致，但越来越多的研究者使用多种区分方式，本章中性与性别的不同使用将服从下述界定。

性（sex）是生物学术语，指的是按照基因和性器官的不同将有

---

① Tavris, C. *The Mismeasure of Woman*. New York: Simon and Schuster, 1992.

机体分为雄性和雌性，或特指性的行为①。在不同的上下文中，可用性来描述个体的染色体组成，及通常与染色体差异相关联的生殖器官和次性征等。而性别（gender）则是带有心理学意义和文化意义的概念，是一种社会标签，用来说明文化赋予每一性别的特征和个体给自己安排的与性有关的特质。②

1.1 人的性与性别

对一般公众来说，判断一个人的性是非常简单的。在婴儿出生时看一下他或她的外生殖器，就可以对外宣称他或她是男或是女。但事情远比这复杂得多。两性的生物学差异有着不同的层次，如遗传基因的载体——染色体的组成及与此相关联的生殖器官（性腺）的不同都可能影响人类的性。

正常人类个体具有23对46条染色体，最后一对即第23对与性有关，称为性染色体。男性的性染色体由一条大的X型染色体和一翻转的小的Y型染色体组成，而女性的性染色体则由两条X型染色体组成（如图2-1）。从卵子受精的那一刻起，不同的染色体组成引起随后出现的性器官、性腺等一系列两性的变化，因此，染色体是性的决定因素。当然，这些过程中如果由于体内外环境因素的影响，可能会有差错出现（尽管这种情况并不多见），如异常的性染色体构成（第23对染色体只有一条或有三条：XO，XXY，XXX，XYY等），生殖器官的分化异常（如既有男性生殖器官又有女性器官）等，都会出现异常的性个体。中国被誉为变性之父的整形外科专家何清濂教授提出，如果以各层次生物学基础的状况准确地区分人的性，可能有7种或者更多③，具体可见表2-1。

对于人的性别，由于受心理学和社会因素的影响，问题更加复杂。一般说来，婴儿出生后，人们通常说的男孩或是女孩是一种标

---

① Hyde, J. S. *Understanding Human Sexuality*. New York: McGraw-Hill, 1979.

② Unger, R. Toward a redefinition of sex and gender. *American Psychologist*, 1979, 34: 1085—1094.

③《文汇报》，1998年8月4日。

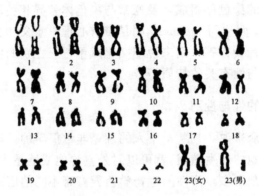

图 2-1 人类男女两性正常个体染色体示意

定性别。标定之后,随之而来的就是按照这一性别的期待,父母、他人或自己塑造一定的性别角色。此外,若考虑到不同的社会因素则还有公民性别(户口本上、护照上的标定性别)、抚养性别(父母或抚养人按什么性别来抚养)、自认性别(成长到一定阶段,个体自身对自己性别的认识)等等。

在实际生活中,我们常常会看到很多女性具有一些男性的特征,而许多男性可能具有女性的某些特征。简单的二分法可能会使我们在理解两性性别特征时失去很多信息。其实,早在本世纪 30 年代,推孟和迈尔斯[1]就开始考虑性别特质问题。他们将社会中男性或女性成员共同具有的、相对稳定的行为倾向分为男性化特质和女性化特质两大类型,并发展出测量这两种特质的量表。与此相似,研究者们在随后的几十年中,在假设男性化和女性化是单一维度上的两极,个体或男性化或女性化的前提下,编制了一系列有关量表,如在职业兴趣量表中的男性化、女性化分量表,明尼苏达个性量表中的男性化女性化分量表等等。对类型特质的看法到了 60 年代有了新的发展,有关研究者提出个体可以同时拥有传统上男性应具有的和

---

[1] Terman, L. & Miles, C. *Sex and Personality*. New York: McGraw-Hill, 1936.

传统上女性应具有的人格特质，称为双性化个体。贝姆[①]研究设计出第一个心理学上测量双性化特质的量表（Bem 性别角色量表），此量表基于许多个体可能是双性化的设计思想。个体表现男性化还是女性化特质，依赖于行为发生时的情境；在性别特质类型上非常传统的个体，会抑制任何被认为与其性别角色不符的行为。而双性化个体，由于可自由表现男性化或女性化行为，所以更具有灵活性和适应性。[②]

表 2-1　人类性的区分

性的标签	染色体	性器官、性腺等的状况
男性（正常个体）	XY	大小阴囊、阴茎、睾丸、输精管等
女性（正常个体）	XX	子宫、阴道、卵巢等
假男性（女性假两性畸形）	XX	有卵巢、阴道、子宫，又有阴茎
假女性（男性假两性畸形）	XY	有阴道、隐睾丸、无卵巢、子宫
两性人（阴阳人）	XXY	有睾丸、卵巢、又有阴茎、阴道，有精子，有月经
无性人		无睾丸、无卵巢
变性人		手术修复、改变外生殖器官

依据贝姆（Bem）性别角色量表，个体可分为四个类别，男性化型、女性化型、双性化型和未分化型（表 2-2）。

表 2-2　Bem 性别角色量表及对个体的区分

	女性化特质低	女性化特质高
男性化特质高	男性化	双性化（男女性化分数＞4.9*）
男性化特质低	未分化	女性化

＊接近男（女）性化分数的平均值

---

① Bem, S. L. Sex-role adaptability: One consequence of psychological androgyny. *Journal of Personality and Social Psychology*，1975，31：634—643.

② 陈芳芳：《性别角色双性化与自我概念的关系》，北京大学硕士研究生论文，1994年。

Bem 性别角色量表：7 点量表（1 表示从不是或差不多从不是这样的；7 表示总是或差不多总是这样的）。计分：将你在项目 1，4，7，10，13，16，19，22，25，28，31，34，37，40，43，46，49，52，55 和 58 上的分数加起来，除以 20，得到男性化分数；将你在项目 2，5，8，11，14，17，20，23，26，29，32，35，38，41，44，47，50，53，56 和 59 上的分数加起来，除以 20，得到女性化分数。

(1) 自立的	(21) 可信赖的	(40) 有男人味的
(2) 顺从的	(22) 分析能力强的	(41) 热情的
(3) 愿助人的	(23) 易与人共鸣的	(42) 严肃的
(4) 坚守自己的信念的	(sympathetic)	(43) 有立场的
(5) 欢快的（cheerful）	(24) 嫉妒的	(44) 温柔的（tender）
(6) 喜怒无常的	(25) 有领导能力的	(45) 友善的
(7) 独立的	(26) 对他人的需要敏感的	(46) 进取的
(8) 害羞的	(27) 诚实的	(47) 容易受骗的
(9) 负责的	(28) 爱冒险的	(48) 没有效率的
(10) 运动型的	(29) 善解人意的	(49) 举止像领导的
(11) 有感情的	(30) 隐密的	(50) 孩子气的
(12) 夸张的	(31) 果断的	(51) 有弹性的
(13) 坚持的	(32) 富于同情心的	(52) 我行我素的
(14) 受人赞赏的	(compassionate)	(53) 不吐脏话的
(15) 快乐的（happy）	(33) 诚恳的	(54) 没有条理的
(16) 个性强的	(34) 自足的	(55) 有竞争心的
(17) 忠诚的	(35) 乐于抚慰受伤害的情感	(56) 爱小孩的
(18) 不可预测的	(36) 自负的	(57) 机智的
(19) 有力的	(37) 支配的	(58) 有雄心的
(20) 有女人味的	(38) 说话轻柔的	(59) 温和的（gentle）
	(39) 可爱的	(60) 保守的

注：编译自海德[①] 第 113 页，表 5.2

与上述性别特质类型相关的一个概念是性（别）度（degree of gender），它指依据体质、性格、行为表现和能力来区分男女。男性

[①] Hyde J. S. *Half the Human Experience: the Psychology of Women*, (4th Ed.). D. C. Heath and Company, 1991.

度衡量一个个体真正具有的男性特点的程度,而不管个体本身是男性还是女性,女性度亦是一样的道理,即从行为上看男女两性的性别差异只有程度上的差别,并不是非此即彼的。

从将男女两性看作一个维度上的相对两极,到根据心理学特质或行为判断个体的性别类型,人们对性与性别的看法变得越来越灵活了。但正如前面提到的,既然是两性,人们自然会从不同的角度考虑他(她)们。即使是性别特质和性别度,也仍然无法脱离男女两性的对照。

1.2 性别的自我概念

简单地说,自我概念是个体形成的关于自己的比较稳定的看法,也就是对自己的知觉与认识。本质上,它是基于自我意识的知情意的统一。具体来说,自我概念的认知成分包括对自己心理特点、个性品质、能力及自身社会价值的自我了解与自我评价;自我概念的情感成分包括像自尊、自豪、自爱、自卑等;自我概念的评价意志成分包括自我检查、自我监督、自我奋斗、自我追求等等[1]。

自我概念是从一个人对自己身体特点及表现的认识开始的,逐渐发展到个性特点的知觉与认识。一般来说,这种认识的准确性随年龄增长而提高。自我概念可能是正确的,也可能是歪曲的,标准即为自我概念与社会评价是否符合。自我概念是在个体发展过程中不断调整与修正的。

自我概念涉及不同的内容和层面。它可以分为现实自我(我现在是什么样的人);过去自我(我过去曾经是怎样的人);未来自我(我将来会是怎样的人);理想自我(我希望成为怎样的人);幻想自我(假如有条件,我想成为怎样的人)。

本世纪初就已有学者提出自我是他人判断的反映,强调"我"对自己的看法反映着他人对"我"的看法。我们所属的社会群体是我们观察自己的一面镜子,我们可以像他人看我们那样看待自己。对于两性,社会的看法与评价存在一些定型观念(刻板印象),尽管它

---

[1] Tavris, C. *The Mismeasure of Woman*. New York: Simon and Schuster, 1992.

们不一定真实,却对两性考虑自身及相对性别的看法影响很大。个体在社会化过程中逐渐形成性别的自我概念,它们影响着两性的自我接受程度、对自己能力的评价等,从而对两性行为起着举足轻重的影响。

60年代罗森克朗兹(Rosenkrantz)等学者[①]发表了关于大学生性别角色定型观念和自我概念的研究。方法是他们要求男女学生尽量提出描述一般男性和一般女性的形容词。结果发现男女两性都对更多的男性特征(如强烈的攻击性、独立性、情绪稳定性、支配、好动、竞争等,参见表2-3)给予正性评价,男女两性,特别是女性被试对多种女性特质(如喜好聊天、敏感、依赖等,参见表2-3)给予了负性评价,这种结果充分显示出他人或社会的看法影响两性对自身看法的程度有多大。

表2-3 有关男性/女性的定型观念

男　　　　性	
美　国	中　国
攻击的 (Very aggressive)	权力动机
独立的 (Very independent)	抽象思维
非情绪性的 (Not at all emotional)	创造力
支配的 (Very dominant)	理解记忆能力
喜欢数学和理科的 (Likes math and science very much)	成就动机
不容易激动的 (Not at all excitable in a minor crisis)	冲动性
主动的 (Very active)	思维清晰度
竞争的 (Very competitive)	适应环境能力
领导才能 (Almost always acts as a leader)	领导才能
擅长经商的 (Very skilled in business)	对工作的责任感

---

① Rosenkrantz, P. S., et al. Sex-role stereotypes and self-concepts in college students. *Journal of Consulting and Clinical Psychology*, 1968, 32: 287—295.

续表

男	性
美 国	中 国
喜欢冒险的（Very adventurous）	对挫折的忍受力
易于决策（Can make decisions easily）	
自信（Very self-confident）	
不容侵犯（Not at all uncomfortable about being aggressive）	
有雄心的（Very ambitious）	

女	性
美 国	中 国
得体的（Very tactful）	顺从
温柔的（Very gentle）	机械记忆能力
善解人意的（Very aware of feelings of others）	善解人意
宗教的（Very religious）	直觉
整洁的（Very neat in habits）	虚荣心
安静的（Very quiet）	受暗示性
强烈的安全感需要（Very strong need for security）	触觉
欣赏艺术和文学（Enjoys art and literature very much）	群体归属感
表达细腻的情感（Easily expresses tender feelings）	重感情

美国结果源于（Rosenkrantz, et. al., 1968; Ruble, 1983）；中国结果源于（钱铭怡等，1999）[①]

性别的自我概念的发展和形成在儿童期表现得尤为突出。布塞和班都拉[②]研究了 2—4 岁儿童性别自我概念的发展，发现"所有儿童被试都从事更多的同性别类型的行为"。年龄较小的孩子倾向于用

[①] 钱铭怡、罗珊红、张光健等：《关于性别刻板印象的初步调查》，《应用心理学》，1999 年第 1 期。

[②] Bussey, K. & Bandura, A. Self-regulatory mechanisms governing gender development. *Child Development*, 1992, 63: 1236—1250.

性别定型观念的方式对同伴反应,但却不能用同样的标准调整自己的行为(如:一个男孩对别的小朋友可以说,男孩勇敢,打针时不能哭;但轮到自己时则照哭不误)。而大些的孩子就可以做到两个方面的一致。这些结果表明 4 岁的孩子开始发展出一套固定的认知策略,控制与性别有关的行为。类似的研究[①] 还表明与性别有关的行为是儿童在是否接受表现这种行为的个体作为玩耍伙伴时是主要考虑的一个方面。

讨论儿童性别角色发展有两大流派[②]:社会学习理论和认知发展理论。前者关注行为,后者主要强调的是性别概念。认知派中的性别图式理论认为,儿童发展与性别相关的行为是因为他们发展了引导其采取这种行为的图式。图式即一套认知结构和联系网络,它组织和引导个体的认知[③]。与性别相关的行为不仅是一般认知发展的结果,而且是由于采用了与性别有关的特殊图式。按照这一理论,文化可为性别图式提供参照信息,在性别自我概念的发展中起相当重要的作用。性别图式理论家们相信儿童是通过使用这些图式来发展自我及对他人的概念,每一儿童图式都成为自我图式或自我概念的一部分。詹诺弗·布尔曼(Janoff-Bulman)和弗里兹(Frieze)[④]讨论了性别图式在自我概念形成过程中的影响。他们提出图式可以引导个体形成男性或女性的概念,包括个人关于自己符合或不符合这些图式程度的判断。

性别自我概念对两性行为的影响,在性别角色社会化过程中体

---

① Lobel, et al. The role of gender-related information and self-endorsement of traits in preadolescent's inferences and judgements. *Child Deveopment*, 1993, 64: 1285—1294.

② 朱莉琪、方富熹:《儿童性别角色发展的理论研究》,《心理学动态》,1998 年第 4 期。

③ Bem, S. L. Gender schema theory: A cognitive account of sex-typing. *Psychological Review*, 1981, 88: 354—364.

④ Janoff-Bulman, R & Frieze, I. The role of gender in reaction to criminal victimization. In Barnett, R. C. etal. (Eds.). *Gender and Stress*. New York, NY, USA: Free Press, 1987.

现得最为明显。

1.3 性别的刻板印象

性别角色是社会赋予特定性别在一定情境中应表现出的一套心理行为模式。对每个个体来说,性别角色都是在遗传的"性"基础上,受社会环境和个人自我概念的影响,在后天的社会生活中逐渐获得的。

性别角色的社会化指个体逐渐形成社会对不同性别的期望、规范和与之相符的行为的过程。不同的社会、民族、文化传统和风俗习惯,对男女两性有不同的期望和规范,比如中国"妇女能顶半边天"的宣传和穆斯林国家的"女性不能抛头露面"的教义对性别角色的塑造是明显不同的。

性别角色形成过程中,刻板印象(stereotype),又称定型观念,起着一种特别的框架和模板的作用。性别定型观念是关于男女应具备的心理特征和所从事活动的相对固定的看法。它是对两性的一种信念和态度。

性别定型观念包括四个不同的方面:外表形象(如女性娇小优雅,男性高大宽肩)、人格特性(traits)(如女性情绪化,男性自信)、角色行为(如女性照顾孩子,男性修整房屋)和职业(如女性作护士,男性作建筑工人)。这几个成分之间彼此联系。如图2-2所示,研究者发现外表形象是最有影响力的因素,与有关特征、行为、职业信息对外表形象判断的影响相比,外表形象对其他成分的影响要强得多。其他几个方面亦相互影响,假定给出关于行为的信息,人们会对其个性特征作出判断,而职业信息也可以左右对该主体行为的判断。这些定型观念在儿童很小时就已经开始发展,它帮助儿童树立关于与性别有关的行为的教条。但从青少年时期开始,个体在运用这些规则时通常会变得灵活一些,允许一些例外存在。研究表明,儿童和成人都接受这些定型观念并在决策和判断时使用它们,但成人与儿童相比,会更宽松地应用规则,有能力对一些例外和个性化的表现作出较为实际的判断,特别是对自己,允许比定型观念所限定的更广泛的行为表现存在①。

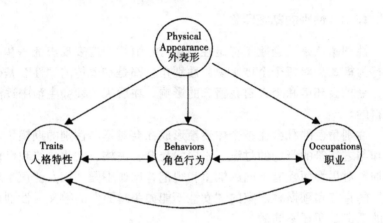

图 2-2 迪奥克斯（Deaux）和刘易斯（Lewis）
性别定型观念模型中的成分［引自布朗农②第 180 页，图 8.1］

性别角色和定型观念的跨文化研究表明，所有的文化传统都对男女两性赋予不同的角色。但性别定型观念在不同的文化中，似乎相似之处多于不同之处。一般来说，男性定型观念包括机械的（instrumental）或有能量的（agentic）模式，而女性则是富于表达的（expressive）或公共性的（communal）模式。

人们通过两种途径，即直接强化学习（通过奖赏与惩罚）和间接模仿和观察学习性别规范和社会文化所期望的性别角色。主体周围环境中的每一个个体都是潜在的榜样，其中同伴群体是最重要的。在发展的过程中，个体从所观察的诸多榜样的行为中抽取共同特征建构男性、女性概念。当某种行为与定型观念中的男性或女性角色有关时，人们以前形成的性别自我概念就会使他们特别注意行为者的性别。

---

① William, J. E. & Best, D. L. *Measuring sex stereotypes*: *A multination study*, (rev. ed.). CA: Sage Newberg Park, 1990.
② Brannon, L. *Gender*: *Psychological Perspectives*. Allyn and Bacon, 1996.

第二节 性别的自然差异

曾有学者把性别差异分为内容差异和结构差异①。其中内容差异包括：生物差异；活动和兴趣的差异；社会性特征的差异（包括人格特征和社会行为类型）；与性别有关的社会关系的差异（包括自己朋友的性别、自己选择亲近和认同的人）；象征性性格的差异（包括姿态和非语言行为、语言类型等）。每一内容差异又包含不同结构的差异：概念差异；自我知觉差异；偏好和态度差异；行为差异。我们将从自然差异和心理机能差异两条线索总结上述相关内容的研究以理解性别差异问题。

性别的自然差异是在不同的层次上表现出来的，如个体的解剖结构、生理过程、大脑组织及活动水平等等。其中对两性差异的形成最为重要的是遗传决定的两性生理结构的差别、性激素的影响、中枢神经系统的性分化以及与此相联系的人体机能方面的性别差异。由于女性独具月经期、妊娠期和生产哺乳期，其中的生理和心理变化的特点及对女性的影响亦是本节关注的主题。

2.1 基因、性激素与两性分化

我们已经了解到，性是生物学的术语，指的是以基因和性器官将有机体分成雄性和雌性；而性别则是带有心理学意义和文化意义的概念。当婴儿出生时察看一下他或她的外生殖器就可以确认他或她是男孩还是女孩。但是实际上，两性婴儿还有不能直接观察的内部生殖器官的不同。其差别在胎儿长到八个星期的时候才开始出现，而这一分化过程则是由遗传带来的性染色体的差别决定的。

2.1.1 基因决定性的分化

一个人为什么与父母总有相像的地方？这是遗传的结果。基因

---

① 朱莉琪、方富熹：《儿童性别角色发展的理论研究》，《心理学动态》，1998年第4期。

(gene)是控制生物性状的遗传物质的基本结构和功能单位,是有遗传效应的 DNA 片断。染色体是基因的载体,正常个体中均成对存在,不同物种的动植物的细胞具有特定数目的染色体,如豌豆 7 对;果蝇 4 对;黑猩猩 24 对,而我们人类身体中的每个细胞都有 23 对 46 条染色体,每对中的一半从母亲那里得来,另一半从父亲那里得来,只是最后一对与性有关,称为性染色体(如图 2-1)。当携带 X 染色体的精子与卵子结合则孕育出 XX 个体时,子代即为女性;而当携带 Y 染色体的精子与卵子结合则孕育出 XY 个体即男性个体。尽管这种最初的性决定是怀孕时就开始了,但直到 6—8 星期时,两性胎儿的内部生殖器官才从无区别的状态开始发生分化。这就是说,胎儿的生殖器官在妊娠之初是双性的。此时它们都由两部分构成,包括内部的髓鞘和外部的皮质,其发展具有两种可能性。一般来讲,如果胎儿具有 Y 染色体,则皮质逐渐退化,髓鞘逐步发育长成睾丸,否则,髓鞘会慢慢萎缩,皮质则逐步发育成为卵巢。为此,有些研究者[1]提出,"女性是生物性的基本形式",因为要发育成为男性,必须增加点什么:在第一个发展的关键阶段(6—8 周)要增加的是 Y 染色体;而在第二个关键发展阶段(第三个月)要增加的则是雄性激素。

遗传学的研究表明,性染色体上的基因可以控制某些特征,这类特征叫做"伴性特征"(sex-linked traits)。此时 X 染色体上携带的一些隐性基因所控制的伴性特征在男女两性身上出现的可能性就不同了。对男性来说,由于只有一个 X 染色体,如果带有隐性基因,就会表现出隐性性状;而对于女性,因为带有两个 X 染色体,所以只有当两个隐性的基因碰到一起才可能表现出隐性性状。因此,伴性隐性遗传特征在男性身上出现的几率大大高于女性,譬如像色盲、血友病等伴性隐性缺陷。

从一代向下一代的遗传过程中,偶尔也会出现某种差错,产生带有异常染色体结构的个体。除了前面讲的正常的 XX 和 XY 两种

---

[1] Basow, S. A. *Gender Stereotype*: *Traditions and alter-natives*,(2nd. ed.). Brooks/Cole Publishing Company,Pacific Grove,California,1986.

染色体组成的情况之外,可能出现的第 23 对与性有关的染色体变异如下:X0(只有一个 X 染色体),XXX,XXY 和 XYY 等等。通常的规律仍然是只要有 Y 染色体的模式便使个体发展出睾丸,否则个体则逐步发展形成卵巢。但具有 XXY 的个体常常具有两性特征,表现为较小的睾丸和发达的胸部,并且具有精神病倾向;XYY 个体往往比其他男性高大,也许更加具有攻击性[1]。

除了遗传对个体性的决定及染色体的不同对两性性状的出现具有的影响之外,研究者还发现了某些与两性差异有关的遗传现象。例如,早在 50 年代,研究者就发现,在人类的染色体上存在着一个与空间知觉能力直接相关的隐性基因,50% 的男性具有这一性状;而具有这一性状的女性则只有 25%[2]。这个结果可以部分地解释男性空间知觉能力优于女性的性别差异。最近的研究表明:同性恋兄弟在"X"染色体上的一段区域内分享等位基因的机率高于随机比率(33/40),即他们每个个体在这一区域有共同遗传的基因[3]。这意味着:这一区域的基因可能对同性恋倾向的产生具有某种影响。这些研究结果表明,由遗传造成的染色体上基因的不同与性别差异的形成具有直接的关联,可以肯定,染色体基因的不同是形成性别差异的最初原因。

2.1.2 性激素与性的分化

人类的两性是由遗传所致的第 23 对染色体的不同所决定的。而两性的进一步分化,则是在性激素的不断作用下实现的。在性激素的作用下,两性发展出特定的身体结构、功能,甚至发展出特定的行为。性激素的作用始于胚胎期,在青春期以后迅速增加,对个体发育成为具有全部性特征的男性与女性,至关重要。

人体内部有许多内分泌腺(包括垂体、甲状腺、肾上腺、胰腺、

---

[1] Hook, E. B. Behavioral implications of the human XYY genotype. *Science*, 1973, 131—150.

[2] Anastasi, A. *Differential Psychology*, (3rd. ed.). Macmillan, New York, 1958.

[3] Hamer, D. H., Hu, S. et al. A linkage between DNA markers on the X chromosome and male sexual orientation. *Science*, 1993, 261: 321—327.

性腺等），其所分泌的化学物质叫做激素。激素通过血液循环被输送到人体的各个部位，对多种生理活动产生影响。性激素是指由与性有关的腺体分泌的激素。男性睾丸和女性卵巢是与性有关的腺体，均被称为性腺。它们形成后便产生雄性或雌性激素，使胎儿进一步分化。除了性腺之外，人的大脑垂体也分泌影响生殖器官和性行为的激素，但它对两性分化所起的作用不是直接的，而是通过调节性腺，间接实现的。

在整个哺乳动物中，使个体雄性化最重要的睾丸激素是睾丸酮（一种雄性激素）。而胎儿卵巢分泌不多的雌性激素在性的分化中似乎只起很小的作用，也许没有什么特别的作用。因为切除卵巢并没有明显地影响雌性个体的发育；然而切除睾丸或在雄性发育的适当的时机采用药物阻断雄性激素的分泌，原本应发育成长为雄性的哺乳动物会完全发育为雌性外表[1]。由于道德的原因，没有对人类进行类似的研究，但在动物研究中所得到的这些规则同样适用于人类。

当人类胚胎长到第二、三个月时，如果出现睾丸酮，在这种雄性激素的作用下，男性外部生殖器官（尿道管、阴囊、阴茎）和附属管道（储精囊、输精管、射精管）发展起来，女性管道退化；如果没有睾丸酮的作用，则女性性器官（阴唇、大阴唇、阴蒂、子宫、输卵管、阴道）得到发展，而雄性系统退化[2]。由此看来，女性胎儿的性器官的发展不需要任何特殊的激素，而男性胎儿的发育则离不开睾丸酮的催化。

许多事实表明，在胚胎期，由遗传所决定的两性的不同只是个体生殖结构发育的必要条件，却非充分必要条件。而两性激素的分化部位、数量的不同为个体的发育创造了不同的内部环境，对出生

---

[1] Breedlove, S. M. Sexual differentiation of the human nervous system. *Annual Review of Psychology*, 1994, 45: 389—418.

[2] Basow, S. A. *Gender Stereotype: Traditions and alter-natives*, (2nd. ed.). Brooks/ Cole Publishing Company, Pacific Grove, California, 1986.

前胎儿的性分化及出生后两性的成熟具有极其重要的作用①。

除了在胎儿期性激素对两性分化具有巨大作用之外，青春期是性激素对性分化作用的又一明显时期。应该说，从婴儿出生到8岁的这段时间里，性激素的分泌量非常少，对性别差异的贡献不大。而进入青春期以后，两性性激素的分泌量都开始增加：其中男性比女性有规律而且连续不断地分泌更多的雄性激素；而女性则周期性地分泌雌激素和黄体酮。此时性激素的作用是发展两性的第二性征（第一性征是生殖器官），在这一时期男性开始出现雄性特征，如声带增厚、喉结出现、长出胡须；而女性胸部发育，脂肪丰厚并开始出现月经周期，形成典型的雌性特征。至此，男女两性生理上的性特征得到了充分的发展，发育为成熟的男性与女性。

2.2 脑与生理机能的差异

人的大脑分端脑、间脑、中脑、桥脑、延脑、小脑六个脑部。男女两性的分化，还表现在大脑功能及结构的差别上，具体而言，差异主要表现在间脑的重要组成部分下丘脑的功能以及大脑两半球的不同特点上。

2.2.1 下丘脑在两性分化中的作用

下丘脑是间脑的一部分。它的体积虽然只占脑的0.5%，但却控制着机体的多种重要的机能活动，是内脏活动、内分泌与情绪行为之间维持平衡的中枢。从结构角度来说，它具有两大特点：一是神经细胞不多，但联系广泛而且复杂。广泛多样的联系，反映了其功能的复杂性。另一特点是下丘脑除了普通神经元之外，还含有一种特殊神经元，即内分泌神经元。这种内分泌神经元既具有一般神经元的特点，又具有内分泌细胞合成激素的功能，其轴突不仅传导冲动，而且输送激素，经血液循环送至身体的靶器官，因此，下丘脑既是一个神经中枢，又是一个内分泌器官，可视为神经系统控制

---

① Basow, S. A. *Gender Stereotype: Traditions and alter-natives*, (2nd. ed.). Brooks/Cole Publishing Company, Pacific Grove, California, 1986.

内分泌系统的枢纽所在。

两性下丘脑的功能差异在胎儿期已逐步形成。在两性外部性器官分化的关键期内,下丘脑的功能也发生了分化。这种分化与雄性激素睾丸酮的存在与否相关,并进而影响到两性脑垂体在青春期的活动方式和特点,即垂体激素的分泌模式,而脑垂体分泌的激素对其他内分泌腺的活动具有调节作用。尽管下丘脑的分化对两性脑垂体的影响模式在妊娠2—3月就已设定,但一直到青春期才表现出来。睾丸酮使男性垂体到青春期连续低水平地释放激素,刺激个体规律地产生雄性激素和精子;如果胚胎期缺乏睾丸酮,青春期时垂体便周期性地分泌与性有关的激素,导致排卵和月经周期。在男性,由于脑垂体持续释放激素,故男性未显示出生理上的周期性特点;而对于女性,由于脑垂体激素的分泌规律性的波动,故形成了女性月经周期的生理特点。

此外,下丘脑的前部还存在一个雄性性行为的脑高级中枢,即内侧前视区的性两形核(the sexually dimorphic nucleus of the preoptic area)。该核在雄性动物中的体积比雌性动物大5—6倍[1]。如果雄性动物刚出生就割除外生殖器,这个核的体积也非常小[2]。然而对这种两性差异在人类中的作用,目前还没有定论。

2.2.2 大脑两半球的性分化

在胚胎后期,性激素通过血液作用于脑,对大脑两半球分化产生影响,因而雄性激素在发育的关键期是否存在同样可能影响两半球的组织发育。左半球在还没有雄性激素分泌时就开始发育了。右半球发育晚,在它发育的关键期内已经具有雄性激素,由此它的组织发育较多地受到雄性激素的影响。女性胚胎中的雄性激素含量不多,受其影响也小。这也许是女性言语发展早和功能单侧化程度较差的原因之一[3]。

---

[1] Breedlove, S. M. Sexual differentiation of the human nervous system. *Annual Review of Psychology*, 1994, 45: 389—418.

[2] 沈政、林庶芝:《生理心理学》,北京大学出版社,1993年版。

[3] 邵郊:《生理心理学》,人民教育出版社,1987年版。

最新的解剖及脑成像研究表明，左右大脑颞平面长度之比的模式、胼胝体的形状及听觉联合皮层特定区域上的单位体积中的神经元数目等都存在两性差异[①]。

综上所述，在性分化和性成熟过程中，由遗传决定的染色体的不同，决定着两性的性别，而由大脑影响的性激素的分泌则影响着两性生理上的发育及其他分化。两性生物学差异在不同的发展阶段可能会成为决定着个体不同发展方向的影响因素，在此期间如果一个环节出了问题，就可能会打乱随后的进程，甚至影响最终的性别认同和角色形成，使个体的（心理）性别与生物性（别）无法统一起来。为了便于读者对此有更清楚的了解，我们将这些影响因素和发展历程归纳在图 2-3 中。

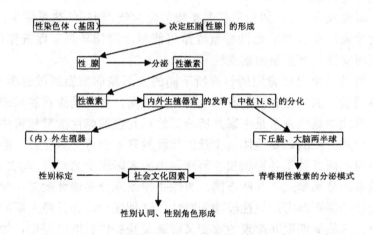

图 2-3 两性分化的影响因素

在图中所列的诸因素当中，我们可以看到其中最重要的生物特

---

① Springer, S. P. & Deutsch, G. *Left Brain, Right Brain: Perspectives from Cognitive Neuroscience*, (5th ed.). New York: W. H. Freeman & Company, 1998.

征是两性的外生殖器,因为它们决定性别标定①。而性别标定对于性别认同和性别角色形成及其社会化过程是非常关键的。

2.2.3 人体生理机能的两性差异

人类两性之间确实存在着一些生理上的差异。但这些差异像上面已经讨论过的一些差异一样,只是程度上的相对差别,并且有大量重叠。

从统计学的意义上来说,女性比男性成熟的速度一般要更快一些。这种发育速度上的区别从胚胎发育的第7个星期就开始了,此后一直持续至青春期。女性的青春期平均比男性提早两年。在这两年期间,女性的身高、体重往往会超过同龄男性。随着社会的发展和人民生活水平的提高,两性成熟期均会进一步提前,但两性之间的差异将仍然存在。

研究发现,女性的新陈代谢率较男性为低,消耗的热量更少;同时女性血液中较高的雌性激素含量可能对血液循环具有促进作用,从而使女性具有更强的耐受性②。

另外一个可以肯定两性有所不同的方面是前面提到过的激素。青春期激素的产生和功能有着以下几点不同:首先是激素的来源不同。男性的雄性激素是由睾丸所分泌的;女性的雌性激素和黄体酮是由卵巢分泌的,女性体内少量的雄性激素则由肾上腺分泌。激素来源的不同导致了各种激素在两性体内的实际水平的差异。其次,两性激素的分泌模式亦有所不同。男性是持续地分泌雄性激素;而女性激素分泌则具有周期性波动的特性,这种波动成为月经周期的一部分。月经周期期间激素的改变又带来某些身体机能的变化,如基础体温上升、嗅敏度的变化等等。再次,两性对特定激素的敏感性也是不同的。显而易见,两性对各自的性激素要比对异性的性激素的敏感性更高。

---

① Basow, S. A. *Gender Stereotype: Traditions and alter-natives*, (2nd. ed.). Brooks/ Cole Publishing Company, Pacific Grove, California, 1986.

② Basow, S. A. *Gender Stereotype: Traditions and alter-natives*, (2nd. ed.). Brooks/ Cole Publishing Company, Pacific Grove, California, 1986.

一般情况下，男性比女性更易受到伴性隐性基因导致的遗传病的影响。实际上，在生活的每个发展阶段，男性通常都要比女性更易于感染疾病，出现生理障碍和死亡[1]。在这方面，女性的平均寿命比男性更长已成为众所周知的医学常识（表 2-4）。

表 2-4　一些国家男女两性平均预期寿命

性别	加纳 1990—1995	中国 1990	中国 1990—1995	日本 1990—1995	日本 1998	美国 1990—1995
男	54	66.8	69	76	77.16	73
女	58	70.5	73	82	84.01	79

注：见中国性别统计资料第 230 页 4—26，第 522—526 页，附录 2—5。
日本的 1998 年数据据日本后生省 1999 年 8 月 6 日公布的统计结果。

对于男女两性在生理易感性方面的差异，研究人员一直很感兴趣，他们曾试图从多方面寻求差异形成的原因。对此研究者们提出下面几种有关的解释：

首先是生物性分化过程中，两性受到不同的遗传因素和激素的影响。胎儿男性化的过程，一定要具有 Y 染色体和雄性激素——睾丸酮的作用，而在这一过程中影响因素越多，可能出现问题的地方也就越多，因此男性胎儿发育就更可能出错。同时也有证据表明，雌性激素可能具有某种保护作用：在女性个体中，随雌性激素的减少会增加发生心脏病的危险性；此外，另一种女性性激素黄体酮还具有抗痉挛的特性。

另外一个可能的解释是从男性的特点出发的。即男性一般比女性更为活跃，因此也更可能处于应激的情境之中，从而更有可能出事故；更有可能受到细菌的感染而死于相关疾病或成为激烈冲突的牺牲品。

与此相关的一个解释是认为男性性角色本身就可能对男性健康

---

[1] Basow, S. A. *Gender Stereotype: Traditions and alter-natives*, (2nd. ed.). Brooks/Cole Publishing Company, Pacific Grove, California, 1986.

构成威胁。在儿童发展早期,成人通常允许男性儿童更自由地运动,在许多情况下因冒险并且富有攻击性而受到鼓励。成年以后,人们则期待男性取得社会意义上的成功,这种期待也许会引起男性对失败的焦虑,而这种焦虑则可能会导致一些补偿行为的出现和发展,像吸烟、酗酒、好斗等等。与此同时,对于男性,人们还期待着他们能达到临危不惧、处变不惊以及"男儿有泪不轻弹"的境界,这些压力迫使男性常常压抑自己许多情感的发泄,从而使个体的免疫机能下降,疾病的易感性增加。已有研究者对这些因素的影响作了数量上的估计:男女在生活预期上的两性差异有 1/4 与两性性角色有关的行为相关,而另有 1/3—1/2 的差异则是与吸烟这个因素直接相关的。

无论是在世界上哪一个国家,也无论其文化背景多么不同,男性比女性染色体出现变异的发生比率都更大;生命更短,死亡时间更早,这类发生在男性身上的更高的生理易感性,从目前已有的研究来看,不能不说是生物学的先天倾向与社会文化因素相互作用的结果。

总体而言,尽管存在上述一些差异,但人体机能的两性差异在生理过程方面的表现是很有限的,有时甚至不如个体差异明显。因此,我们在理解上要特别注意这一点。

通过上述生物性的分化过程和人体生理机能的两性差异等方面的论述,我们可以看到那些很难补偿的、任何文化因素都无法消除的基本的两性差异成分的存在与作用。然而,无论从哪个角度来对此进行考察,我们都不能忽视这样一个事实,即生物学意义上的两性分化对现实生活中存在的男女性别差异的贡献是非常有限的,许多两性差异往往是社会文化因素的影响造成的,也有相当一部分是存在于人们的观念中,而并非是事实本身。

2.3 "三期"的生理心理特点

女性三期是指经期、孕期和生产哺乳期。从前面的介绍中,可以了解到,两性生物学的差异塑造出女性特殊的生理结构——身体内部的卵巢、输卵管、子宫和外部性特征:阴道、阴蒂和阴唇。特殊的生理结构和性激素的作用使女性具有独特的生理机能和生理反应——月经周期、怀孕和哺乳。这几方面大概可以说是男女两性之间仅有的绝对差异。与此相对应，这些女性独具而男性所没有的生理现象带来了女性独特的生理心理反应。

2.3.1 月经周期的生理心理特点及影响

月经是有规律的周期性子宫出血。它是女性开始发育，具有生殖力的标志。第一次月经称为初潮；至更年期女性月经消失为绝经。初潮后，在正常的情况下，月经基本上每月一次，呈现出一种周期性。月经周期的计算是以每次月经开始的第一天到下次月经开始的这段时间。虽然月经周期的长短具有非常明显的个体差异，可以从15天一直到45天[①]，但平均为28天，其中出血时间一般为3—7天。

人类女性双侧卵巢中总共含有约50万枚包含卵子的初级卵泡。一般来说，女性月经初潮时，卵巢重量只是成熟时的1/3，功能也不完善，所以初潮后一段时间的月经可能是无卵性月经，大约十几个月以后，月经周期逐渐规律起来。每次月经周期中卵泡释放一枚卵子。约在50岁左右，女性的卵巢便停止产生成熟的卵泡，同时随着卵巢渐趋萎缩、功能减退，性激素分泌急剧减少，也不再有月经，即进入绝经期。从青春期到绝经期，女性一生总共排出不到400枚卵子，其余的均慢慢退化。由卵巢释放的卵子一旦遇到精子，与精子结合构成受精卵，女性则受孕，否则出现月经。

女性的月经周期受下丘脑、脑垂体和雌性性腺（卵巢）的反馈调节；主要由下丘脑分泌的促性腺生长激素（gonadotropic hormones）控制。与卵巢机能直接相关的激素还包括促卵泡激素释放激素和促黄体激素释放激素。

由于月经周期的各个阶段均与激素的分泌变化相对应，人们会很自然地想到，这种性激素分泌的改变可能会在身体上表现出某些生理变化。然而，在大量的研究报告中却往往很少涉及女性个体在

---

① Basow, S. A. *Gender Stereotype: Traditions and alter-natives*, (2nd. ed.). Brooks/Cole Publishing Company, Pacific Grove, California, 1986.

月经周期中的生理状况的改变,在这方面仅有如行经前可能出现浮肿、体重略微增加,排卵期前后基础体温和嗅敏度有所提高等现象出现①。与此相反,研究者们越来越清楚地意识到,月经周期中个体在心理与行为方面的变化比起生理方面的变化要明显和复杂得多,而且许多身体症状的主诉也往往会受到心理因素的强烈影响。

在过去的几十年中,研究人员运用问卷调查、自我陈述、心理投射技术、模拟情境、统计行为表现与月经周期各阶段之间的相关等多种研究手段,已经揭示出一些规律性的东西。譬如,有研究发现女性被试者的情绪状态会随着月经周期的阶段交替而起伏变化。一般在排卵期(以28天计,月经周期中的第14天左右)前后,被试者通常表现出积极、自信和振奋的精神面貌;而经前和行经期间则表现出更多的消极情绪,这主要表现在焦虑不安和易于伤感两个方面。同时一些数据还表明,女性的暴力犯罪与自杀大多发生在经前和行经的8天内②。尽管如此,正如女性个体之间在月经周期的长短上存在着很大的差异一样,女性在月经周期各个阶段的反应也各不相同,特别是受环境影响很大的心理反应更是因人而异。因此,有些研究的结果并不一致,甚至大相径庭,例如女性自己常常报告的经前和经期在认知操作上的成绩比其他时间要差这一点,在不同的研究中,得到的结论就不一致,甚至许多实验都否定了这一点,认为这类说法是女性对自身在月经周期中表现的定型观念的一种反映。

一位心理学家曾作过一个很好的实验来说明这类问题。他利用指示语使一些女大学生被试相信自己正处在行经前期,或处于月经周期的其他阶段,而实际上她们也许并不处于这一阶段。这一实验发现,凡是认为自己正处于经前期的被试比认为自己处于其他阶段的报告了更多的诸如疼痛、不适等负性症状。研究者认为由于女性

---

① Basow, S. A. *Gender Stereotype: Traditions and alter-natives*, (2nd. ed.). Brooks/ Cole Publishing Company, Pacific Grove, California, 1986.

② 珍尼特·希伯雷·海登、B. G. 罗森伯格:《妇女心理学》,云南人民出版社,1986年版。

在生活中逐渐形成了月经与各种麻烦相伴随这种联系,结果使得她们倾向于过分夸大某种不适的感受①。

在上述的讨论中,我们主要把月经周期放在自变量的位置上,考察其对女性身心的影响。下面,我们将它放在因变量的位置上,以探讨应激情境、个体心理适应能力等对月经周期的影响。调查资料表明,二战期间被关押在集中营中的女性月经常常推迟或出现突然来潮;久别重逢的夫妻团聚也会使排卵期发生变化。上述情况表明,紧张刺激及一些应激性情境会对月经周期发生影响。崔方(1990)②在一项考试与月经周期的关系的研究中,采用问卷形式对平均年龄为21岁的161名大学三年级女生进行了调查。结果发现,当考试日期与经期重合时,有60%的被试月经周期有不同程度的变化。其中以经期推迟或提前者为最多;其次表现为血量增加或减少,行经期延长或缩短的情况增加并出现痛经或痛经加重等反应。

除上述反应之外,在经期常出现的一些不适症状如疲劳、头晕、腹泻、注意力涣散、情绪抑郁等表现的人数,考试期间却比平时要少③。研究者认为这种情况的出现是由于考试是一种适度的紧张刺激,它可以比平时更进一步地动员考生的生理和心理功能。此外还有一个非常重要的原因,即平时女性似乎养成了一种习惯,就是对自己经前期或经期出现负性反应一直有一种期待,对此也比较关注和敏感,而考试期间的紧张与忙碌使一些人无暇顾及这些反应,客观上削弱了这类消极影响。

对个体而言,其人格特质和心理适应能力的区别也会使其月经周期及其反应有所不同。譬如痛经反应,一般是由于子宫的肌肉收缩和血管痉挛引起的,除了由一些器质性病变引起的继发性痛经之外,很多痛经反应都是由于不良的心理因素影响而形成的。已有研究表明,易受暗示的和情感丰富的女性痛经的发生几率大,而且对

---

① Basow, S. A. *Gender Stereotype: Traditions and alter-natives*, (2nd. ed.). Brooks/ Cole Publishing Company, Pacific Grove, California, 1986.

② 崔方:《考试、月经节律与心理状态》,北京大学学士学位论文,1990年。

③ 同上。

月经周期各阶段身心反应比较敏感的女性也更容易受到各种环境刺激的影响。上述的考试对月经影响的研究证实了这一点,即平时经期各项反应均正常的被试,终考期间的月经周期变化不大,而一些平时经期异常且反应较严重的被试,经期适应在考期中仍然不好,月经周期也容易受到影响[1]。

综上所述,女性月经周期的变化和其伴随的反应,一般与个体一贯的特点和行为模式是相一致的。事实上,由于月经周期中出现的各种身心反应更多地与心理因素有关,因此,只要能坦然地面对月经周期及其反应,它给女性所带来的不快和麻烦就会降至最低限度。

2.3.2 妊娠及孕期的生理心理变化及特点

在受精卵于子宫内发育成足月胎儿的过程中,孕妇体内发生一系列解剖、生理变化的过程称为妊娠。胚胎在子宫内发育的时间为妊娠期,即怀孕期。

怀孕期一般从最后一次月经的第一天起计算,总共约280天左右。俗话说的"十月怀胎"是指每月28天的妊娠月,而按通常的月历计算则为9个月。妇产科医生一般将整个妊娠分为3个阶段:妊娠早期、中期和晚期各3个月。从受孕到分娩,女性要经历身心的巨大变化,其中的辛苦和伴随而来的心理感受是异常复杂和多样的。

一般来说,怀孕早期的身心变化比较剧烈。从生理上讲,首先是雌性激素和黄体酮的分泌水平迅速上升,引起乳房胀痛,月经停止。其次,大约有3/4的女性报告有疲倦、食欲不振、恶心等妊娠反应[2]。在证实自己怀孕以后,是否想要孩子的期待水平会减轻或加剧这些反应,同时带来不同的心理反应。

在接下来的三个月中,孕妇的乳晕颜色变深,常呈深棕色,随着胎儿的长大,心脏负担加重,泌尿系统的负担也加重了,但妊娠初期出现的尿频现象在此时有所减轻。为适应胚体发育和孕妇的生

---

[1] 崔方:《考试、月经节律与心理状态》,北京大学学士学位论文,1990年。
[2] 葛鲁嘉、刘翔平:《女性心理学》,北方妇女儿童出版社,1987年版。

理需要，孕妇体内的新陈代谢发生一些变化，并储存一定数量的营养物质，体重开始增加。虽然这段时间孕妇的腹部会渐渐隆起，但此时孕妇的感觉和情绪一般来说比较平静。同时，她们对胎儿发育的状况也非常关心，并表现出很大的热情。

妊娠的最后三个月，再次出现了变化的高潮。孕妇皮肤表面色素沉着，腹部明显凸起，下肢水肿，活动笨重。至妊娠末期，脑垂体开始分泌催乳激素，为泌乳作好了准备。随着预产期的临近，孕妇又开始不安起来，为孩子的性别、健康、相貌而忧虑。第一次面临生产的女性还会因害怕分娩的阵痛而出现依赖性增强，并时时感到悲喜交加，不知所措。这种压力可以随着分娩训练有所减轻。

分娩标志着孕期的结束。正常情况下，这一过程是很自然的生理现象。分娩时，利用宫缩，产妇将胎儿从子宫通过产道娩出。

分娩过程中腰腹部的一些疼痛给产妇带来的痛苦往往被一些文学及影视作品夸大了，每有此类描写，必是大汗淋漓、撕心裂肺、痛苦不堪、死去活来，甚至随着婴儿的啼哭，传出的是慈母的死讯。这种影响使当代女性对自然分娩非常恐惧，由于这些恐惧的存在，反而容易出现难产。于是许多产妇或其家属向医生要求作剖腹产以减轻分娩的痛苦。

人们从对动物行为的观察中发现，许多动物分娩后，母亲要舐遍婴儿的全身。人虽然不用舐婴，但分娩时，婴儿穿过狭窄的产道，同样会有强烈的触觉感受。此时，母婴可能相互产生着非常微妙的影响。如果产妇在无意识的状态下分娩或者采用剖腹产方式分娩，就会失去这种神奇的母婴交互作用①。

尽管如此，人们还是想了很多办法来尽可能地减轻分娩疼痛，例如丈夫陪伴产妇分娩、水中分娩、自然分娩法等等。在这些方法中包含了许多心理学的原理，譬如本世纪40年代，英国的产科医生G. 狄克·里德（Grantly Dick-Read）经过研究后认为，产妇在分娩时感觉到极度疼痛是由于其心理上的恐惧造成的。用心理学的术语来说，不良的情绪状态对身体机能产生了一种暗示作用，造成了恐惧

---

① 井深大：《零岁——教育的最佳时期》，北京日报出版社，1987年版。

——紧张——疼痛——恐惧的恶性循环。里德提出,如果能够对这一过程有所了解并避免精神紧张,保持肌肉松弛就可以减少疼痛,甚至可以无痛分娩。他因此创造了自然分娩法。里德的这套方法包括孕期教育,肌肉锻炼,产时必要的心理"支持",以及必要时加用少量药物等内容。经过几十年的实践,证实此法确实有效,在英美等国受到普遍欢迎。

与妊娠相关的一种现象叫假性妊娠。假性妊娠亦称想象妊娠。此时个体虽然并未受孕,但却会有类似怀孕期的身心变化,就好像在背着十字架的耶稣手掌上钉钉子,虔诚的基督徒仿佛觉得自己的手掌上也出现了血迹。假孕的女性一般均为非常想受孕或者特别害怕怀孕的个体。由于这些个体极其强烈的情绪作用,目前理论认为,这种心理因素极大地影响和干扰了体内正常的下丘脑垂体和性腺对内分泌系统的正常反馈调节,因此而导致黄体酮激素含量增加,抑制排卵,使月经停止,有些甚至会出现孕期的全部症状,如恶心、腹部隆起,直至乳腺分泌、阵痛等现象,并且可能持续9个月方才结束。这种现象再次表明女性的心理与情绪状态的变化对其生理各方面所具有的重要影响。

2.3.3 哺乳期女性特殊的心身问题

哺乳期开始的一段时间,俗称"坐月子"。指产妇分娩后调养身体、乳婴的一段时间,从半个月到一个月左右。从生理和医学的角度看,以婴儿从胎盘娩出算起,到除乳腺以外产妇全身器官恢复到接近正常水平的这段时期,大约需要6—8周的时间。对婴儿来说,在其断奶之前主要以母乳为营养来源的整个阶段,称作哺乳期。由于每个产妇所处的生活环境、身心状况的差异,哺乳期长短不一,其期限可以是几个月也可以持续几年的时间。

分娩后,产妇体内的雌性激素和黄体酮的含量急剧下降,身心经过阵痛损伤之后非常虚弱。从现代医学的观点来看,适当的补养和休息是必要的。

从心理学的角度来看,分娩是女性个体一生中遇到的重大生活事件之一,不仅仅是其身体的恢复,她还必须面对其婴儿——新的家庭成员,因而女性此时需调动其心理及生理上的能量来适应产后的新的生活,寻求产后新生活的规律。由于女性在此阶段中,一方面要恢复自己的身心;一方面还要适应孩子降生带来的角色和各种关系的变化,因此,哺乳期的女性承受着巨大的适应压力。又由于此时女性身体尚处于虚弱状态,因此很容易受到环境刺激的影响,使产妇出现情绪波动。总之,产后的情绪波动是生物因素(激素含量的变化)和社会心理因素相互作用的结果,而这几种因素的协同作用也恰恰是使女性从这种状态得到恢复与改善的重要保证。

母乳是婴儿最理想的食物。母乳中不仅含有婴儿所需要的全部营养成分及其恰当的比例搭配,而且含有可以提高婴儿抵抗力的免疫物质。同时,母乳喂养还具有促进母婴心身交流的优势。

在母乳喂养中,母婴接触的因素比食物和营养的因素更为重要。一方面这有助于平复母亲的情绪波动;另一方面则可以尽早地利用母婴的相互作用来开发婴儿的潜能。在一本关于育婴法的书中,曾引用了大量乌干达婴儿的事例①。在乌干达,婴儿生下约1个小时以后就被母亲带着到处展示给亲朋好友们看。这时的婴儿时刻不离地挂在母亲胸前的吊袋之中,与母亲仅有一布之隔,此时母亲可以随时感受到婴儿的行为与要求,并及时给予满足。这些乌干达婴儿在出生48小时以后,就可以只凭前臂支撑而直坐起来,伸直脊背、挺住脖子;六、七周时均能较好地爬行,自己会坐,还可以在镜子前观察自己一段时间。而欧美国家的婴儿则要到6个月的时候才能表现出这种能力。这一事实给我们的启示是,母婴之间的早期交流及不同的抚育方式对婴儿的成长及发育所具有的影响作用不容忽视。

女性在哺乳期的就业问题一直被人们所关注。早在1984年,我国就有人提出女性"阶段就业"的模式②。持这一主张者认为"妇女在就业中遇到的最大问题就是生育问题,最感困难的时期就是哺乳时期,因此现阶段我国妇女就业以实行阶段就业为好。……即在职妇女从怀孕7个月到孩子3岁这一阶段停职休息,领取工资75%,

---

① 井深大:《零岁——教育的最佳时期》,《北京日报》出版社,1987年版。
② 邢华:《我国妇女实行阶段就业》,《北京日报》,1984年6月11日。

免去奖金,劳保福利待遇不变,孩子 3 岁以后再继续工作"。这一建议曾一度为一些企业采纳,但随着经济体制改革的推进,企业实行"优化劳动组合",对女性有很大的冲击。

　　对一些持传统观念的女性来说,可能较易于接受被单位优化下岗的事实,即便是在规定的 56 天产假之后去原单位上班,也能安于工作绩效降低的事实,因为她们以做贤妻良母为生活目标,认为母亲花费更多的时间照料婴儿是天经地义的事情。但被优化下岗对于有事业心的女性来说却不啻是一次强烈的冲击,她们可能会对此感到难以接受和委屈;如能在产假后继续原来的工作,她们的内心也充满着矛盾与冲突,因为她们既想与他人一样做好本职工作;又常常会为自己的婴儿所分心。做好职员与好母亲的精神冲突也常常使她们在原本就忙碌不堪的生活中感到疲惫。

　　除了心理上的原因之外,经济上的压力也可能会使女性出现情绪方面的问题,如被单位优化下岗,经济收入顿减;即使重返工作岗位,也可能会由于哺乳等因素而影响到女性的奖金收入,对一些家境一般或处于中下水平的女性来说面对收入下降而抚养婴儿使家庭开支增加的局面,她们经常容易出现焦虑、困惑等心理不平衡的反应。这对母子的身心健康都会产生消极的影响。西方国家哺乳期的女性与我国这个时期的女性遇到的心理困扰有一致的地方,也有一些不同。西方女性在当了母亲以后,不仅是离开原来的职业岗位一段时间,往往是辞职即放弃原来的职业。由于许多国家都允许多胎生育,所以,也许女性从第一次做母亲开始,要持续相当一段时间在家里做专职母亲。研究表明,只有很少的女性愿意放弃她们先前的各种身份。放弃职业身份的失落也不会因为生了小孩立即得到解决[①]。但随着时间的推移、孩子们的长大,她们会逐渐适应。因此,她们的情绪波动一般只发生在第一个哺乳期,常与产后抑郁症状混杂在一起。但她们不去担忧哺乳期的工作位置,受到的就业困扰要小些。

[①] J. A. 谢尔曼、F. L. 登马克 (Julia A. Sherman Florence L. Denmark) 编著:《妇女心理学》(*The Psychology of Women*),中国妇女出版社,1987 年版。

第三节 性别的心理机能差异

对心理机能的测量在心理学研究中已有相当一段时间的历史了。无论是成就测验还是个性人格测验，有的报告有性别差异，有的则报告没有，这些矛盾的结果常常是因为被试的操作依赖于任务的类型和不同的情境。那么，完成不同任务能力上的差异是否表明不同性别特定的心理能力或总体智力上的异同？它们是否可以代表男女两性在思维方式上的明显差异？在本节中我们将从语言、数学与空间定向能力、其他一般认知能力、个性人格特点等几个方面，利用已有的研究结果，试图对这一问题作出回答。

3.1 言语、数学与空间定向能力

从智力测验开初，关于性别差异就存在争论。比较流行的观点认为女性智力低于男性。也有学者的研究表明，平均来说，男女智力无差异。目前在性别定型观念中，总体智力也被认为无性别差异[1]。随着智力测验理论和工具的发展，人们编制出包括不同分测验的量表［如韦氏（Wechsler）智力测验］。结果发现，总体分数虽无性别差异，但女性在言语分测验上的分数要高于男性。由此，启发了心理学家从不同层面来考虑两性心理机能差异问题。

说到心理能力的两性差异，人们最常提到的是言语、数学和空间定向能力，这方面的研究也最丰富，但结果却并不一致。下面就让我们从一些总结性的工作中来看看可以得出什么样的结论。

研究者们在对先前言语能力方面的两性比较研究回顾的基础

---

[1] 钱铭怡、罗珊红、张光健等：《关于性别刻板印象的初步调查》，《应用心理学》，1999年第1期。

上[①]，提出女性在言语能力的各个方面（包括言语流畅性、阅读理解、拼写、语词等）一般占有优势。而且霍尔泼恩（Halpern）还注意到男性与女性相比，在与语言相关的能力方面更容易出现障碍，如口吃、阅读问题等等。一般来说，女孩较早开始讲话，获得语言的速度更快，这种优势一般从小可一直保持到整个小学阶段，到了中学，两性在这方面的关系模式变得复杂起来。

海德[②]对1974年麦克白（Maccoby）和杰克林（Jacklin）综述中与性别相关的相似性和差异中提到的研究进行了元分析[③]，结论是与性别有关的言语能力的差异很小。言语能力差异的1%与性别有关，其余99%与其他因素相关。

随后，海德和林恩[④]又对报告言语能力有性别差异的165个研究进行了元分析，表明女性在某些言语能力上占有优势，而男性则在另外一些言语能力上（如言语理解）上有优势。同时，他们的分析结果还表明早期的研究通常报告性别差异，而最近的研究则没有。总之，女性在言语能力上可能占有微弱优势，但这种优势也许在慢慢消失。

数学和数量的能力是经常提到的与性别相关的另一种心理认知能力。

很多研究发现在13岁以下，并没有发现数学能力上的性别差异，从13岁以后开始出现男性数量能力优势，且一直持续到成年，这可能是与前面讲过的性别定型观念、两性自我概念以及性别角色的社会化过程有关。研究报告说女孩从十几岁开始对数学能力失去信心，认为数学对她们的将来并不重要。相反，男孩则认为数学对

[①] Halpern, D. F. *Sex differences in cognitive abilities* (2nd Ed.). Hillsdale, NJ: Erlbaum. Maccoby, 1992. E. E. & Jacklin, C. N. *The psychology of sex differences*. Standord, CA: Stanford University Press, 1974.

[②] Hyde, J. S. How large are cognitive gender differences? A meta-analysis using ω^2 and d. *American Psychologist*, 1981, 36: 892—901.

[③] 元分析：一种统计技术，对许多研究的结果进行综合评价并估计实验效果大小。

[④] *Hyde, J. S. & Linn, M. C.* Gender differences in verbal ability: A meta-analysis. *Psychological Bulletin*, 1988, 104: 53—69.

他们的将来很重要。同我国上海的一项调查表明的职业期待影响男女两性对文理科选择的结果类似，美国加州高中学生的一项调查表明，选修数学课的学生是以上大学的理科和工科为目标的。

与言语能力研究相似，海德[①]对数量能力研究报告的元分析表明，1%成就上的差异与性别有关，数学能力上的总体性别差异很小。研究者在元分析中将数学能力区分为不同方面，结果女性在计算甚至在理解数学概念上有微弱优势。而在数学问题解决上从小学到中学则无性别差异，但自高中一直到大学，男性在这方面的成绩要更好。

海德、芬尼玛和拉蒙[②]的另一项研究进一步揭示了数学能力的复杂性。他们分析了100个研究，发现总体中女性比男性成绩略好，尽管这种优势太小了并不能说明什么，但它至少表明男女两性数学（量）能力的关系模式可能是与定型观念不同的。

越来越多的工作表明，男性在数学（量）能力上逐渐表现出来的优势，不一定是先天能力的优势，而是与他们学习数学的经历、文化、环境等多种因素有关。已有学者提出这样一个模型（图 2-4）来说明数学成就是学习者个人和环境变量共同作用的结果。前者包括个体的认知能力、关于个人能力的信念及是否认为数学有用等因素。后者指最终导致性别差异的社会、家庭和学校因素，其中社会因素包括文化期待（如数学是男性优势的定型观念）、强调差异的媒体以及同伴对与数学有关的活动的鼓励；家庭因素包括家庭的社会经济状况、父母的鼓励（或缺乏这种鼓励）及兄弟姐妹进行的与数学有关的行为；学校的因素包括教师的态度和行为、辅导的组织、评价的方法及同伴的接受等等。尽管研究者构建这一模型是为了说明数学成就上的性别差异，但这种多方面因素的结合却可以解释几乎所有的成就差异。

[①] Hyde, J. S. How large are cognitive gender differences? A meta-analysis using ω^2 and d. *American Psychologist*, 1981, 36: 892—901.

[②] Hyde, J. S., Fennema, E. & Lamon, S. J. Gender differences in mathematics performance: A meta-analysis. *Psychological Bulletin*, 1990, 107: 139—155.

关于空间定向能力的性别差异似乎比言语能力和教学(量)能力还要复杂。这是因为研究者们对空间定向能力的定义和测量方法太多。总的来说,男性在完成空间视觉任务和心理旋转任务上占有优势,有时在完成空间知觉任务上也表现出一定的优势。但女性可以在客体位置的知觉速度和记忆中表现出比男性要好。因此,任何关于

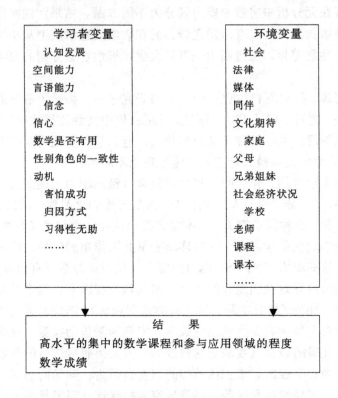

图 2-4 与数学能力性别差异有关的变量
(编译自布朗农[①]第 96 页,图 5.2)

男性空间定向能力强的说法都太简单了。

对于上述提到的两性差异,很多学者都从大脑两半球功能侧化的两性差异来进行解释。人的大脑两半球有着各自相对的功能优势。

---

① Brannon, L. *Gender: Psychological Perspectives*. Allyn and Bacon, 1996.

一般说来，右利手的个体，言语信息呈现给左半球时，其加工得更迅速、更准确；而空间信息传达给右半球时加工得更好一些（如图2-5）。这种现象叫做大脑两半球功能不对称性或功能的单侧化。在日常生活中，由于两半球之间通过一个叫胼胝体的结构紧密联系，彼此协作，所以它们各自的工作特点和优势并不明显。研究者对正常人和割裂脑病人（将胼胝体从中间切开，使两半球的联系中断，各

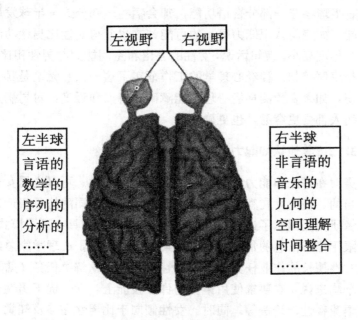

图 2-5　大脑两半球功能示意

自独立）进行了严格的心理学实验，才揭示出上述功能专化现象。

由于半球侧化与男女擅长的任务类型有某些对应关系，这就使得很多学者都从半球侧化程度来解释心理机能的两性差异。

有些学者认为，言语、空间定向能力的两性差异与大脑两半球功能单侧化的个体发生过程紧密相关。研究表明，脑的不同部位成熟的时间是不一致的。胼胝体成熟较晚。如果语言发展在胼胝体大部分成熟之前开始，由于两半球没有交流，可能均会发展语言功能；

如果语言发展稍迟于胼胝体的发展,因为左半球在语言方面有遗传上的优势,那么语言功能可能只局限在左半球发展。左半球发展语言功能的信息通过胼胝体抑制了右半球的这一功能的发展,以便于它再去发展其他专门功能。许多研究已经证明,女性语言发展较早,此时胼胝体还未开始正式工作,结果两半球皮质都发展了语言功能。这是女性言语加工能力较男性为强的基础。但同时有些研究也发现在空间知觉和定向能力方面女性要稍逊一筹。这也许暗示,虽然女性的右半球参与一部分言语功能,却会牺牲一部分这一半球发展其他功能（如空间认识能力等）的可能,这也使得女性比男性功能单侧化的程度要小。换句话说,女性的言语和空间能力与男性相比,更多的是双侧控制。神经心理学的工作证实了这一点：无论是哪个半球损伤,如果要预测神经心理机能障碍的特点和程度,对男病人比对女病人都要更容易,也更确切[①]。

3.2 其他认知能力

男女在智能和能力方面表现出总体的平衡性。可以说男女智能是相当的,但男女在智能结构上却表现出各自不同的特色。近期的脑成像研究还揭示了进行认知操作时,两性脑活动具有不同模式,但仅局限于语音信息的加工。经过长期的调查研究,心理学家总结出一些女性擅长的作业任务和一些男性擅长的问题解决任务（见图2-6）。平均来说,在要求使用语言的许多技能上,女性优于男性,比如言语流畅性、语法等。同时,女性倾向于比男性在涉及知觉速度的任务（迅速地辨认匹配项目的能力）上成绩更好、手工准确性更高。而男性在本质上是在空间特性的任务上,包括迷宫作业、心理表象旋转、机械技能等方面做得更好。

除上述提到的言语能力、数学（量）能力和空间定向能力有微弱性别差异以外,其他认知能力包括学习、记忆、创造性、音乐能

---

① Levy, J. & Heller, W. Gender differences in human neuropsychological function. In Genral A. A. et al., [Eds.] *Handbook of Behavioral Neurobiology: Sexual differentiation*, Plenum, New York, 1992. pp 245—273.

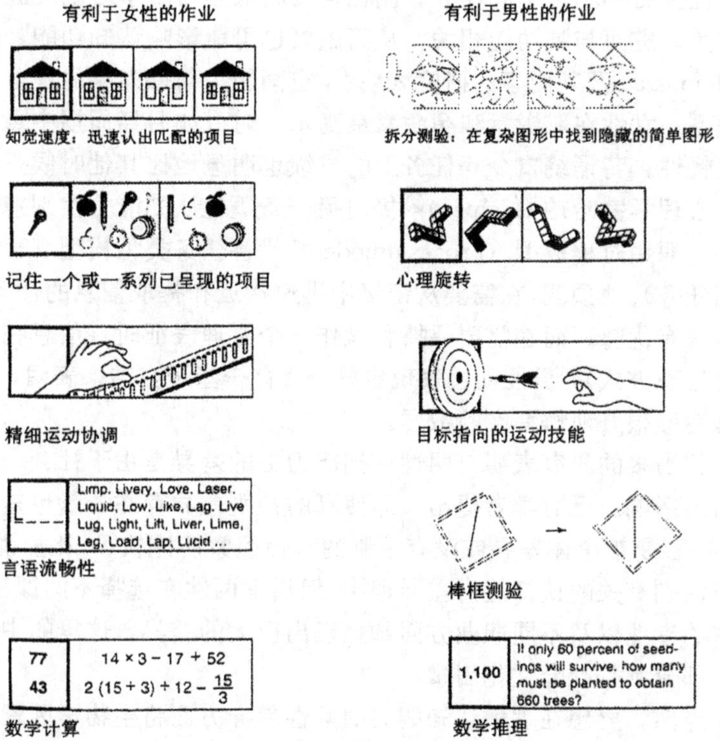
有利于女性的作业
有利于男性的作业
知觉速度：迅速认出匹配的项目
拆分测验：在复杂图形中找到隐藏的简单图形
记住一个或一系列已呈现的项目
心理旋转
精细运动协调
目标指向的运动技能
Limp, Livery, Love, Laser, Liquid, Low, Like, Lag, Live Lug, Light, Lift, Liver, Lime, Leg, Load, Lap, Lucid ...
言语流畅性
棒框测验
77
43
14 × 3 − 17 + 52
2 (15 + 3) ÷ 12 − 15/3
数学计算
1,100
If only 60 percent of seedings will survive, how many must be planted to obtain 660 trees?
数学推理

图 2-6 男女两性擅长的作业例示

力、非言语交流的能力等等都不存在一致的性别差异。尽管有些研究得到两性表现不同的结果，但其往往是陷入性别定型观念和社会期待上，如女性倾向于对购物清单有更好的记忆，而男性则能更好地记住怎样到达一特定地点。而男女两性在艺术、音乐方面的成绩往往反映了社会支持和这方面条件的差异，而非能力上的不同。此外，如果出现其他认知能力上的一些两性差异，则往往是和言语、空间能力的两性差异有着直接或间接的联系。

与前面提到的类似，有关认知能力两性差异的一个生物学解释是大脑半球侧化的性二型性。这种理论认为男性的侧化程度高，这有利于空间任务而不利于言语任务,而女性侧化程度弱,这有利于言语任务而不利于空间任务。侧化程度高低是与激素对脑发展的影响有关,进而与脑功能相关,从而激素也可能影响认知功能。基默拉(Kimura)及其同事的研究表明①,空间能力与睾丸酮的最适水平相联系。女性在雌激素和孕激素最高水平时(如月经周期中点)言语流畅性、背诵绕口令等任务上的成绩也明显地比其他时候要高。

心理学家哈珀(Halper)②提出另一条概化认知能力性别差异的途径,即用过程模型(process model)代替任务类型模型(言语或空间任务)。他预测,在需要从记忆中迅速接近和提取信息的任务时,女性占有优势;而在需要保持和操作一个心理表征时(信息在头脑中的呈现方式),男性则会表现更好。已有一些研究结果表明,这种模型能够很好地解释实验数据。

相当多的研究表明,两性认知能力上的差异是由于社会、文化因素的影响。已有学者提出,即使真的性别差异存在,量也是很小的,很容易被个体差异或没有控制的其他因素所掩盖③。比如说,尽管与性别有关的认知能力差异很小,但男女两性在选择不同课程、大学中的专业以及不同职业方面却显示出巨大的差异,这里的中介变量大部分都是社会文化因素。

当然,要想在理解认知能力的两性差异方面将生物学因素和社会文化因素完全分开是很难的。只有将它们综合起来,考虑先天遗传与后天环境因素的交互作用,才能正确理解认知能力上两性差异的全貌。

3.3 个性与人格差异

90年代以来,以"情感智力"(emotional intelligence,也有人译作"情商")一词取代传统"智商"的呼声很高,这是因为心理学

---

① Springer, S. P. & Deutsch, G. *Left Brain, Right Brain: Perspectives from Cognitive Neuroscience*, (5th ed.). New York: W. H. Freeman & Company, 1998.

② 同上。

③ 同上。

家发现，一个人的成就和是否能成功地适应社会与一个人的智能相关不大，而与非智力因素关系密切。非智力因素包含的内容很多，而个性人格则是其中的核心部分。

我们前面提到的性别定型观念中很多都是有关两性个性人格方面的特征（表 2-3，见 28 页）。动物实验表明，睾丸激素与攻击性行为密切相关。在人类，性激素的影响不像在动物身上那样明显和简单，但有研究者认为男性与女性性情的不同，如男性较暴躁，女性较温和，可用其躯体内部的不同性激素分泌的情况来加以解释。此外，女性性激素水平在月经周期的波动与女性在此周期中的情绪波动的关联也表明，性激素水平对两性行为存在着不容忽视的影响。

人格（个性）是在人们先天气质类型的基础上，在家庭、社会、文化等诸因素的影响下形成的个体特有的行为模式和倾向。它既有表现于外给人印象的特点，也有某些外部未必显露的内在部分[1]。明确了这一点，就不难理解我们在总结文献时发现的下面一些结果了。

一方面有很多人格特点，如依赖性等通过问卷测查可能出现性别差异的结果，而当进行投射测验[2]时两性差异便消失了，这也许可以说明人格上的一些差异亦是存在于人们的观念中而非事实本身。

另一方面，随着社会的进步与发展，男女两性个性上的一些传统差异也会逐渐变小，英国心理学家沙威尔曾在 30 年前作过一项调查，结果表明男女之间性格差异总体上"大得惊人"，然而不久前他对数千名 16—64 岁的男女被试者（分属不同民族、信仰、职业、文化水平、经济状况等）进行的相似研究却显示出两性之间性格差异变小了，越来越不分明了。比如他归纳了 32 种两性被试的典型性格，

---

[1] 陈仲庚：《人格》，《中国大百科全书》心理学卷，中国大百科全书出版社，1991年版，第 270—272 页。

[2] 投射测验：是向被试显示一组意义不明确的刺激，让他给以解释或把这些刺激组建起来。这种方法的基本假设是当一个人处在意义不明确的刺激情境中时，往往会把自己特有的人格结构强加于刺激情境。这样，知道一个人如何对那些意义不明确的刺激情境进行解释和组建，就有可能找出其人格结构的一些特征。最常用的投射测验有罗夏克墨迹测验和主题统觉测验。

包括顽强、坚定、果敢、幽默、乐观、随和、潇洒、多变、热情、含蓄、好斗、爱嫉妒等,请被试描述自己。经过统计显示,30年前被列为男性典型性格的顽强、坚定、勇敢等时下许多女性也已具有,其比例分别占35%、47%和33%。30年前男性形容自己暴躁的比例大大高于女性,而目前女性只比男性低5个百分点。此外,乐观、好斗、幽默也已不只是男性独有的性格特征,而温柔、含蓄、随和的男性也不乏其人。同时,潇洒、热情、开朗等已成为两性越来越"共有"的性格……。研究者对比分析说,越来越多女性成为职业女性,她们受教育程度越来越高,男女交往机会也越来越多,都可能导致男女之间性格互补或"对流",最终使两性个性人格差异越来越小。这大概也与贝姆(Bem)所说的双性化个体对社会的适应会更好的结果有关。我国的学者也认为,随着市场经济的发展和成熟,两性之间的差异是呈减弱趋势的[①]。

尽管我们前面论述了两性自然和心理机能的差异,但要强调的是,无论什么方面,男女两性都有大量重叠的部分,而且确实也有某些女性具有比多数男性更好的空间能力,而某些男性也具有比多数女性更好的言语技能。任何只用性别来作决定职业选择和教育机会的主要尺度都是武断的。同样清楚的事实是,不是性别也不是任何单一变量,或变量的简单组合能解释我们所见到的巨大的个体差异。探讨人们怎样思考、学习和记忆,任何关于个体和群体差异的知识对理解人类认知和发展教育规划的理论都是关键的。真正的敌人是误用这些知识的可能性,而非知识本身。

总之,当代性别研究的核心观点是女性与男性既平等又有差异,肯定女性不是第二性的,但的确是不同的性别。虽然女性像男性一样有力,但她们的力量却是不同的,了解这些将是人们理解女性身体、精神以及灵魂的关键。黑尔斯(Hales)在其新书中指出[②],现

---

① 李玫、徐霆:《竞争:女性的权力;公平:社会的义务》,《北京青年报》,1999年3月8日。

② Hales, D. *Just Like a Woman: How Gender Science is Revealing What Makes Us Female*. Bantam Books,1999.

有的生理学和心理学基于男性的研究结果并不都适于女性，我们关于女性的知识仍然贫乏得令人吃惊。看来要更好地理解女性，基于女性或者说从女性本身出发的女性学的进一步研究是亟待加强的。

第三章 社会性别与女性社会角色

被建构起来的社会性别差异是社会结构中最基本的一种社会分层,社会经由各种制度化的力量形成了两性不同的社会角色。本章着重分析社会是如何建构出社会性别的差异、社会性别差异的表现形态、本质特征以及女性的社会角色。

第一节 社会性别差异

1.1 被建构的社会性别

上一章已经谈到性(sex)和性别(gender)是女性学研究中两个十分重要的概念。性别一词的使用是为了区别"性"这一生物学意义上的词,它是指社会对两性及两性关系的期待、要求和评价,强调影响性别发展的非生物性因素,尤其强调社会对性别的建构过程。因此,性别(gender)又被称为社会性别。在现实生活中,社会性别的差异是指两性的生物差别经由社会制度化力量的作用表现出的一系列行为规范和社会角色以及性别分层和性别不平等。

为什么说社会性别是被建构出来的而不是先天存在的呢?人类学家米德(Margaret Mead)的研究是一个最典型的代表,她在考察了新几内亚的三个部落后指出,不同的部落两性关系秩序存在的差异之大令人震惊。曼德哥马(Mundugamor)族是一个冲突争斗的社会,男人之间可以通过交换自己的姐妹、女儿来换得女人,人们生活在没有爱的环境下。女性们独断、精力旺盛、厌恶生育和抚养孩子。可拉(Kola)族社会则不同,女性管理着社会,妇女进行集体劳动,男人们打扮着自己,妇女对待男人就像对待孩子一样。阿拉帕什（Arapesh）族社会是一个男女平等的社会，人们相爱着生活在一起，女性充满母性、合作和不具有攻击性。[①] 对此，米德的结论是，每个民族文化都用一定的方法使男女性别角色制度化，这种制度化不需要刻意描述两性人格的不同。之所以说社会性别是一个被建构的过程，还可以从以下方面表现出来。

首先，社会性别是以性别规范和社会角色为基础的文化建构。任何社会都存在着以文化为基础的性别社会差异。社会把两性的生物性差别扩大化和制度化，并通过女性的生命周期中的性别社会化，把种种制度安排不断地传递给女性。

第二，性别之间的生理差异并不足以直接导致两性间地位的高低之分，社会普遍存在的以等级为特征的性别关系秩序是被男性建构和维持的。这种被建构出来的性别秩序包括物质的、政治的和文化的。它充斥在人们生活的各个层面，是一种最基本的、最持久的社会制度。

第三，社会性别是一个不断被建构的动态过程，在日常生活的方方面面不断地被生产和再生产着。社会的经济、文化和政治制度通过不断地"制造性别差异"来维持两性在社会中的不平等地位。两性先天的生理差异正是经由这些制度化的力量而得以强化的。因此，在不同的历史条件下会存在着不同的社会性别差异，同样，未来的社会性别差异也会发生变化。

第四，社会性别差异有时表现为有形的性别不平等，有时表现为无形的性别不平等，其表现形式具有多样性。在20世纪60年代以前，人们常常视性别的社会差异为正常现象，此后的女权主义则认为社会性别差异是性别社会化的结果，是"性/社会性别制度"的产物。

第五，社会性别的差异是可以改变的，这需要女性主体意识和全社会平等意识的觉醒。第二次世界大战后的全球化的妇女解放运动表明，妇女通过改变社会结构和个体之间的联系而有意识地改变

---

① Margaret Mead, *Sex and Temperament in Three Primitive Societies*. New York: Mentor, 1950, p11.

社会制度和文化。由家庭走向社会,到妇女进入社会管理层,说明社会结构和个人能动性之间是互动关系,妇女的能动性能够创造出新的生活方式和生命类型。

1. 2 差异的现实表现

社会性别差异的表现形态是多种多样的,总体表现为妇女处于从属关系中。女权主义理论认为,性别不平等的形成经历了三个转变阶段,首先是从生理差异向社会差异的转变,然后是社会差异产生价值关系,最后价值关系引导出不平等观念。从女人能生孩子,到女人应该照管孩子再到女性被限制在家庭中,完成了社会性别被建构的过程。

我们可以从以下三个方面来考察社会性别差异的表现形态:一是观念领域,二是社会公共领域,三是私人领域。在现实生活中,这三个方面并不是相互分割的,而是相互交融在一起的。

1. 2. 1 观念领域和价值体系

社会性别本质上就是社会对两性在观念、价值方面的看法。在观念领域里,性别的社会差异表现为社会已经建构起并不断再生产着一系列的男强女弱、男主外女主内以及女性应当从属于男性的两性关系的价值观念和意识形态,形成了一整套表达性别差异的象征和符号。

纵观世界,各国的社会制度中都存在一种相似、甚至相同的观念,即把女性视为从属于家庭和男人的次要社会角色,特别强调她们应处于从属地位,要服从于男人。

从历史的角度看,各种宗教、神学、古训中充斥着男强女弱的性别观念;现代社会,科学话语似乎从生理学和心理学上找到了男强女弱的原因。时至今日这种性别观念并没有本质改变。有目共睹的是充斥在各类广告中的妇女形象,这类广告与其说是要增加和表现女人的魅力,不如说是通过把女人物化和商品化来取悦男性。各种象征和符号表达着并传递着这样的观念信息:女性是与家务劳动、厨房、儿女联系在一起的;男性是与工作、成功和先进的科学技术联系在一起的。文化传媒中的这些象征使得社会性别差异在观念形态上进一步固化并得以延续。

总之，社会观念和价值体系赋予了男性支配的权力，这种权力的核心在于它有权给所有的事物和事件下定义和命名，并决定它们哪些是重要的或不重要的，它们在使这种范式永久存在和维持既存的社会组织以及生产方式方面扮演了相当重要的作用。

1.2.2 公共领域

社会公共领域的性别社会差异表现为两性社会劳动分工和政治参与、权力关系上的不平等。当价值体系存在着男性对女性的支配时，女性便被自然地限制在家庭领域，而公共领域的价值则被提升了，并得到法律的认可和巩固。

首先，社会在观念形态上就把男性划归为公共领域，因此形成在公共领域中的性别社会差异具有意识形态的特点，女性被制度化地区隔在公共领域之外。虽然女性体力上的劣势没有妨碍她们从事社会公共劳动，如在非洲的很多热带地区，至今还常常看到男人们游手好闲，妇女们终日劳作（在中国南方也不少见）的情景；但父权社会却借助两性的生理差异来强调女性的生理周期，并由此限制她们在社会公共领域的发展。无可怀疑女性生育对社会的贡献，但是在父权制度下，妇女成为男性的私有财产，其生育行为具有私人性，所以她们对于社会的贡献也因之而变得"不可见"。虽然在任何时期和任何条件下，妇女的劳动都没有仅局限在家务劳动上，甚至在工业革命的早期，妇女对工业化进程都有着巨大的贡献，但是她们的社会角色被有意识地划归为非公共领域，她们只能在公共领域中居于次要地位。

其次，社会劳动领域中存在着明显的性别社会差异。

表现之一是，社会劳动领域存在着明显的性别隔离。工作场所的性别隔离表现为男性的优势和女性的弱势构成的两性间制度化的社会距离。从劳动力市场来看，存在着潜在的男性劳动力市场和女性劳动力市场。从工作内容来看，性别隔离导致了职业的女性集聚（female ghettos），产生了所谓的"男性工作"和"女性工作"，女性的工作涵盖了秘书、办事员、小学教师、幼儿园阿姨等服务性行业，这些工作是典型的低收入、少升迁机会、协助男子的工作。劳动的性别分工并非是无形的，它是一种有形的区隔，某些工作制度化地把女性隔离在外。

表现之二是，社会劳动领域中存在着明显的性别等级秩序。这种劳动场所中的性别分隔的意义在于它伴随着一些工作比另一些工作更有价值的等级划分，这种等级又常常与生产结果——劳动所得联系在一起。两性在职业进入、工作性质、工资收入和工作评价等方面存在着明显差别和性别等级化，在制度化的职业分层上女性总是处在较低的位置上。1980年，美国的女性在劳动力总数中已占到42%以上，而在科学家中妇女只占18%，律师和法官的女性比例只为9%。米克曼和特斯莉（Milkman & Townsley）指出，随着女性教育程度的提高，部分女性进入原先由男性独占的精英专业领域，或在工作场所的等级分层中处于较高的职位层次，但她们始终是妇女中的少数，她们在职业与工作场所的性别隔离的等级结构中处于装点门面的（Token）状况。[①] 肯特（Kanter）指出，这种装点门面的位置使这些妇女处于进退两难的矛盾处境。一方面她们作为少数、具有象征意义的成功女性与其他女性分割开；另一方面她们要保持这种象征性的地位，必须付出两倍于同等职位男性的努力，承受紧张、压力和孤独。在社会组织结构中，这种使人又爱又怕的处境在男女两性身上都会发生，但其象征性意义却是不同的。就男性而言，他在女性集聚的女性化职业里成为一种门面，却往往掌握着这些职业领域中的技术、管理和权力的大量资源。而女性在男性为主的职业领域里成为门面的话，却必须付出双倍的努力，压力大于收益。[②]

表现之三是，性别隔离导致两性收入差距。联合国的调查表明，

[①] Milkman, Ruth & Townsly, Eleabor Gender and the Economy in Neil J. Smelser and Richard Swedbery (eds). *The Handbooks of Economic Sociology*. Princeton, N. J. Princeton University Press, 1994.

[②] Millman, M. & Rosabeth Moss Kanter, *Another Voice*. Gender City. New York: Doubleday-Auchor, 1975.

世界上所有的国家的女性劳动者都比男性挣得少,女性劳动者的平均收入大约是男性劳动者平均收入的四分之三。地位低和薪水低的双低工作成为女性工作的特点。在美国男女即使从事同样的职业并具有同样的资格,女性收入的中位数仍远低于男性,女性的平均收入不到男子平均收入的五分之三。[①]

再次,公共领域的两性社会差异表现为政治参与和权力关系中的差异。从历史的角度看,政治史几乎是一个与妇女毫无关系的历史。在女性处于公共领域的弱势地位的状态下,政治参与和权力必然地远离了妇女。20世纪初,美国妇女才取得投票权,在100名参议员中只占两位,在总统顾问团中只占一位,全国只有一个女州长。至美国第96届国会,女性只占参议员的0.6%,占众议员的0.9%,律师和法官中只占9%。[②]

1.2.3 私人领域

私人领域性别的社会差异表现为家庭内部的两性分工,虽然女性大部分精力都花费在家庭生活中,但是她们在家庭中的地位却深深地受到社会制度的影响,家庭内部的性别差异表现为父权制下的女性从属于男性。

家务劳动与有酬劳动相比,是一种无形的、没有报酬的劳动,也是一种性别化的劳动,它不仅显示了两性劳动的差异,还显示了两性权力的差异。众所周知,无论是发达国家还是发展中国家,妇女从事的家务劳动都很少得到社会承认,没有成为国民生产总值中的一部分,妇女家务劳动的价值和重要性都被制度性地弱化了。

妇女就业率的增加并没有改变两性在家庭中的位置,妇女日益承受有酬工作和无酬工作的双重负担。哈特曼(Hartman)根据家庭时间预算的研究指出,不管是全职的家庭主妇还是有一份工资收入的职业女性,家务劳动仍然是她们的主要职责,父权制虽然在某种

[①] 伊恩·罗伯逊(Ian Robertson):《社会学》(Sociology)上册,商务印书馆,1990年版,第426页。

[②] 罗琼:《妇女解放问题基本知识》,人民出版社,1986年版,第19页。

程度上转移了控制的地点，但家庭仍然是男人对妇女实行其父权权威的首要阵地。家务劳动内含着权力关系，是社会结构建构的一部分。

总之，社会性别的差异从意识形态到公共领域直到家庭生活无处不在，妇女的活动天地和影响力从家庭、家族到社区和国家逐渐减弱，价值观念和意识形态深入地引导了两性的社会地位差异，男性在"公共"、"社会"领域中的支配地位和父权统治使得妇女在家庭和社会中都处于次要位置。

第二节 社会性别差异的生产和再生产

从微观角度来看，性别社会化是性别社会差异生产和再生产最基本的机制，它通过个人和社会互动使性别不平等制度得以延续。从社会化角度进行分析有助于我们揭示社会性别是如何建构在女性生命周期的各个阶段的，并由此理解女性处于从属地位的过程是如何经由社会化过程而实现其生产和再生产的。

2.1 性别社会化

社会化是指使人们获得个性并学习其所在社会的生活方式的社会作用过程，它是联系个人与社会的必要环节。[1] 从微观意义上来说，社会化是一个生物人成长为一个能够独立地参与社会生活的社会人的过程；就宏观意义讲，是指一个群体，为了自身发展而按照一定的方式方法培养一代新人的过程。[2]通过社会化，人们可以学会基本的生活技能、社会规范、生活目标和基本的社会角色，社会化贯穿于人的一生。

社会化的重要性就在于它在社会文化和个体行为之间建立起了

---

[1] 伊恩·罗伯逊：《社会学》上册，商务印书馆，1990年版，第138页。
[2] 韩明谟主编，王思斌副主编：《社会学概论》，中央广播电视大学出版社，1997年版，第98—99页。

由社会角色、社会规范为核心的纽带，使文化得以延续，使个体有规矩可寻。社会化理论强调：第一，所有人的行为都是"习得"的，人的任何行为和有关行为的价值都是社会学习的结果。人们所学习的各种社会规则使人们享有对行为解释的一系列共同的原则，这些原则规定了人们在社会中的行为以及这些行为的意义。第二，人们社会学习的路径并不是单一的，而是多样化的。人的社会化可分为正式社会化和非正式社会化。正式社会化是指由各种社会组织机构，如家庭、学校、传媒、工作组织等提供的社会化，是经由组织机构传递的社会规范；而非正式社会化则与个人经验紧密相关，是家庭、学校、同辈群体以及工作场所中的人际互动的结果。第三，被不断社会化着的个人并不是一个完全的被动者，而是具有自我认知能力的主动者。个人行为和社会环境之间是不断互动的，它反映着个体生命经验中过去和未来的有机联系。第四，社会化贯穿人的一生，但早期社会化具有相对重要的作用，它影响着人们对社会角色的进一步领悟。

性别社会化是个人关于性别角色和其规范的学习过程，是贯穿人的一生的性别认同过程。性别认同（gender identity）是指由个人认同自己生理上的性别而形成的社会心理和社会行为。性别社会化过程本身就是社会性别的建构过程，再社会化和终身社会化在女性生命周期的不同阶段强化着不同的社会性别角色。

首先，性别社会化贯穿在生命周期的各个阶段，从出生、学龄前、学校期、青春期、成人期（婚姻、生育）、老年期直到死亡。每个阶段社会都对个人有不同的性别角色期望和性别规范，社会性别差异由此被不断地生产和再生产着。第二，早期社会化的成果及不同的性别体验，在人格发展过程中会再度重现，加剧原有的性别认同，因此早期社会化具有重要意义。第三，生命事件在性别社会化过程中具有重要意义。对于两性来说，社会赋予了他们对同一生命事件不同的生命意义和符号。男性所经历的生命事件总是与社会性活动相联系，以升学、就业、提升为主要线索；女性生命事件以私人性（家庭性）活动为主要线索，婚姻、生育等在女性性别社会化过程中成为重要的生命事件，具有特殊意义。第四，生命转折点对女性社会化具有特殊意义。女性的生命转折点则更多地与她们的生物性特征相关联；如初次月经、生育、子女长大成人等事件，影响着她们对自身性别和角色的认同。对男性而言，生命周期的转折点则更多地与社会历史事件相联，与社会地位变化相关的生命事件常常成为男性生命周期的转折点。第五，两性社会化过程不同，女性的社会化更多地体现在与他人的联系中，她们多在关系中认同自我。

2.2 实现过程

2.2.1 婴幼儿期的性别社会化——模仿

婴幼儿期是性别社会化的初步，性别的社会差异在此打下了深刻的烙印。引发性别社会差异的机制有以下几个方面：

第一，父母对子女的期望具有明显的性别分化。婴儿自出生起，文化就开始对不同的性别发生作用。一项研究表明，父母对儿子的期望则主要是事业成功，如希望他努力工作、有事业心、聪明、有教养、诚实、意志坚定、受人尊重；而对女儿的期望则主要是善良或不自私、可爱、做个贤妻良母。虽然母亲常表达出性别平等的观念，但她们为儿子定的学业和职业目标总会比女儿高，在目标未达成时所感受的失望情绪也比女儿强。[①]

第二，婴幼儿的性别社会化主要通过示范和模仿完成，这一过程中的强化机制与社会的性别标签联系在一起。社会心理学的研究表明，在个体生命过程中，幼儿期具有特殊的决定性作用，心灵时间不成比例地大于生物时间。弗洛伊德关于幼儿性欲问题的研究和其他相关研究都证明了这一点。社会心理学家斯托勒（R. Stoller）认为，性别认同是在3岁左右稳定地、不可改变地确立起来的。[②] 许多研究证实，儿童是通过模仿开始最早的社会学习的，他们通过作出与喜欢的成年人相似的行为来完成社会学习。强化理论认为，在

[①] Lois Hoffman, Changes in family roles, socialization, and sex differences. *American Psychologist*, 1977, 32: 644—657.

[②] Robert Stoller, A Contribution to the Study of Gender Identity, *International Journal of Psycho-Analysis*, 1964, 45: 220—226.

社会学习的过程中，孩子会不断重复产生正面结果的行为，避免产生负面结果的行为，即成人对正面行为的鼓励会强化这一行为，并最终使其成为一种习惯性行为。强化式的学习与社会标签相关，儿童通过成年人所界定的标签形成适合自己性别的概念，由此指导行动。贴标签是性别学习重要的一步，如把物品赋予性别意义，粉色是女孩子的颜色，蓝色是男孩子的颜色等。孩子通过性别标签的认知，既知道了什么是与性别相关的合适行为，也认知了这些行为背后的文化意义。

2.2.2 学龄期社会化——强化

学校教育是传递社会性别规范的正式场所。在前工业社会，上学是少数男人的事，女性通过与父母和其他亲属的日常生活交往以及生活实践学习知识和生存技能。近两百年来，正规学校教育成为人类生活中必不可少的一部分，人们必须要用专门的时间和到专门的地点来学习某些专门的知识，教育成为工业社会必不可少的社会制度，知识成为现代社会权力运作的工具。许多事实证明，父权社会对于女性的控制正是通过对女性受教育权利的剥夺，尤其是通过对女性受高等教育权利的剥夺来实现的。因为受教育的差异最终表现为人力资本的差异。

首先，通常情况，教师和教材都传递着各种有关社会性别差异的信息。教育孩子成为不同性别的个体已是一般学校教育中的"隐藏的课程"，学校往往成为制度化地生产两性差异的社会化机构。有关性别的各种看法经过师生互动，尤其是通过老师奖赏性和惩罚性的行为得以传递。教师的性别认同和教材中所体现的性别意识直接地影响学生的性别认同。虽然很多研究表明，两性在能力和智力上没有本质差别，但许多学校依然会依据性别来组织教学。美国1992年一份长达116页的报告指出，公立学校的女孩和男孩仍然未得到平等的待遇，女孩没有获得与男孩在质量上、甚至是在数量上相同的教育。报告作者认为，如果我们要使学校达到性别平等就必须改变现行的教育制度,惟此女孩才能获得公平的注意力。[①]

第二,青春期是女性生命周期中非常重要的一个时期,女性通过月经这一生命事件,开始自觉的性别认同,青春期社会化的目标更多地与发展相联,是建立自我认同、确立成年后发展方向的关键时期。青春期社会化除了家庭、学校因素外,又加入了传媒和同辈群体的影响。考察以往各种文化都会发现与月经有关的各种象征,但总体上是消极意义的,如肮脏、不洁等。在一些原始文化中,存在着月经期的各种禁忌,如不能为男性做饭,不能参加宗教活动,甚至不能与男性待在同一个房间。现代社会,许多月经禁忌已不存在,但是"不洁"的观念仍然根深蒂固。现代医学对人类生理周期的某些似是而非的解释,使人们常常将女性的负面或易怒情绪归因于月经前期的生理变化,从而导致了普遍存在着"原谅月经期或月经前的女性情绪不稳定"的文化。这些文化使女孩子们的性别自觉带有自卑感,它潜在地鼓励了女孩子们相信自己不如男孩子,因为男人在生理上就比女人强。月经初潮这一生命事件不仅反映着父权社会以象征符号的形式开始了对女性的压抑和监控,还反映着女性必须经由对身体的反思才能建立起性别认同的现实。

第三,青春期的性别社会化具有双重性和冲突性。她们首先学习到社会普遍认可的价值目标——成功的社会价值;但同时还往往学习到了真正有魄力的女性不用自己去争取这种成功,她们可以通过征服已经成功的男人(白马王子)而获得社会承认;但是为了获得白马王子就必须认同社会评价女人的标准——女性气质(美丽、顺从)。这样的社会化机制内含着弱化女性社会角色的"阴谋",潜在地鼓励女性学会观察男人对女人的爱好和审美要求,并以此为行为指南。这种文化,本质上却普遍地体现着男性的文化价值与爱好,男性文化(偏好、价值)就藉此转化为女性的文化。在这种男性偏好转向女性价值追求的过程中传媒有特别的作用,以往传媒无时无刻不在宣告着一个人人皆知的秘密:女性只有找到了理想的白马王子

[①] The AAUW Report, *How Schools Shortchange Girls*. Washington, DC: American Association of University Women Educational Foundation. p. v, 1992, p84.

才能有美好的未来。寻找"白马王子"的情结成为无数少女内心的梦想,它普遍地存在于各种文化、各种阶层和各种族中。

2.2.3 成年阶段——自我的社会化

结婚、生育及其抚育子女是大多数女性都要经历的重要生命事件,在这些事件中女性角色得以凸现。而在这些过程中,女性常常还担负着社会角色——社会中的一名劳动者,但性别社会化的机制却在不断地强化女性与生育有关的家庭角色,弱化其在公共领域中的社会角色。

在父权文化中,家庭内部的性别分工永远是男主外、女主内。世代相传的性别角色强调女性在私人领域(家庭)的责任,社会化过程使人们相信妇女更适合呆在家里相夫教子。

生育是女性的终生大事,人们普遍认为只有作了母亲的女性才是一个完整的女人,女性的社会价值通过生育得以弘扬。生育进一步在社会和家庭之间把女性划归了家庭,强化了女性在"私"的领域中的位置。生育使女性获得了双重社会化的身份,一方面她们是社会化的对象,仍然受到社会文化、价值等影响;另一方面她们因为母亲的身份成为社会化主体,开始把自身的性别意识加入到子女社会化的过程中。

现代社会,女性往往处于双重标准中,一方面男权文化要求女性固守家庭;另一方面女性又获得了一定的现代性,要求走向社会。女性外出工作并没改变其生育和养育孩子的任务,因此想通过参与社会生活而改变自己生活境况的女性只能面临多重社会角色的重压,不断地在社会角色、家庭角色之间寻找自己的立足之地,并艰难地在事业和家务之间寻找平衡点。

自第二次世界大战以来,全球范围内出现了妇女就业的浪潮,无论社会是如何评价妇女社会劳动的,无论工作是女性自主的追求还是迫于经济压力,妇女都通过社会劳动得到了许多在家庭内部得不到的满足,并逐渐获得社会地位。一是自尊得到提高,经过长时间的社会工作的挑战,妇女越来越发展成为成熟而完善的个体。二是工作帮助妇女缓解了来自家庭的压力。一些研究表明,中年女性主要的压力和忧虑是:家人、父母和公婆,尤其是孩子。相反,工作则成为大多数女性生活中的正面因素,它可以降低家庭成员所导致的压力。① 三是妇女社会劳动的价值正逐渐被社会认可,并由此潜移默化地改变人类的性别社会化过程。

2.2.4 老年期——边缘化

女性老年期是一个常被人忽视的时期。对两性老年人生活的分析显示出两性的价值和社会地位的差异,它是女性生命周期中重要的组成部分。老年期的性别差异来自多个方面,主要表现在以下方面:

首先是性别的生物学和生理学差异被社会强化。更年期或停经作为生物事件在妇女的生命周期中有重要的文化符号意义,它意味着女性作为生育工具的意义由此丧失。更年期是妇女生命周期的一个必经的历程,虽并不代表着老年的开始,但具有文化符号意义的停经却加剧了性别社会化过程对女性的压迫:停经是女人衰老的开始,由此女性开始走下坡路。有些人甚至认为停经的女性就是"老女人"了。

第二,社会对女性和男性的老化有着不同的反应。发展理论认为,基本上女性的生命由40岁就开始走下坡路。老年女性一般被社会视为不再具有性吸引力的、满是皱纹、爱唠叨的老太婆。而与此形成鲜明对照的是对老年男性的描述,通常,老年的男性似乎变得和善了,他们的工作经历不仅使他们在社会上具有地位,而且还使他们具有吸引力。当老年女性被人轻视和拒绝的时候,老年男性则受到了社会的重视。

第三,老年妇女的生活境况是社会角色不断的丧失过程:对一位母亲来说,随着子女的成长和长大离家,母亲的身份不再重要了;伴着丈夫的去世,妻子的角色消失了,她们尝到的是一种不断失去自我的感受。女性有更长的期望寿命,因此女性老年人口的丧偶比

---

① Jean Dietz, May 30. What really bothers women in midlife. *Boston Globe*, 1988, pp33—34.

例很高,这加剧了女性老年人口的经济困境,老年妇女贫困成为社会普遍现象。这种生活境况使一些老年妇女觉得生命是一种折磨,在美国老年妇女的自杀率有增高的趋势。

第三节 社会性别差异理论

海德格尔曾经说过,每个时代的人都会热衷于探讨某个问题,而且仅仅是一个。那么,当今社会,对于性别差异的研究也许就是我们这个时代从理智上获得拯救的关键课题。[①]理解社会性别差异,就是揭示为什么两性生物上的差异导致了两性的社会性别差异以及这一变化的过程。对于社会性别差异的形成,不同的学者有着见仁见智的观点。

3.1 劳动分工与父权制

从历史唯物主义的观点来看,历史发展过程,特别是经济、政治、宗教、道德、意识形态和文化的发展过程导致了男性支配女性状况的产生。任何社会制度的变革都内含着性别关系和性别秩序结构的变迁。

1. 私有制是社会性别差异出现的前提条件的观点

历史唯物主义的观点认为,私有制是社会性别差异出现的前提条件。在私有制产生之前,男性的生产劳动和女性的家务劳动具有同样的社会意义。但随着母系氏族的进步,性别劳动分工的出现不仅导致了人类生产力水平的提高,还导致了私有财产的产生,并由此引发了社会运作方式的变化。

马克思和恩格斯在150年前指出:"……只要妇女仍然被排除于社会生产劳动之外,而只限于从事家庭私人劳动,那么妇女的解放,妇女同男子的平等,现在和将来都是不可能的。妇女的解放,只有

---

① 张京媛:《当代女性主义文学批评》,北京大学出版社,1995年版,第372页。

在妇女可以大量地、社会规模地参加生产,而家务劳动只占她们极少的工夫的时候,才有可能。""妇女解放的第一个先决条件就是一切女性重新回到公共的劳动中去;而要达到这一点,又要求个体家庭不再成为社会的经济单位",① 只有消灭分工、消灭私有制才能达到社会性别的平等。

2. 父权制的观点

父权制是社会性别研究中的一个核心概念,它常常被用来历史性地解释妇女从属地位的产生。但对什么是"父权制"却仍然存在着争议。父权制是一个社会系统,是建立在男性家长控制家庭人力和非人力资源,并将这些资源视为他的私有财产的一种综合性的社会制度。它是男性支配女性的一种历史性制度。

历史研究表明,父权制大约出现在5000或6000年前,它首先出现在那些依靠战争征服其他部落并占有其他部落重要资源的情况下,在这一过程中,外族妇女亦成为重要的资源被控制。父权制实际上包含了两个方面相互联系的意义,一是狭义的父权制,二是广义的父权制。狭义上的父权制是以家庭为基础的父权制,包括三个基本构成——父系制(世系按照父子相承的惯例)、父居制(以父亲的住所为居所)和父姓制(姓父亲的姓氏)。同时,婚姻上的父权制表现为夫权制,丈夫拥有支配权,具体表现为:夫系制(丈夫家世的延续)、夫居制(妻子婚后到丈夫的居所居住,也叫从夫居)和夫姓制(婚后妻子改姓丈夫姓)。广义上的父权制是一种在社会系统中的父权制,表现在社会各制度层面的男性支配女性的状况。

从历史的角度来看,人类社会的发展历史上也存在过母系制。人类学的研究表明,母系制和母居制社会,成员之间有着较多的平等,决策权是两性分享的。从概念化的角度来看,父权制与母系制的最大差别在于父权制已经超越了家庭的范围,维系家庭的原则变成了整个社会的组织原则。

---

① 恩格斯:《家庭、私有制和国家的起源》,《马克思恩格斯选集》第四卷,人民出版社,1973年版,第91页。

3. 女权主义的历史唯物主义的观点

女权主义的历史唯物主义也有人称作一种新马克思主义的观点，强调性别不平等根源于资本主义制度和父权制的有机结合，两者构成的二元结构共同导致了女性的从属地位，由此把对女性从属地位的分析加入到性别分工和阶级分析的框架中。

海迪·哈特曼（Heidi Lo Hartmann）认为，性别分工是父权制和资本主义体制之间长期互动的结果，妇女的平等之路是要既反对父权制又反对资本主义制度。两性不平等是一种性别等级关系，妇女受压迫源于两方面，一方面是资本主义制度或是私有制；另一方面是父权制，它既是具体的关系制度又是意识形态和心理结构，父权制的基础是对妇女劳动的控制，阻止妇女接近生产资料。在这种意义上，父权制和资本主义的生产关系有着内在的联系。按性别的劳动分工是人类历史上的普遍现象，但资本主义社会的性别分工具有等级制，男人支配女人的普遍状况反映了父权制的特点。[1]哈特曼还强调，资本主义制度利用了父权制。资本主义和父权制相结合从四方面（机制）使妇女处于从属地位。第一，资本主义的劳动力市场。按照经济学的解释，自由劳动力市场出现的前提是所有的人成为平等的劳动力，妇女和儿童也和男性一样具有劳动力市场地位。但事实是，妇女在劳动力市场中处于劣势地位。第二，妇女在劳动力市场的劣势地位表现为低工资，而低工资使妇女依赖男人。因为低薪迫使妇女结婚。女人似乎可以把自己无力买到的东西和达到的生活方式，通过嫁人、通过从属于男人而实现。第三，已婚妇女要为丈夫料理家务。男人从较高工资和家庭分工中得到好处，即妇女在劳动力市场的劣势地位加剧了她们在家庭中的从属地位。第四，妇女的家务劳动在资本主义制度中合法存在，使妇女只能从事半日工作或不工作，这又加剧了妇女在劳动力市场中的不利地位。就这样，

---

[1] Heidi Lo Hartmann, Capitalism, Patriarchy, and Job Segregation by Sex, in Zillah R. Eisenstein (ed.) *Capitalist Partiarchy and the Case for Socialist Feminism*, Monthly Review Press, Nwe York/London, 1979, pp 206—247.

等级制家庭分工被劳动力市场永久化。这一过程是资本主义和父权制两种制度长期互相影响的结果,它使妇女在家庭和社会中的从属地位恶性循环。

3.2 从亲属关系到性别制度

人类学从人类起源、人类氏族社会的发展过程来讨论两性关系的发展过程。在各种观点中,结构主义的人类学家列维—施特劳斯的思想较具有代表性。列维—施特劳斯在《亲属关系的基本结构》一书中考察了全球大约三分之一的亲属制度,研究在亲属关系中存在的结构性原则。在探求亲属关系的结构性原则的过程中,他不经意地建构了一套解释性别不平等关系的理论。在他看来,亲属制度的本质在于男人之间对女人的交换。他认为,原始社会人们通过送礼来表达、建立和确认交换者之间的社会联系,送礼赋予了参与者一种信赖和团结的特别关系。婚姻是礼品交换中最基本的形式,女人是最珍贵的礼物,因为通婚能以永久的方式把大家联结起来。在这种关系中,女人只是建立关系的中介,等同于一件物品,而不是伙伴。列维—施特劳斯在1971年发表的论文《家庭》中进一步描述了性结合的规则和制度。[①] 他的理论意义在于将妇女受压迫的根源放在交易的制度结构中去寻找。但是它并没有解释清楚为什么是两群男人之间通过交换女人来建立起关系,而不是相反。它只是深刻地描述了女性处于被压迫地位的一种历史现象。

一些女权主义学者认同列维—施特劳斯的观点,认为不平等的性别制度建立在交换关系基础上,在早期各部落之间交换女人的过程中,人类社会发展出以男性为中心的文化、政治、宗教。婚姻是交换女人的一种形式,至今还可以看到这种交换的印记。因此女性受控制的根源在于性别制度,而不是经济制度。卢宾(Gayle Rubin)通过人类学的研究成果提出,每个社会都有一整套机制来控制人类的性生活和人类的繁衍,由此产生了各种仪式和道德观,在

---

① Claude Levi-Strauss, The Family, in H. Shapiro (ed.), *Man, Cultured Society*, London: Oxford University Press, 1971.

这些社会活动中，人类生理的性变为了社会的性。也就是说，女性的被支配地位的出现是源于人类自身的再生产活动，由人类再生产各个方面相关的机制构成了一整套"性别制度"。

卢宾进一步发展了性别制度的理论，强调以生理性别为依据的社会分工是一种社会禁忌,最明显的是它只允许异性的结合关系。这一方面强化了两性之间的差异，为性别压迫提供了基础；另一方面排斥男女两性关系之外的同性性关系，使异性联姻成为强制性的性关系和社会制度。①

3.3 心理学观点

从相对微观的角度来认识社会性别差异产生的根源，心理学和社会心理学具有重要的贡献，其中的一些理论深入地影响了人们的观念和日常生活。

1. 心理学的观点

弗洛伊德—拉康的"恋母情结"的理论思想把人类发展的初级阶段和个人发育的初级阶段结合起来探索女性受压迫的渊源。传统的弗洛伊德精神分析认为，解剖学决定了女人的命运。他把女性的生理解剖与男性做了比较，又把女性性心理发展历程与男性做了比较,认为女性性心理发展历程是女性特殊生理解剖事实的精神后果。但他把对女性性心理研究引向了对女性的贬低和批判，得出的结果是女性判断力差，且爱憎多被情绪所左右；对生活的热望普遍较低等。

2. 社会心理学的观点

社会心理学迈克兰德（David McClelland）认为："性别角色成为人类行为中最重要的决定因素；心理学家在经验研究伊始便发现了性别差异。"② 美国女心理学者赫尼尔（Horner）采用"主题统觉

---

① Gayle Rubin, The Traffic in Women, In Rayna Reiter ed. *Toward an Anthropology of Women*. New York，1975.

② David McClelland, *Power; The Inner Experience*. New York; Irvington, 1975.

测验"的方法进行了一项研究,实施测验的对象是大学的男女学生。研究者指出:女性的成就动机异于男性,在男女竞争的情况下,女性的成就动机是消极的。形成这一状况的原因是长期重男轻女的文化传统培养了女性对成就的消极价值观。

女权主义的社会心理学研究强调,社会性别化过程不是单个人的具体经历,它受到集体和文化意义的影响。卢宾认为,解决文化的恋母情结,仅强调女性走出家庭参加社会生产是不够的,首要的问题是解决人类再生产领域的分工。如果男女双方能够真正分担养育儿童的工作,那么孩子最早的性别选择就是多重的,男性价值就不会被过高评价,就会出现两性平等。

3. 道德发展理论

美国心理学和教育学家吉利根通过对两性道德发展的不同特点的研究,建构了一个更好地理解两性在公共和个人生活问题上不同的思考方式。在她看来,政治秩序和男女心理的活动是联系在一起的,妇女的声音在维持和改变父权制社会中具有决定性的作用,妇女注重关系,具有强烈的关怀伦理。但是在一种父权制的机制下,"许多妇女通过限制自己的声音,有意和无意地使一种男人声音的文明永久化,使一种基于同妇女分离的生活秩序永久化。"①

3.4 社会学理论

沿着社会学自身的发展脉络,它主要重视分析现有的社会性别格局在社会中的结构与功能,而新近发展起来的女权主义的社会学方法论则对这种现状进行了深刻的批判。

1. 功能主义的观点

功能主义理论强调,在前工业社会形成的两性社会角色是以自然分工为基础的。男人体格健壮,没有怀孕和哺乳的功能,适合于外出打猎、放牧、种植和保卫家园。女性留在家中照顾孩子,操持

---

① 吉利根(Carol Gilligan):《不同的声音——心理学理论与妇女发展》,中央编译出版社,1999年版,第13页。

家务，对稳定有积极的作用，是一种正功能。而妇女加入到有偿劳动之中，破坏了原有的社会稳定，是一种负功能。[1] 帕森斯(Parsons)的功能主义认为，工业化社会，核心家庭成为不可避免的家庭模式，社会分化、流动增加和社会对受过良好教育的劳动力的需求导致了社会隔离，这些社会隔离在家庭中产生了鲜明的男性和女性角色，男人承担积极的工具性角色(the instrumental role)，妇女承担社会情感性角色(socioemotional role)。也就是说，传统的性别角色在现代的工业社会仍然通过核心家庭而起作用。[2] 功能主义解释了两性差异如何存在，但未揭示两性不平等形成的文化条件，未能解释其为何持续存在，没有研究在远离两性角色起源的现代社会的多样性文化和决定两性关系的复杂社会因素。

2. 冲突主义和性别分层

冲突主义理论认为，性别冲突是人类冲突最基本的形式，是所有其他冲突形式——其中包括阶级冲突形式——的根源。[3] 美国社会历史学家斯科特(Joan W. Scott)讲："性别是代表权力关系的主要方式。换言之，性别是权力形成的源头和主要途径。"[4] 也就是说，社会学家们看到，作为一种社会区隔的类型，男性和女性之间可能有着功能性的分工，但是他们在本质上是相互冲突的，这种冲突首先来自于性别分层。

美国社会学家柯林斯提出了性别分层理论。首先，柯林斯提出了性别分层的三个基本假设：(1) 人类有着性别分层的强烈动机；(2) 人类强烈地抵制被压迫；(3) 男人的性别分层动机通常比女人更大更强。第二，柯林斯提出了历史上存在着的两种性别分层的模

---

[1] R. E. Park, *The City*. Chicago: University of Chicago Press.

[2] T. Parsons, The social structure of the family. In Ruth Anshen (ed.), *The Family: Its Function and Destiny*. New York: Harper, 1949. And T. Parsons and R. Bales. *Family, Socialization and Interaction Process*. Glencoe, IL.: Free Press, 1955.

[3] Shulamith Firestone, *The Dialectic of Sex*, New York, Bantam, 1970. 参见《妇女：最漫长的革命——当代西方女性主义理论精选》，三联书店，1997年版。

[4] Joan W. Scott, *Gender: A Useful Category of Historical Analysis*, 1988.

式,一是性的占有制,是男性具有支配地位的状态,表现为男性对女性具有"所有权",具有排除他人亲近和使用的权利;二是双向的性拥有,这是现代的两性关系,女性具有了谈判地位。第三,柯林斯提出了几个重要的命题。我们可以从这几个命题中来分析两性的权力关系状况。(1)某一性别对暴力手段和物质资源的控制程度越高,它对性活动的控制就越高,从从属性别那里所能调动的辅助性服务就越多。(2)在不存在其他资源的情况下,较强的性别群体的成员总是性侵略者和性活动日程与程序的控制者,较弱的性别群体的成员则总是试图避免性接触,以避免被强制。(3)占统治地位的个人占有他人作为性财产的权力越大,戒律就越严格,对违反那些财产权利的愤恨就越大。(4)一个社会超出维持生产者生命之外的经济剩余越少,能被占统治地位的性别强加于从属性别的工作就越少。(5)围绕着妇女的工作而组织起来的经济资源越多,亲属系统就越可能是母系的。(6)女性一边的血缘团结得越强,妇女在家庭事务中的权力就越大。(7)家庭事务中力量集中的程度越高,男性对于女性在卑下的劳动、仪式化的遵从和性道德标准方面的权力就越大。[1]

3. 结构主义理论

结构主义理论强调,社会中至少存在着三种对两性关系有意义的二元结构。一是自然与文化,二是家庭内部领域与公共社会领域,三是生产领域和生育领域。两性分属于不同的领域,这些领域在社会中的功能大小决定了两性的支配与从属关系。从自然与文化二元结构来解释两性关系,男性从事的生产、技术与理念发明,高于女性的自然文化创造,因而其价值和地位被认为优越于女性。从家庭内部领域和公共社会领域看,母性意识和"女性的家庭定位"把女性局限于家庭空间,这使男性更多地活动于公众领域,谋求政治经

---

[1] 柯林斯(Collins Randall):《冲突社会学:走向一种解释的科学》(*Conflict Sociology: Toward and Explanatory Science*),参见谢立中主编:《西方社会学名著提要》,江西人民出版社,1998年版,第435—436页。

济资源。从以男性生产和女性生育角色构建的生产与生育的二元理论分析,当生产在社会中的地位重要于生育时,两性关系就明显地表现为男性对女性的支配关系。

二元结构理论实质上是揭示了两性的生理差异是如何转变为社会差异的。转变的关键是有关两性分工产生了价值关系:男性承担的社会分工更重要,女性承担的社会分工则是次要的、附属的;两性隶属领域的人为价值差异导致了社会不平等。

4. 女权主义的立场理论

立场理论(women's standpoint theory)是在批判主流社会学中的"男性化"、"客观主义"和"实证主义"的学术倾向的同时发展出来的一种与主流社会学理论相对抗的理论。史密斯(Dorothy Smith)和科林斯(Patricia Hill Collins)是这一理论的主要倡导者。史密斯发展了一种"妇女的立场理论"的认识论,科林斯发展了"美国黑人妇女的立场理论(Afrocentric Afro-American women's standpoint theory)"。

妇女立场的理论强调,社会学的理论存在着一个共同的缺陷,这就是这些理论和分析是建立在男性经验、父权结构和男性化的分析框架上。妇女是"被适应"进这些理论模式中,并且在没有妇女经验的基础上来发展这些分析框架。哈丁指出,纵观各种理论框架对妇女和性别关系的研究就会发现,一方面,我们一直能够使用这些学术话语去阐述我们想要论述的问题;另一方面,这些我们一直借用的分析妇女和性别关系的研究框架中从没有妇女的经验,当我们开始用妇女的经验去替代男性的经验时,我们立刻面临了这样一种现象:这些概念和范畴使妇女消失了。[①]

史密斯和科林斯的立场理论直接受到马克思和曼海姆等人的影响。她们强调(自己承认自己的理论可能会有片面性),所有关于社会的知识都反映了认识者的社会地位,因此,客观性是不可能的,任

[①] S. Harding, 1986, The instablility of the analytical categories of feminist theories. *Signs* 4: 646.

何对社会的认识都可能带有偏见,不可能存在超越个人社会立场的对社会及其社会性别的全面理解。在马克思和曼海姆的观点中,认识者的立场根据社会阶级来确定,史密斯将性别,科林斯将种族和性别添加进来。她们批评了社会学中广为接受的所谓认识者具有共同立场的观点,并指出所谓的共同立场是白人中产阶级男性的立场。史密斯(D. Smith)指出,"由男性创造的话语"和男性化的"客观化"思维导致了妇女的主体经验和女性社会学家对于这些妇女主体经验的写作方法之间的"错误的链条",妇女的日常生活世界被这种男性化分析异化和客体化。科林斯描述了美国黑人妇女独特的文化,美国黑人妇女反抗统治秩序中的种族、阶级和性别的共同压迫,这使她们拒绝白人男子"要么这样/要么那样"(either/or)的思维逻辑,而是在日常生活和知识生活上选择互动的(both/and)思维方式。史密斯假设,女性社会学家以自身生活经验为基础的对社会学家和其他体制机构所创造的文本的批判能够引导出新的概念和理论,但她仍然没有明确地提出从个人经验如何能够进入到更加抽象的、系统化的、能与父权制和资本主义对话的方法论。

3.5 多学科综合观念

近二十年来,妇女研究越来越向着多学科的方向发展,在认识社会性别差异方面也越来越具有综合观,这种综合的观念反映了社会性别研究的跨学科特点。英国社会学家朱丽叶·米切尔(Juliet Mitchell)认为,导致妇女受压迫的机制可以归纳为四大社会制度:生产、生育、性和儿童的社会化。她认为,这四种制度结构同时作用于妇女的生活,这些制度结构之间是相互联系,不断再生产着压迫妇女生活的制度。只有同时改变这四种制度结构才能使妇女得到解放,如果只改变其中的一项,则会被另一个结构的加强抵消掉,结果将只是改变受压迫的方式。[①]

理论本身的多样化体现在两大理论的发展上。一是第三世界和

---

① Juliet Mitchell:《Women: the Long Revolution》. 参见《妇女:最漫长的革命——当代西方女性主义理论精选》,三联书店,1997年版。

有色人种的女权主义理论得以迅速发展。这一理论认为，女人的社会身份不仅仅是性别认同的结果，更重要的是阶级和民族认同的结果。女性间存在着差异，并没有世界性的统一的妇女地位。不同种族、民族、阶级的女性有不同文化、利益和价值观念。二是后现代的女权主义理论。后现代的女权主义理论质疑男女两性这一二元性的结构本质，提出应批判地分析以男性为中心的话语。

多学科的分析视角展示了形成两性不平等的因素是多样的，包括社会阶级、文化教育、职业婚姻、角色年龄、族群国家等；而这些因素是互相关联而起作用的。卡罗尔·史密斯·罗森伯（Carroll Smith Rosenberg）认为，对妇女问题的研究曾形成"女性群体"概念，而跨文化研究则打破了女性文化的一体性。怀特曾对93个前工业社会进行泛文化比较，找出52种可能影响女性地位的因素。怀特指出，并不存在一套通用的最重要的可以衡量女性地位的指标体系。构成女性地位的负向指标一般有：父权制下的从夫居、早婚、包办婚、男子继承权、女性被歧视与隔离、多妻、男子初夜权、守寡、家务、禁止社会活动、失业率、非正式职业、男女不同酬。构成女性地位的正向指标有：妇女财产继承和支配权、婚姻自由、夫妇平等、妇女资助、就业与教育机会、政治参与；中性指标有：财产使用权、管理权，父母、丈夫的地位，职业及收入等。总之，多重因素影响着性别差异。

第四节 女性的主体意识

女性主体意识是女性研究中的重要问题。女性主体意识的确立为女性奋发有为的人生奠定了理论基础。认识女性主体意识的发展过程、主要内容、表现形态及女性主体意识的现实状况，对确立和高扬女性的主体意识，完成社会赋予女性的角色责任有重要意义。

4.1 主体意识界定

主体意识是人作为主体对自己在客观世界中的地位、作用和价值的自觉意识。女性主体意识是女性作为主体对自己在客观世界中的地位、作用和价值的自觉意识。具体地说，就是女性能够自觉地意识并履行自己的历史使命、社会责任、人生义务，又清醒地知道自身的特点，并以独特的方式参与对自然与社会的改造，肯定和实现自己的需要和价值的意识。

人的主体意识是人的高级意识，当人们自觉地意识到"我是主体"时，他或她实际上就已经明确地意识到了自己实践和认识的客体的存在和自己对客体的主导作用。有些人虽然在事实上从事着改造和认识世界的活动，但是如果他不能自觉意识到自己对客观世界的驾驭支配地位，那么，他的实践活动仍具有很大的盲目性、自发性。这些人还不能说具备了主体意识。只有能够自觉地意识到自己对客观的主导地位和作用，同时意识到自己是自己命运的主人，有独立自主的人格，即意识到自己的主体身份和主体价值，才是具有了主体意识的自觉主体。人类的主体意识不仅能够认识到一个有感觉会思维的自我本身，而且能够把意识自身所形成的主观世界作为自己的认识对象，从而评价自己的思想、感情、兴趣、动机，自己在社会生活中的地位和作用。

确立了主体意识，才能充分发挥主体的作用，即自觉地进行自我激励、自我调控和自我评价，激发主体的内在潜力，鼓励自己积极地工作，及时地调整自己的活动，以便取得最佳效益，并通过正确地自我评价，有效地发挥主体的能动性和创造性。女性主体意识是其能动性、自主性的基础，也是她们创造性的来源。明确的主体意识是女性对自身价值的认可和追求的理性起点和支持。

4.2 主体意识发展过程与矛盾分析

4.2.1 发展过程

从历时态看，女性作为一个整体，其主体意识的发展大致经由三个阶段：自在自然阶段，自知自觉阶段，自强自为阶段。

（1）自在自然阶段

当主体意识处于自在自然阶段时，女性对自己的主体意识没有明确的认识，还不能认识到自己是主体，这时她们的主体意识尚处于潜在状态。

在历史上由于社会分工与私有财产的产生，女性由社会的主人异化为奴隶，她们被排除在社会生产领域之外，完全禁锢在家庭天地之中。脱离了生产劳动和人类社会生活之后的女性，其社会主体地位及主体意识都被扼杀了。女性主体意识的丧失，使女性甘于"忍辱负重"，默默地度过无欲无为的一生；有些女性甚至遁入空门，在佛教理想中求得暂时的安宁，以图来世不再投作女儿身；有些女性在可能的情况下搞拟男主义，虽然她们才智超群，但并不为自己是女性而自豪，而是着男装，处处模仿男性，以男性作为观照坐标。

（2）自知自觉阶段

资本主义大生产把大批妇女作为资本需要的廉价劳动力投入了工厂和社会，虽然女性的人格价值被仍贬损有加，女工的悲惨遭遇和生存状况并无实际改善，但是，资本主义毕竟为女性通过自身劳动，被纳入社会分配体系开辟了道路。女性不仅加入到社会生产的行列，而且在这一过程中，女性的主体意识被唤醒。她们不仅仅作为一个性别意义上的"女人"，而且要作为一个社会的"人"而存在。

当女性开始意识到自己并不是一个只能受动的被动存在物，不一定要受某种命运的摆布，她们可以在对客体认识的基础上能动地改造自然界，积极作用于社会，主动地进行自我选择、自我完善，在人与自然，人与社会，人与自身的作用中，实现自己的目的。这时，她们具有了自知自觉的主体意识。

自知自觉的主体意识是女性感觉到自己在与客体的关系中是主动作用的发出者，可以把对象作为自己实践和认识的客体，从而证实自己的本质力量。主体意识的自知自觉阶段与主体意识的自在自然、麻木漠然的初级期相比，是一个质的飞跃，是女性主体意识的觉悟和发现。自知自觉的主体意识是人们在观念中对现实的女性主体地位、主体作用的确认。17、18世纪资产阶级提出天赋人权观念的同时产生的男女平等的观念；19世纪空想社会主义者傅立叶首次使用的"妇女解放"的观念，第一次提出："妇女解放的程度是衡量普遍解放的天然标准"① 的思想，这些都启发了女性主体意识的萌动。中国明末清初、太平天国运动以及戊戌变法时期，进步思想家对男尊女卑的抨击，标志着中国女性的主体地位和作用在观念上得到了确认。

(3) 自强自为阶段

自强的主体意识具有双重性质，一方面，女性在观念领域中不断学习探索，丰富加强对女性主体意识内涵的认识，另一方面，她们又在实践领域中,展开以争取男女两性在各方面权利平等的斗争。当女性以强有力的主体姿态改造社会与自身时，女性的主体意识便达到了自为的阶段。在这个阶段，女性不仅是具有自觉能动性的主体，而且是具有创造性的能动主体。创造性是人的自觉能动性的最高表现，自为的主体也是自由的主体。

在现实中，女性主体意识的发展是在争取妇女解放的斗争中取得的。

正如个体的胚胎发育史浓缩着和重演着人类的进化历程一样，上述女性的主体意识发展演化的不同阶段，在个体主体意识的表现上是否经历着某种相同或相似的顺序？如果我们对此作肯定的回答，那么可以进一步认为，女性不同个体之间相互比较时所显示的主体意识的差别，本质上是女性的主体意识发展的不同阶段在不同个体身上的同时体现。这种分析对于女性认识自身的主体意识处于何种阶段，以便尽快地走完自在、自然的初级阶段，自觉地进入自知、自强、自为、自由的高级阶段有重要的启示作用。因为，女性只有具有自强、自为的主体意识，才能更好地发挥自己的主体作用。

综上所述，女性主体意识虽然经历着与人类主体意识发展阶段相似的过程，但在社会传统的贬斥下，它的自在自然阶段在时间上特别冗长，在主体意识自失的程度上特别深重。因此，女性主体意识演化的过程比较缓慢，促使女性主体意识向高级意识阶段发展也需要花费较大的气力。

---

① 恩格斯:《反杜林论》,《马克思恩格斯选集》第三卷，人民出版社，1972年版，第300页，注释211，618，619。

4.2.2 女性主体意识发展中的矛盾分析

女性主体意识像其他社会观念一样，在实践中呈现出十分复杂的、矛盾的情况。积习深重的旧传统观念是一种巨大的习惯力量，它对新观念有极大的抗异性，使女性主体意识的确立不可能一蹴而就。

其一，女性主体意识发展中理论和实践具有不同步性

在现代社会中，对很多职业女性来说，她们在理性认识层次上十分明确地意识到确立主体意识的意义。她们关注自身的发展，有着较高的职业意识和成就意识，渴望得到应有的位置和承担必要的责任，使自己的才能得到充分的发挥，实现自己的理想和抱负，在职业领域追求与男性一样的成功。然而，在日常经验和实践中，诸如风俗、习惯、心理上却往往仍然依承传统意识，表现出与理性认识相反的倾向：依赖性、自卑感和怯懦心理。

例如在婚配模式上，女性一般愿意找比自己大几岁的男性作伴侣，要求男性在经济收入、社会地位、学历层次、能力才干各方面都比自己优越，结婚以后她们希望丈夫比自己有发展，她们支持丈夫奋斗，哪怕牺牲了自己的专长，只要丈夫成功，自己似乎也就有了寄托。这种依赖感从家庭延伸到社会。她们认同"男将女兵"，怯于独挡一面，即使出类拔萃也情愿甘当副职。男强女弱就像一个无处不在的"社会场"，影响着人们日常行为的选择。

其二，女性主体意识发展中的表层认识和深层认识具有差别性

人们思想意识的嬗变是意识的表层结构和深层结构的矛盾运动过程。人们的世界观、人生观、价值观、思维方式、知识结构形成了意识的深层结构。作为一种认识的积淀，观念的深层结构具有相对稳定性、含蓄性。它一经形成，便以潜在的、稳定的、习惯性的力量左右人们的思维意向和行为趋向。人们经常的大量的表露在言论中的对事物的评价、看法、态度、判断等构成了观念表层结构。表层意识对现实生活反应敏感、灵活、易变。

女性的主体意识从表层认识来看，它直接反映社会存在的现实状况。在当代中国，女性获得了与男性平等的社会权利和待遇。由于广泛就业，她们亲身感受到了自尊和自强。然而，社会革命"恩

赐"的解放淡化了女性的自我反思意识。相当数量的中国职业女性在思想认识的深层结构上还没有真正建立起自觉的主体意识。当面临具体选择时,深层的传统的心态和思维定势便自觉不自觉地起了作用。

思想观念表层和深层的矛盾不仅表现在普通的女职工上,而且在受过高等教育的知识女性中也时有表露。在对部分知识女性的调查中,其中一项是"你认为女性和男性受教育的最佳学历是什么?"她们认为,女性受教育的最佳学历在硕士以上的占 40.7%,而认为男性受教育的最佳学历在硕士以上的占 65.1%,后者比前者高近 25 个百分点。[①] 从深层思想看,这个数据说明,知识女性仍然在相当程度上保留着"男性应比女性强"的观念。这也和社会上流行的"丈夫的学历应比妻子高"的观念相吻合,在一定意义上讲,高知女性明显地没有完全摆脱旧的传统观念的束缚。

思想观念表层和深层的矛盾不仅表现在女性身上,也时时在男性身上体现出来。尽管现代文明冲垮了封建思想的堤坝,多数男同胞拒绝承认自己的大男子主义,但是具体到家庭生活,他们则要求妻子温柔贤淑,做十足的"贤妻良母"。正如鲁迅先生所说,人们虽然穿上了西服革履,但骨子里却埋着老祖宗。

其三,女性主体意识中传统观念和现代意识交织并存

女性主体意识中传统观念与现代观念相互交错,相互冲突。一方面历史的连续性,使印有封建宗法遗迹的传统心理、观念在相当程度上禁锢着女性的精神世界,如许多女性都把做"贤妻良母"作为人生的目标。另一方面,女性中自信、自强,敢为天下先的竞争意识、创新意识、自立自主的独立意识,追求高尚道德的自强意识,追求理想的未来意识,对民族、对祖国的使命感、责任感等社会意识也在人们的思想中不断获得发展。

在实际的调查中可以看出,传统的性别角色观念仍在绝大多数女性中占据重要位置,她们把主持家务,照顾老人、丈夫和孩子作为自己"义不容辞"的责任。在通常的三种角色模式:相夫教子模

---

① 朱玲饴、田凯:《华中理工大学学报》(社科版),1995 年第 1 期。

式、事业成功模式和家庭事业兼顾模式中，选择"家庭事业兼顾"是目前多数职业妇女的选择。这一选择显示，新时代的女性力求在自己努力的基础上，在更高层次上承担起家庭和社会的双重责任。但是，这种兼容性的选择也反映了女性意识中对传统观念的妥协和认同，反映了传统价值观与现代价值观的矛盾和碰撞。

由此可见，在传统与现代的交互作用下，女性既为"过去"规定，又被"现代"塑造，思想观念的传统性与现代性的并存，形成了带有两极性特征的内在矛盾运动。在现代社会中，每一个女性身上或多或少都表现出这种两极性倾向。

其四，女性主体意识在不同群体中的发展具有不平衡性

女性主体意识在不同年龄、不同职业、不同层次的女性身上有很大的差异性。一般来说，年轻女性与老一辈相比，表现出更强的独立性和自主性。社会发展使她们更加懂得了独立思考的重要意义，她们希望用自己的努力工作去创造与上一代完全不同的生活。她们较之于在旧的文化氛围中生活久长的老一辈来说，进取性和求异性要更强些。

年轻一代与老一代主体意识上的差距，作为一个总的倾向和趋势是客观存在的，但是，对于每一个体却并不具有必然的意义。因为年龄不是形成主体意识差异的根本原因。在现实生活中，不少老者更富有朝气，更有自信；而不少年轻人却是畏头畏尾，没有自信。女性主体意识上的年龄对比，仅提供一般分析模式。

职业活动对主体意识的确立和发扬也有较大的影响。一般认为，其职业性质带有示范效应的工作群体，如：管理干部、教师、警官、军人等，与其他职业的女性相比，其主体意识处于较高阶段。这些群体的女性具有较优越的确立自主意识的客观条件。

知识女性是妇女中文化水平较高、素质较好、就业层次较高、社会地位较突出的一个群体。成就意识是知识女性中的基本心向。在社会中，成就建树的标准不分男女，社会不会因为女性进入专业领域而设立第二种成功的定义。因此，知识女性强烈的成就动机必然会要求她们与自觉的主体意识相联系：以顽强的奋斗精神和坚韧的意志力在所从事的领域中与她们的男性同事比翼齐飞。

美国人本主义心理学家马斯洛揭示了人的最基本的需要,从低层次到高层次依次是生理的需要、安全的需要、爱和归宿的需要、尊重的需要、发展和成就的需要。在这些层级的需要中,一般是由低层次的生理需要开始向高层次的需要发展。但是,由于人们生活的环境不同,受教育的水平不同,社会化的方向、性质和程度不同,每个人的优势需要也是不同的。一个除了吃饭穿衣以外其他什么知识都不懂的人,她决不会有成就的需要,她们的需要不会超过生理的层级。知识女性由于其人格判断力和需要的层级较高,所以自我完善、自我发展的要求也较高,确立主体意识的内驱力也较自觉。

综上所述,女性主体意识的确立是在新旧文化因素、新旧思想观念不断此消彼长的发展中逐渐确立的。社会存在的矛盾性,必然带来人们思想观念的矛盾性。不同的女性群体,其主体意识的觉醒程度也会参差不齐。但是,随着社会物质文明和精神文明的发展,主体意识将会成为女性的普遍品格和基本素质,在女性的社会发展中起到越来越重要的推动作用,这是不以人的意志为转移的历史发展趋势。

4.3 主体意识的内容

女性主体意识是一个涵盖宽广的概念,在观念群网络结构中属于"上位"观念。这就是说,人们的思想观念具有层次性,每一个观念在观念群中的地位都不是平行的。"上位"观念与"下位"观念存在着包含和从属关系。女性主体意识作为"上位"观念,其内容主要包括以下几个方面。

1. 自主意识

自主意识是指主体具有的不依赖于外在力量,自由地支配自身的一切活动的意识。首先,自主意识体现为一种强烈的社会使命感。女性的使命感是女性对自身作为主体所应完成的使命和所应负的责任的自觉认识。

其次,自主意识要求具有独立自主的精神,即意识到自己是独立自在、自立自强的社会主体。做独立的女性,自己应掌握自己的命运,不消极地依赖于客观外界,不依附于他人。

自主意识要求女性在适应社会的同时，也要审视社会。自主意识强的女性不是不受任何约束，也不是不要与别人合作，自主意识所要求的是一种积极的生活态度和一种精神向上的追求。自主意识是生活的长期积淀，是一种生活的风格。女性只有深刻地认识自己，发扬自己的个性，才能具备自主意识。

2. 竞争意识

人类社会在各种形式的竞争中得以生存和发展，竞争才能带来繁荣进步。竞争意识对于女性来说，意味着反对束缚，反对依赖，反对谨小慎微，随波逐流，因而竞争是一种积极的强者的心态。世代在男人"背后"生活着的女性难以产生竞争意识。实践表明，女性在敢于承担、敢于竞争中，才能不断地在更深层次上挖掘自我，提高自我。

竞争意识须发挥主体的能动性。发挥主体的能动性能使主体在实践活动中，始终处于积极的主动活跃的状态，自觉地调动起潜藏在自身的生理、心理能量，使之指向一定的目标，并表现为活动的激情、需要和动机的力量。

3. 进取意识

女性的进取意识是女性对自身作为主体，必须不断进步和创造的观念和行为的自觉认识。女性要成为社会的主体，要实现社会赋予的责任和使命，离不开积极的进取意识。几千年男优女劣的传统观念使不少女性自我萎缩、妄自菲薄、安于现状、不思进取，遇到急、难、险、重问题，就以自己是女性为由回避、退让，结果使得众多的女性在事业上绩效平平、毫无建树。

女性进取意识的缺乏，无疑是女性主体素质低下的重要原因。它使许多女性，难以在同等的社会权利面前胜任与男性同等的社会责任，因而制约着女性对社会的贡献。女性进取意识的发扬是女性自尊、自强的重要的体现，是女性从事社会实践活动的巨大的激励力量。只有在进取精神的鼓舞下，女性才能在实践中不甘落后，努力奋发，争取事业上的辉煌业绩。

4. 创新意识

迅猛发展的科学技术和知识经济将从根本上改造人类社会的生

产方式和生活方式。新的挑战恰似惊涛拍岸，给人类，也给女性提供了寻求更大发展和解放的机遇。如何抓住这个机遇，是一个挑战。知识经济时代的到来使女性必须具备创新意识和开拓精神，转换思维方式，改变行为方式，打破惯于从众的心理弱势和墨守成规的保守状态，克服女不如男的自卑感，建立自信心，占领高科技的制高点，真正成为高智能和新知识、新科技的拥有者，从而在知识经济的时代占有一席之地，获得发展机会。

创新意识不仅体现了主体对客体的超越，而且是主体对自身的超越。创新的物质产品和精神产品不仅满足了社会需要，实现了它的社会价值；而且这些产品也反过来印证了主体自身的价值，实现了自我价值。创新是双重超越、双重价值的实现过程。毋庸置疑，女性在树立创新意识中，女性主体自身必定会获得新的发展。

第五节　女性的价值选择

怎样的人生才是有价值的人生，怎样才能达到最佳的人生定位，这是现代人思考的中心，也是女性求索的热点。对女性人生价值的科学定位，是女性研究必须关注并给以解答的课题。

5.1　价值问题的提出

5.1.1　人生价值的含义

人类很早就开始了对人的价值问题进行思考与探索。追求自由、实现价值是人类的一种内在本性。但是，人的价值问题的明确提出，是在14至16世纪的文艺复兴时期。在中世纪，人的价值从根本上是被否定的，人在神面前甘于渺小。资产阶级文艺复兴首次把人摆到了应有的位置。著名诗人但丁说："人的高贵，就其许许多多成果而言，超过了天使的高贵。"思想家们提出天赋人权，卢梭（Jean Jacques Rousseau）的《社会契约论》、霍布斯（Thomass Hobbes）的《利维坦》以及1789年法国大革命发表的《人和公民权利宣言》，都充分体现了这种思想。他们认为，人的价值就在于人有意志自由，人有决定自己命运的权利。马克思恩格斯从人的社会关系、人的社会实践中去考察人的价值。他们认为,人的价值即人的认识自然和社会、创造物质财富和精神财富的能力,正是这些原因,人得以生存和发展;实现人的价值的真正含义是使人的潜在的创造能力充分地发挥出来,也就是实现"作为目的本身的人类能力的发展"。[①]

人生价值是人的生存、发展、创造等实践活动满足社会、他人和自我需要的积极作用。人生价值表现在两个方面:人生的社会价值和人生的自我价值。人生的社会价值是个体的人生对社会和他人需要的实现和满足,主要表现为个人通过创造性的劳动,对社会和他人的物质和精神的需要所作的奉献。劳动、创造和贡献,是人生社会价值的基本标志。人的社会价值是个人在社会生活中对他人、对社会的一种肯定关系。

人生的自我价值是个人作为客体,通过创造性的劳动对个人物质需要和精神需要的满足。在这种价值关系中,人是目的,主要表现为,在一定社会关系中活动的个人对自身的存在和发展的追求。具体地说,就是个人对自己基本生存条件的获得,对自我社会身份的确认和尊重,对知识文化、道德品质、人格修养等方面的自我完善,即个人在社会生活中对自我的肯定关系。

个人的社会价值与自我价值是统一不可分割的。它们是互为前提,互相促进,互相转化的。社会价值以自我价值为前提,人为了能够对社会作出贡献,必须得到基本的物质需要和人格尊严。社会对个人的物质需要和精神需要的满足,正是推动人实现自我价值,为他人、为社会作出贡献的基础。同时,自我价值又以社会价值为前提,社会价值是自我价值的直接表现。个人只有把自己同社会和他人联系起来,积极地为社会和他人作贡献,才能实现自我价值。

歌德说过:您若喜爱您自己的价值,您就得给世界创造价值。爱因斯坦也曾经告诉我们:人只有贡献于社会,才能找出那实际工作上短暂而有风险的生命意义。在社会实践中,自我价值和社会价值的转化是双向的,相互的,个人不断地为社会、他人作贡献的过程,

---

[①] 《马克思恩格斯选集》第三卷,人民出版社,1977年版,第517页。

也是个人的自我价值的不断充实、丰富和展现的过程。

5.1.2 女性人生价值的表现

追溯历史，在农业文明时期，女性的价值更多地被定位于家庭之中，女性是通过在家庭内操持家务、养儿育女来表现自己的存在。女性视以家庭为半径的人生为天经地义，视在社会事务中的无所作为为理所当然。"贤妻良母"成为衡量女性价值的天然尺度，女性把"夫荣、子贵"作为自我价值的最高追求目标。自工业文明之后，女性开始被更多地要求走出家庭，进入社会。尽管就其本身而言，仍较多地承担着家务，较多地处于以丈夫、孩子为载体实现自身价值。但就整个社会而言，对女性的价值取向出现了转型，开始倾向于以女性的社会成就来评价女性的价值地位。女性的社会职业行为开始进入人们评判的视野。具体地说，女性人生价值体现在如下方面：

首先，在人类自身的繁衍过程中，女性是生命的直接创造者和养育者。人类自身的生产在社会历史中起着重要的作用：(1) 它为人类历史、为物质生活资料的生产和再生产提供了自然的基础和前提。(2) 人类进行自身生产和再生产的结果，产生出得到更新和增殖的人口。这些增殖的人口，转化成为社会生产方式的内在因素，同时，又作为消费者，增加到消费和其他活动中，他们日益增长的需要必然会对物质生活资料的生产发生反作用，从而加速或延缓物质生活资料生产的发展。

其次，在社会结构中，女性是社会、婚姻家庭构成的重要组成部分。女性人口在数量、结构上的失调，都会给婚姻、家庭造成残缺。

再次，在社会物质生产中，女性是人类物质文明的直接参与者。在人类社会的初创时期，女性是物质资料生产的主角，在原始社会生产力的发展中起着重要的推动作用。在此后的人类历史发展中，女性作为一种伟大的人力资源，在物质文明的建设中一直是积极的参与者。

第四，在科学文化建设中，女性的力量与成果也是不可忽视的。在人类历史的数万年间，女性在社会科学和自然科学研究领域中，已经和正在取得巨大的成绩。她们像一群闪烁在科学星空的璀璨的繁星，放射着智慧的光芒。

5.2 价值选择

5.2.1 女性人生价值选择的特殊性

现代女性人生价值选择的特殊性在于它的双重性。女性人生价值的双重性是每一个职业女性都要面临的现实问题，无论是行色匆匆的普通女工，还是身居要职的从政女性，举凡职业女性，便无法回避职业与家庭的双重负担。这既是一个女性习以为常的话题，又是一个引发深思的理论课题。这个内容极其丰富的问题涉及社会的经济发展、法律法规、文化传统、社会心理和生活方式，它关系到当代女性人生价值的实现，关系到女性的发展和实际地位的提高。

女性社会角色和家庭角色的内在矛盾突出地表现在两个方面：第一，两者的价值实现方式不同。社会角色是按劳付酬，女性在物质生产劳动中的付出，用货币的形式得到回报；而女性在人类自身再生产中的劳动付出却得不到肯定和补偿，几乎所有的社会都把抚养子女看成是女性的"个人私事"。第二，向女性提出要求的主体不同。工作岗位要求女性精通业务，献身社会；家庭要求女性善理家务，奉献家庭。于是，女性角色的内在矛盾便表现为两种性质的冲突：一是外显性冲突，如时间冲突、空间冲突、精力冲突和行为方式冲突；二是内隐性冲突，如主体角色需要与角色能力的冲突、主体的角色愿望与社会角色期待的冲突、主体的决策能力与社会角色需求的冲突。由此，女性主体能力的有限性与需求的多样性，社会对女性角色期待的理想化与女性主体能力的现实性之间便产生了种种矛盾，而这些矛盾则又引发了女性主体不同程度的焦虑。

5.2.2 为什么女性会遇到"鱼和熊掌"问题

现代社会的女性要承担社会和家庭的两副担子。其实，男性也要承担家庭和社会两种责任。为什么同是社会、家庭双重角色的扮演者，女性却遇到比男性更尖锐的角色冲突？分析其原因主要在于：

第一，不同性别的角色调整存在着难易程度的差异。在女性由家庭走向社会后,男女两性同样面临着角色的调整和转变。然而,他们各自调整和转变的难度却完全不同。社会对男性家庭角色的要求是低标准、软指标,只要有参与意识,关心和分担妻子的一些家庭负担便可称为"模范丈夫"。与此相比,女性所面对的社会角色要求却是高标准、硬指标。在她们承担的社会角色中,女性要与男性同处于一个竞争氛围,同样接受社会竞争的统一衡量尺度。因此,职业女性就具有比男性更多的角色紧张的困扰。

第二,社会评价的双重标准。一方面,职业女性在社会物质生产中是无性别的劳动者,她们须把全部身心献给工作;另一方面,她们又是有着特殊生理要求并承担着人类再生产的群体,她们须是家庭角色的模范。对男性而言,只要事业成功就是一个成功者,而女性则须在事业和家庭两方面都成功才是一个成功者。家庭生活不美满的女性,即使她的地位、事业上的成就丝毫不逊色于男性,社会与她自己都不会认为她是一个完美的成功者。社会评价男性与女性成功者的双重的标准,使许多女性在人生价值的取向上踌躇徘徊。

第三,女性追求人生完美的心理。社会所标立的评价女性的双重标准,如果得不到女性群体的认同,如果女性依据自己的具体情况对自己所扮演的各种角色有所侧重,女性的角色冲突就可以得到一些缓解。但追求完美是人生的天性,因而力求双重价值的和谐统一——事业成功+贤妻良母就成了许多女性的人生目标。完美的、理想的人生要求和不可能达到的十全十美的现实生活的矛盾,增加了女性对角色冲突的主观感受。据调查,80%以上的职业女性经常"感到紧张",觉得"疲劳"。

5.2.3 优化人生价值选择

大大小小的人生选择构成了斑斓绚丽的人生,不同选择的最佳组合构成了最优化的人生。女性如何选择才能圆满地实现人生价值的承诺,这是值得思考的问题。

第一,女性要正确地认识自己。优化自己的价值选择,重要的是应正确地认识自己,要自知其短,更要自知其长。在日常生活中,人们习惯于把"正确认识自己"理解为"认识自己的短处",其实这只是问题的一个方面，另一方面就是要认识发扬自己的优势，树立坚定的自信心。如果女性都按这样的逻辑思考，明己之长，挖掘潜能，正确地全面地认识自己，女性的人生就不会总是被生活的浪花推着走，而是荡开双桨去搏击生活的激流了。

第二，要充分发挥主体能动性。对人来说，人生选择具有客观制约性。个人不能在非选择的领域进行选择，而只能在社会所提供的可能性中间选择，这些条件直接决定了个人的选择范围。对女性的选择来说，除了强调选择的客观制约性之外，更应强调主体的能动性。如果只是机械地受制于客观环境，完全被动地在一定的社会关系中行动，就不可能实现自己的理想和价值。

在人生选择中充分发挥主观能动性，一要根据自己的情况，充分估计自己被选择的优势，努力向自己可能被选择的方向努力；二要注意与社会需求有机结合，适应社会需求。因为一定的社会历史时代和社会条件会影响人的发展和人的价值选择的效率。

第三，勇敢地进行尝试。在现实中，每一个变化都是一个挑战，无论人们是否愿意，生活总是处于变化之中。许多女性害怕变化，实际是害怕变化带来的新的选择及随之而来的风险。变化是生命的基本因素，如果想寻找人生的意义和价值，就必须勇敢地接受变化，勇敢地进行尝试。新的尝试可能会暴露自己的弱点，然而这也可能给自己提供了一个最客观、最全面的认识自己的机会。

5.3 价值实现

5.3.1 女性人生价值实现的障碍分析

女性人生价值实现的路程是不平坦的，其实现的障碍可以从社会和女性自身两个角度来进行分析。

影响女性人生价值实现的外在因素有两个：

第一，社会因素造成的性别歧视压抑了女性的成就动机。社会习惯势力、传统观念的巨大的穿透力，使"男强女弱"的既成观念和现实得以持续，使社会对女性的职业歧视，在现阶段仍以不同的方式存在着。

第二，家务劳动占去大量时间和精力影响了女性业务水平的提高。有调查显示"生儿育女给女性带来的影响",其中所列四个选项,即:(1)影响业务水平提高;(2)影响身体健康;(3)不得不放弃业余爱好;(4)减少娱乐时间。被列为第一位的是"影响业务水平提高",其次是"减少娱乐时间"。显然,前者直接影响女性社会角色扮演能力的提高,而后者则意味着女性因生儿育女将处于无限的忙碌之中,① 等到基本完成这一阶段的女性角色时,她们的知识结构和实际能力同时代的发展已经有了一个不小的距离。

影响女性人生价值实现的内在因素也可主要从两个角度来进行分析:

第一,女性智力上的惰性。一些女性以牺牲自我、放弃事业来减轻角色的紧张。有些女性把结婚看作自我价值的最终实现,一旦成家后,便把全部感情连同人生的探索和思考的重任,通通交给了丈夫,留给自己的就是辛苦的操持家务,工作上得过且过。当女性放下智慧的武器后,她们真正地成了弱者,视野越来越狭窄,能力逐渐萎缩。等到丈夫功成名就,孩子长大成人,她们才发现留给自己的只是一份沉重的寂寞,她们早已在生活中失落了自己,这是女性人生的悲剧。

第二,女性的替代成就感。在现实家庭中,女性结婚之后往往把更多的时间和精力留给丈夫,以换取丈夫工作、事业上的成就。她们把个人的全部希望与抱负都寄托在丈夫的发展上,认为"丈夫的成功就是我的成功"——社会心理学把女性的这种意识叫做"替代成就感"。

简单的全盘否定替代成就感是不公正的。现实的情况是十分复杂的,许多女性或因丈夫的特殊工作性质,或因特殊情况,或因现实困难等,牺牲自己,成就丈夫,并以丈夫的成就而自豪,这本无可厚非。但替代成就感毕竟是一种替代,它妨碍了女性自身价值的实现。

现代科学证明,男女两性在先天的智力上并没有明显差别,但是,在后天的发展中,女性却在许多重要领域甘拜下风,女性的替

---

① 童芍素:《角色的困惑与女人的出路》,浙江人民出版社,1995年版,第56页。

代成就感应是造成男女两性差距的重要原因之一。妻子的替代成就感显然形成或扩大了同丈夫在事业上的差距,并且通过家庭耳濡目染和社会交际向社会扩展,影响着女性自身价值的实现,从而导致宏观意义上的两性差别。

5.3.2 女性人生价值定位的理想模式和标准

现实生活中的双重角色导致了女性自我价值定位的矛盾与冲突,在事业—家庭的两点论中,"重点论"出现了不小的"位差":一些女性力争做事业上的成功者,兼顾家庭生活;一些女性以建立温馨家庭为理想目标,兼顾工作;更多的女性希望两全其美。生活的模式出现四种类型:工作要强生活马虎的事业型,工作马虎生活精细的生活型,工作生活都随遇而安的综合 A 型,工作生活都不将就的综合 B 型。到底哪种定位是理想的选择?这是一个见仁见智的问题。相当多数女性的主流思想是,集职业女性与家庭主妇于一身,自觉自愿地承担社会责任和家庭责任。她们认为事业是半个世界,家庭也是半个世界,家庭和事业两全兼顾才能拥有整个世界。她们的实践证明,不同的角色可以激发一个人多方面的潜能,体现多方面的价值,她们宁愿承受双重角色的紧张压力,也不愿意减少角色负担,成为现代社会中的"单面人"。为此,她们努力充实提高自己的能力和品行,使自己既成为可敬可佩的事业有成的职业女性,又成为可亲可爱的贤妻良母。①

追求双重角色的完整和谐正是现代社会女性的角色理想和价值理想,是现代女性完善自身同时也是完善男女两性角色的价值体系的一种实践性探索。理想目标与现实探索之间存在着永恒的矛盾和差距,正如理想自我与现实自我一样,它是一个通过努力不断接近的过程,而不是一个唾手可得的结果。女性只有在双重角色冲突中,努力增强角色素质,力求角色的和谐发展,才可能逐渐从角色冲突中得到缓解,并在这一发展过程中,实现女性自身的价值,改变社

---

① 魏国英:《传统文化与当代知识女性的角色选择》,《北京大学学报》,1995 年第 3 期。

会对女性的偏见，调整男性对女性的家庭角色的传统期待，使女性对事业的追求得到社会和男性的理解和支持,完成女性人生的追求。

怎样衡量人生价值的大小或高低？这是人生价值评价的尺度或标准问题。科学的人生价值观认为，从价值的生成来看，价值是人类劳动的产物。当人们为社会创造出物质产品和精神产品并得到社会的承认时,作为其创造者的人也就在社会中确立了其自身的价值。所以衡量人生价值应以价值的客观形态,即人的创造成就作为尺度。劳动创造体现了人的价值特征，人以自身所具有的创造力为社会的发展作出贡献，从而实现自身的价值。

对人生价值判断的这个标准是不应存在性别差异的，女性与男性不应有两个不同的衡量尺度。因此，女性怎样才算实现了自身的价值，这一问题的答案是十分确定的，即现代女性要实现自身价值，必须注意增强社会责任感，努力为社会创造财富。她们应当与男性一样自立于社会，创造于社会。她们必须把自己的活动和注意力转向国家的前途和命运，提高自己为社会劳动的觉悟和技能，为人类创造出更多的物质财富和精神财富。

值得注意的问题是，女性在参加社会物质生产的同时，还承担着人类自身再生产。人类自身再生产也是社会发展的必要的和永恒的因素。如果单从社会物质生产的角度来衡量女性的价值，这对女性价值的评价和女性地位的提高是不公平的。

对这一问题的分析可从两个角度进行。从社会角度看，社会应当同时承认女性在两大生产领域的价值，尤其是对女性在人类自身再生产中的特殊贡献。把人类再生产活动纳入与社会物质生产并列的轨道，使女性的这部分价值得到足够的重视和应有的补偿。要做到这一点，需要社会重新审视人类迄今为止的价值观念，同时大力发展生产力，使社会经济能力获得较大增长，这样可以使女性在获得社会理解的同时，获得物质支持。从女性的角度来看，女性应当自觉地意识到女性所担负的人类自身再生产的任务是有限的、短期的，参加社会物质生产活动是大量的、长期的。随着社会的发展和我国计划生育基本国策的长期实施，这种情况更是如此。因而现代女性的价值尺度主要是事业上的成就成果，女性应当把一生的主要精力放在人类的物质文明和精神文明的建设上,这样才能使女性价值得到最大的实现。

5.3.3 女性人生价值实现的条件

不同的经济时代,将为女性发展提供不同的社会基础和历史条件,同时也将对女性素质提出不同的要求。女性人生价值的实现,需要客观的社会的条件,同时也需要提高自身创造人生价值的能力。

在一定的社会关系中,人生价值的实现,要受到社会经济条件的制约。个人并不是随心所欲地去创造,而是在既定的、从过去继承下来的条件下进行创造。社会环境是制约人生价值实现的重要条件,我们只有尊重并依据这些客观条件,通过发挥自己的能动性才能更好地实现人生价值。

人生价值实现的主观条件主要包括两方面:首先,人生价值的实现必须树立崇高的人生目标,这是人生追求的精神支柱;其次,提高创造人生价值的能力,是更好的实现人生价值的前提条件。

人生价值是有大小高低之分的,有的人成果丰硕,有的人一生平平。要求所有的人都作出同等的贡献是不可能,这是由于人生价值的内在潜力不同,对内在潜力发挥的积极作用也有差异。人的内在潜力包括:人的潜在的创造能力和各种技能、文化素质和道德修养。人们的内在潜力主要是通过后天的努力逐渐完善的。在同等条件下,创造较高的工作效率和从事这种工作所必须具备的科学文化知识有正相关的关系。受教育的程度直接决定着女性的素质。女性人生价值的提高应首先提高以文化素质为基础的女性的整体素质。

人生价值实现的途径是社会实践。只有把良好的内在价值转化为外在的价值才能真正实现人生价值。外在价值是通过对象化的劳动创造活动,在改造社会的实践过程中,把自己的内在潜能发挥出来,变成外显的有形的价值客体,通过社会和他人的评价予以肯定。社会实践是沟通内在价值和外在价值的桥梁。女性要使自己具有较大的人生价值,无疑要努力发挥自己的内在潜力,为社会进步作出贡献。

人类社会是男女两性相互联系与整合的杰作,没有这种互存互补，人类就不可能生存和繁衍，社会也不可能进步和发展。然而，男女之间的相互连接与作用，是以他们彼此独立、相对存在为前提的，男女两性都扮演着各自有特定内容的角色，并完成属于他们自己的使命。对女性的智慧、能力、才干、技艺充分地加以培养、挖掘、发现和使用，使女性人尽其才，才尽其用，更好地实现自己的人生价值，这是社会发展和人类进步的需要。

第四章 女性的生存与发展

女性的生存与发展是人类生存与发展的一部分，女性同男性一样，既是推动整个人类生存状况进步不可或缺的最基本的因素，其自身的生存发展又受到整个人类社会发展水平的制约。

人在其现实性上是社会关系的总和，人在某一特定社会中的存在状况是各种社会关系共同作用的结果，因而要探讨作为整体的女性的生存与发展，就必须揭示它与社会经济、政治、时代文化诸方面的关系。从相对意义上说，女性是社会经济、政治、法律、文化、婚姻家庭的创造者，从绝对意义上说，它的状况又是社会经济、政治、文化、法律——即人类社会造就的。

女性的生存与发展是随着社会历史的前进不断变动的，从总体上说，随着历史的发展，女性的存在状态也会改变。探寻其轨迹，可以发现，在大的社会变动中，女性的生存发展状况往往最先受到冲击；而在人类社会快速发展时，女性存在状态的改善又往往滞后。如果用螺旋式上升来形容整个人类的生存与发展的变化，那么，女性的变化图像往往与每一个螺旋的旋底接轨，而难以与旋峰相联。

第一节 女性的经济地位与生存状态

每一个人都在一定的社会中结成多种社会关系，都可能获得多种地位。根据不同的标准，可以把人们的社会地位划分为不同的等级序列，如阶级地位、政治地位、经济地位、职业地位、权力声望地位等。这些社会地位互相交错，在很大程度上是一致的，如一个人兼有较高的政治地位、教育地位和职业地位。在社会学研究中，十分重视一身兼有地位中的首要地位问题,这是指在诸种地位中,有一种最突出的地位支配着其他地位,从而决定了此人总的地位水平。在现代社会中,职业活动往往是人们最重要的活动,人们也为之付出了主要精力。这种首要地位是随着社会条件与主观条件的变化而变化的,人们可以通过自己的努力,改变不利的社会地位,以获得个人期望的首要地位。

1.1 经济地位与生存状态演变

1.1.1 女性的社会地位与女性生存状态

男女之间的关系是人与人之间最基本的、最自然的关系,根据这种关系就可以判断人类的文明程度。在社会发展的进程中形成男性与女性在社会地位上存在整体性的差异,提示我们需要探究女性的社会地位。女性的社会地位是指女性这一特殊的社会群体在社会生活和社会关系中的权力、机会及其从社会中得到的认可程度。女性的社会地位是一个复合概念,一般由以下几个基本要素组成:女性的经济地位、女性的法律地位、女性的政治地位、女性的教育地位、女性在婚姻家庭中的地位。其中女性的经济地位是处于支配其他地位的首要地位。

所谓女性的经济地位就是以经济为基点看女性在家庭内、社区内和社会上对物质资本(包括食物、收入、土地和其他形式)的财富及社会资本(包括知识、权利和特权)的权利和控制。简而言之,也就是指女性在社会经济关系中所处的层次、序位。女性和男性之间及女性之间、男性之间经济地位的差异主要取决于各自在社会生产和社会分配体系中所起的作用。因此,可以从以下三个方面入手来进行分析:一是社会劳动参与率;二是社会劳动的参与水平即所从事的职业在社会劳动组织中的地位;三是经济收入与经济实惠的数量,即个人或群体在社会财富和社会资源分配中所处的位置。也正是由于人们在社会上和家庭中的位置,归根到底取决于人们在生产中的地位,因此,女性在社会经济关系中的地位就必然成为衡量和评价女性地位的物质基础,并在社会地位诸因素中处于核心位置。

1.1.2 女性生存状态的演变

在人类的历史发展演变过程中,女性曾长期处于受压迫、受奴役的地位。她们虽然承担着极其繁重的劳动,但由于她们的劳动仅仅局限在家庭的范围得不到社会承认,结果使得她们丧失了独立的人格,成为男性的附属物,根本谈不到拥有与男性平等的社会地位。随着资本主义的产生发展,当大批失去了土地的农民转变为雇佣劳动者的同时,也迫使一批女性走出家门,成为被雇佣的廉价劳动力。在这种新形势下,女性的地位逐渐发生变化。也正是从这一角度,可以说女性参与社会劳动是自身地位改变的前提。如近代中国城市——被五口通商条约撬开的商埠,在二三十年代就已有相当一部分已婚女性在寻找各种就业机会,用自己的劳动来换取有限的收入贴补家用。她们或者承接简单的手工加工任务,如缝纫刺绣、糊火柴盒、做银锭等等。由于这类劳动的个体性、多变性,参与商品交换所获得的报酬极少,其微薄收入还不足以提升女性的家庭地位和改变其社会地位。值得注意的是在工业化起步阶段,以个体资格进入城市职业系统的女工大都来自城市贫民家庭或由于土地无法维持农户最低生活而流入城市的农村女性,她们的谋生手段在一定程度上与大机器生产相联系,以工资收入为生活来源。这种职业生活,有明晰的个人收入,使她们的消费结构、消费心理、家庭地位、社会地位都发生着变化,展现了人类社会在工业化进程中女性群体的新形象;但同时也要看到,她们在出卖劳动力的同时饱受人格被践踏的屈辱。女性参与社会劳动,是充分开发利用人力资源的重要措施,为女性的自立创造了有利条件。

当今世界,随着科学技术的发展,尤其是第三产业的兴起与壮大,使女性有了较充分地发挥其聪明才智的场所,她们的社会地位逐渐在提高,并在社会生活中逐步争得了较多的权利和自由。

1.1.3 提高女性社会经济地位,关注改善女性生存状态

女性社会经济地位的变迁与女性就业问题密切相关。这是一个全球性的问题。

从宏观视角而言,当前世界范围内女性的劳动就业率为34%,

发达国家的经济参与率为41%，高于世界平均水平。根据国际劳工组织预测，到2000年，全世界女性就业人数将增至10亿以上，约占世界女性人口的1/3。其中，西欧地区女性在总劳动力中的比重将由1985年的33.7%增至34.8%，北美地区将由38.4%增至40.2%。造成这一变化的因素比较复杂，其中主要包括：随着世界经济的持续发展，向社会提供的各种就业机会有所增加；经济增长引起工资水平的增长，从而吸引更多女性走出家门；非全日制工作、弹性工作制等新型劳动组织的出现，为女性就业提供了便利；第三产业的发展提供了适合女性的职业与发展领域；家务劳动的社会化水平的提高，使女性得以兼顾家务劳动与社会生产劳动的双重角色；女性教育水平的提高，使她们能从事力所能及的工作；就业观念的变化，推动她们有更多的机会表现自身价值，为社会做更多贡献。

从世界各国的就业情况来看，一般就业女性通常占该国全部女性的30%左右，中国女性就业率由1982年的46.63%上升到1990年的53.06%，增加了6.41个百分点，反映了中国女性就业率已达相当高的水平。可是在社会经济转型期，受产业结构调整影响，女性失业（下岗）的面在不断扩大。而且随着社会经济体制的调整与发展，社会性别歧视等因素也会导致女性在其自身的发展中遇到重重障碍。女性在劳动力市场中地位下降，一方面会引起其社会地位的动荡，另一方面也很可能会将女性推回到把自身价值定位于家庭，重新回归男性的控制范畴。所以，女性在高就业率的事实面前，要警惕被掩盖的新矛盾。

1.2 对社会与经济发展的贡献

劳动力资源是社会的基本财富，合理开发和利用劳动力资源在发展国民经济和保障社会安定中具有重要的战略地位。社会中人口的一半左右是女性，按理，劳动力资源的一半也会是女性。女性劳动力资源能否得到合理利用，对国民经济的发展有着重要影响。根据中国1990年第4次人口普查数据，在全部在业人口中，女性为29110万人，占全部在业人口的比重为45.0%，比1982年的6326万增长了27.8%，说明改革开放使资源配置效率大大提高。1979—

1992年中国的人均 GNP 年平均增长 7.5％。国民经济的持续发展为城乡人民提供了大量的就业岗位。女性在业人口增加、比重上升的事实反映了中国女性享有广泛的就业机会，并在一定程度上享有与男性一样的社会经济活动权利。

纵观人类社会，从远古的男女共同劳作，到古代的"男耕女织"，直到近现代女性广泛地分布在国民经济的各个领域，女性在社会生产中从来都是不可或缺的。根据中国 1990 年的调查显示，各种职业中，除了第一、第二产业外，女性在业人口的比重都有增长，特别是从事脑力劳动的职业中，女性所占比重增长幅度大于体力劳动的职业。如各类专业技术人员中，女性所占的比重 1990 年比 1982 年增长 12.1 个百分点，而农、林、牧、渔劳动者与生产工人、运输工人则仅分别增加 0.9 和 0.3 个百分点。在办事人员及相关人员、商业工作人员和服务工作人员这 3 类职业中，1990 年，我国女性所占比例分别为 25.7％、46.7％和 51.6％，比 1982 年的 24.4％、46.1％、48.0％也有所提高。若将 1990 年国家机关、党群组织、事业单位负责人职业女性占的 11.6％进一步分解，则其中国家机关及其工作机构的负责人中，女性只占 0.90％，党群组织负责人中女性只占 3.95％，事业单位负责人中，女性只占 6.71％。从这些数字看，虽然国家为女性提供了较为广阔的就业范围与较多的就业机会，但女性的就业层次仍低于男性。

1.3 无薪社会劳动

如果我们观察一下人类已经历过的几种社会形态，就会发现无论在哪种社会形态中，人类都是为了自身的生存而从事物质资料生产，即通过劳动加工将自然界原有的物质改造成为人类需要的东西。同时，人类为了世代延续，即为了自身的增殖和种的繁衍所进行的人口再生产，即人口生命的再生产，指原有人口把自己劳动获得的生活资料通过消费转化为自己的体力、智力的过程，也包括原有人口生命的延续——通过生育、抚养等方式，使新一代人口诞生和成长。所以说，物质资料生产和人类自身生产是互为前提、互为条件的。如果没有物质资料生产，人类社会的存在、延续和发展是不可能的。如果没有人类自身生产,没有人类的繁衍,人类绝了种,那么社会的存在、延续和发展同样是不可思议的。除原始社会前期以外,人类社会对女性的评价大都建立在发展和巩固男性统治的利益基点上,从而产生了对女性的社会价值认定与女性的社会贡献相背离的现象,它集中反映在对女性承担人口再生产的价值认定方面:女性是人类自身再生产的直接载体,为了人类社会的繁衍,为了新生命的哺育,女性付出了体力,付出了精力甚至付出了生命代价。但是由于生育的"私人性"、自然性和非商品性,生产生命的劳动和与此相连的家务劳动便都被摈除在社会总劳动之外。当这些劳动不能表现为有偿劳动时,女性的社会地位偏低就成为不可避免的情境了。

1.3.1 被定性为女性的、无偿的、非社会性的家务劳动

家务劳动是指为满足家庭成员自身生存、维系家庭诸功能所必需的各项家务事项。

这些事项按传统习俗都是由女性来承担,因为女性常年的活动领地是家庭,她们的服务对象是:长辈、丈夫、孩子,管的是家庭范围内的吃、喝、拉、撒、买、汰、烧。所以,单纯的家务劳动习惯性地被列入非生产性劳动,它仅仅与个人的家庭成员发生直接关系,不直接创造价值,而只能说是间接有利于社会。

国际劳工组织也曾提到过:一个国家的家庭妇女,如未在家庭范围以外做工,或没有在家庭式农场或外出每周工作15小时以上的话,则不被计算入劳动力范围。但这并不否定家庭妇女的家庭工作对经济发展,对国家很重要,而是说,她们的工作同面向市场的生产无关,所以不被当作真正劳动力的组成部分。

这就是说,劳动被划分为有偿劳动和无偿劳动两类。凡是人们从事社会劳动并取得报酬或经营收入的这种经济活动就被视为就业。根据这个定义,就业的主要特征就必须同时具备三个条件:一是必须是从事一种劳动或劳务;二是这种劳动必须得到社会的承认,是一种社会劳动;三是这种社会劳动必须是有报酬的或有收入的劳动。中国第三、第四次全国人口普查登记表中就是根据这样的定义把劳动力人口划分为在业人口与不在业人口,其中不在业人口包括:

料理家务、学生、待升学、市镇待业、离退休、丧失工作能力、其他。所以,虽然从事劳动并有收入,但如果劳动是不合法的、不为社会所承认的,如投机倒把,则不能被视为就业;有收入但没有从事社会劳动,如依靠救济、吃利息的人,也不能算就业;再者,虽从事社会劳动,但不取得任何劳动报酬,也仍不算就业,如义务劳动、家务劳动,因为这种劳动没有体现出就业是谋生的手段这一特征。这种划分就业非就业的主要标志,也是当前世界多国共同遵循的原则。

对社会而言,各种劳动都是社会必要劳动的组成部分,从理论上说分工不同,价值相等。对女性来说,和异性结合为夫妇生孩子,把孩子领养大——这是一套社会活动的体系,也是社会劳动力资源得以维持和更新的必要保证,因此,把评价女性的标尺移到以对社会的贡献为基点,才能把女性的真实存在还原为历史事实。

1.3.2 对女性的无薪社会劳动现状的探讨

根据中国1990年第四次全国人口普查资料,在劳动力总资源中,经济活动人口占劳动力资源的87.92%,非经济活动人口占12.08%。在非经济活动(即非在业人口中)人口中,家务劳动占40.5%,其中94%是女性,只有6%是男性,所以,在非经济活动领域内,女性是无薪社会劳动的最主要的承担者。

从微观上看,大量的职业女性,虽然有社会职业,也必须要在有薪的社会劳动之外,承担无薪的社会劳动。

人类社会发展到今天,子代双系抚育至少在我们所观察到的范围内仍然是一种普遍的方式。在男女分工体系中,一个完整的抚育团体必须包括两性合作。孩子依赖于父母的不仅仅是生活一部分应该说是全部的。一个社会的新陈代谢作用是为了社会的完整,使全社会各分子的生活能健全运行也是一种社会工作。而女性走出家庭,参加社会生产活动已成为一股不可阻挡的趋势。因此减轻女性无酬社会劳动的负担,家庭劳动社会化也势在必行。

家务劳动社会化的问题,是在19世纪的资本主义社会里,由于机器大生产把女性卷入社会化大生产行列,家务劳动从家庭中分离出来，要求社会为其提供服务的问题。20世纪下半叶，以商业、服务业为主的第三产业的兴起和发展，在发达国家商业服务管理和销售系统的现代化、自动化、邮递购物、电脑购物等便捷的方式，服装业，各种方便食品为家庭生活带来了方便。

家务劳动社会化程度是与社会生产力发展水平密切相关的。中国为家庭提供生活服务的家务服务始于50年代末，70年代后期有较快的发展，80年代以来，方便食品开始进入家庭生活。据中国食品工业发展目标推测，2000年城乡居民的方便食品消费支出将占食品总支出的20%－30%，居民一日三餐逐步方便化。

家务劳动社会化可以从根本上减轻女性的家务劳动负担，使她们能有较多时间发展智力、体力，有充沛精力从事社会生产以至完善自我，从而提高女性的社会、经济地位。

当然，提高男性对家务劳动的参与积极性，也是一项有利于家庭融洽、互帮互助的手段之一。

1.4 生存状态变迁规律

劳动作为人类生存的基本条件，是人类社会生活关注的重要话题。在不同的生产力发展条件下，人们对劳动的价值，男性、女性在生产劳动中的地位和作用都有与该时代特征相适应的评价。先进的生产力是产生劳动者先进价值观念的物质基础，这样的先进价值观念一经形成，便会对社会经济发展有显著的推进作用。从女性处于被摧残、受屈辱的生存状态发展到女性从不自觉到自觉地冲破重重束缚，力求争得与男子在社会生活中一样的平等地位的历程就是证明。

劳动者（包括男性和女性）自身解放的目标是一个世界性的问题。这个目标：自身的独立、自由并有尊严；实现自我价值；人与人之间的平等合作等等，只有在积极参与社会生产劳动中才能逐步变为现实。对于女性来说，除了参与社会生产劳动，还要从性别角度来认识女性在社会参与中受到性别歧视等特殊障碍，因此争取到来自国家、社会、政治、法律等方面的保护也是必不可少的。

人们生活在社会中，经历社会选择是必然的，也是严酷的。尤其是在社会转型期,竞争机制对女性生存所引起的危机感值得深思。由于长期的社会作用,女性群体素质不高,文化水平低于男性,掌握科学技术能力也不如男性,缺乏竞争力。要改变这种不利地位,提高女性素质,从根本上说就是要提高受教育程度,特别是当社会发展进入知识经济时代,充分掌握科学知识,多方面掌握各种技能,注意完善女性形象,才能有足够本钱,无愧色地站出来让社会挑选,顺利地进入适合于自己的职业岗位。

女性自我意识的觉醒与发展是改变与改善女性生存状态的必不可少的重要条件。这是一个长期而艰巨的历程,一个漫长的革命历程,因为女性生存状态受社会生产、性生活、社会结构、社会制度等方面制约,如果仅仅争得了政治上的合法平等选举权而没有从根本上改变女性的社会—经济地位,那参政权实际上也起不了什么作用;如果仅仅从性领域中解放女性,在法律上允许她们有结婚自由、离婚自由、人工流产自由等等,而没有全社会的家庭行为规范,权利与义务的约束,在一个文化相对落后的国家,这样的法律还很可能会带来一场灾难;如果仅仅致力于从生产中"解放女性",单纯追求"男女都一样",忽略女性的特殊性,则既不利于女性作为人——女人的解放与发展,也会使女性遭受新的压力和产生新的不平衡。

第二节 女性的政治参与

2.1 参与途径

2.1.1 女性政治参与的意义

女性的政治参与在其政治生活和社会生活中,具有极其重要的意义。首先,政治参与是女性运用自己的政治权利,实现自身利益的重要手段。政治体系承担着社会资源的分配,女性为了满足自己对社会资源的追求,就必须与政治体系发生联系。政治参与是女性与政治体系发生联系的最直接和主要的形式,女性可以通过政治参与来获取自己想要获取的政治利益。其次,政治参与会影响到政治管理的民主化。政治管理民主化的重要内容就是公民对于政治管理过程的参与和对于政治管理主体的制约。公民通过政治参与,表达自己对社会财富分配的意愿和选择,政府由此也在社会中获得了连贯性的信息。也就是说,公民通过政治参与表达自己的利益和要求,并参加政府的政策制定。政治管理民主化与官僚主义和腐败行为是水火不相容的。女性的政治参与通过选举、罢免公职人员,通过意见表达和舆论监督活动,或者通过直接介入管理过程,来制约政府的政治管理活动,从而保障政治管理的廉洁与效能,同时促进民主的制度化建设。再次,政治参与还会影响到政治文化的发展。女性通过政治参与,可以提高对国家的责任感和对政治体系的宽容精神。女性还可通过政治参与成长为具有民主观念和民主能力的公民,她们会变得更加关心民族国家的前途,懂得如何发挥自己的政治作用,并在参与过程中感受到自己的人格和价值。更重要的是,通过政治参与,女性可以提高自己的权利意识,增强政治责任感,女性会感受到政治参与是一种不可让与的权利,同时也是一种不容逃避的责任。所以,政治参与对于女性自身也有自我教育的作用。

2.1.2 女性政治参与的途径和方式

就其行为方式来说,政治参与常见的和主要的途径有以下几种:

(1) 政治投票。投票是公民在选举、罢免、复决等各个领域表达自己政治倾向的行为方式。在选举上,投票的作用在于确定特定的国家公职人员、国家政务官或其他政治组织中相当于此类的公务员。在复决意义上,公民投票的作用在于影响国家政策,就政府某项决策投赞成或反对票,或者就国际组织提出的措施进行表决。在罢免意义上,投票的作用在于影响政府的去存和个别政府人员的去存,也就是就政府的组成或某一政府官员的任职投信任与否认票,以此表明公民对于政府的政治态度。

(2) 政治选举。政治选举是指国家和其他政治组织依照一定的程序和规则,由全部或部分成员抉择一个或几个人充任该组织某种权威职务的一种政治过程。选举活动除了投票行为外还包括政治捐助、组织选民、政治宣传及其他影响选举过程和结果的活动。在各种政治参与行为中,选举可以说是普通公民控制政府的重要的、制度化了的最有效的手段。

（3）政治结社。政治结社是指具有共同政治目的的公民为了相同的目标结成持久性的集团组织。这种组织可能会专门致力于非常特殊的利益，也可能会致力于广泛的公共问题，但其基本的和明确的目标是影响政府决策。公民如果加入该组织，不管他是否亲自参加了该组织影响政府的活动，他参加这种组织的事实本身就构成了一种政治参与的方式。

（4）政治表达。政治表达是公民行使政治权利的过程，公民通过宪法规定的手段和机会来表达自己的政治观点和政治态度，从而影响政府决策。这些手段主要包括政治集会、政治请愿、政治言论等等。政治集会就是众多的人为了共同的目的集合起来举行会议，联合发表自己的政治观点，向政府提出某种支持或者要求。政治请愿是公民向国家和地方公共团体表达自己对有关政策设想的意见和希望的行为。政治言论是公民通过语言文字来表达和宣传自己的政治主张和政治见解，主要有口头和书面两种形式。

（5）政治接触。政治接触是公民为解决个别政治问题以谋求个人和小部分人利益而接触有关政府官员并影响之。在资本主义国家，公民的政治接触包括个别接触和院外活动两种主要形式；个别接触是公民为了个人或小范围利益而接触官员和政治家；院外活动则是个人和团体通过与政府官员和政治领导人进行接触，在涉及许多人的问题上试图影响政府官员和政治领导人决定的活动，比如为支持和反对某项立法提案和行政决定而进行的接触。在我国，公民的政治接触形式多种多样，包括以座谈会形式与政府官员沟通，通过信访与政治官员接触等。另外，一种新的政治接触形式正在中国形成，这就是政治对话形式。公民通过政治协商对话方式，反映自己的要求和呼声，诉说自己的委屈，提出自己的建议。

2.2　参政状况

2.2.1　法律对女性政治权利的保障和中国女性的参政状况

目前，世界上大多数国家都有保护女性权益的法律法规。以中国为例，根据中国宪法的规定，中国公民享有的政治权利，包括选举权与被选举权；言论、出版、集会、结社、游行、示威的自由；对国家机关及其工作人员的批评、建议权，对其违法失职行为向国家机关申诉、控告和检举的权利。1992年颁布的《妇女权益保障法》强调，妇女享有与男子平等的选举权和被选举权，有权通过各种途径和形式，参与管理国家和社会事务；人民代表大会代表中应有适当数量的女代表；重视培养、选拔女干部担任领导职务等。早在1949年，中国人民政治协商会议第一届全体会议通过的代行宪法作用的《共同纲领》就庄严宣告："中华人民共和国废除束缚妇女的封建制度。妇女在政治、经济、文化教育和家庭生活等各方面享有同男子平等的权利。"1953年，《中华人民共和国选举法》明确规定："凡年满18岁的中华人民共和国公民，不分民族和种族、性别、职业、社会出身、宗教信仰、教育程度、财产状况和居住期限，均有选举权和被选举权。妇女有与男子同等的选举权和被选举权。"1954年，这一内容被载入我国第一部宪法。后来修改的宪法、选举法都明确规定妇女享有与男子平等的选举权和被选举权。

在宪法和法律的保护下，中国妇女的选举权得到了普遍实现。在我国最高权力机构全国人民代表大会中，当选为女代表的人数逐步增长。第八届与第一届相比，女代表人数由147人增加到626人，增加了4倍多，女代表所占比例也由12%增加到21.03%。在第九届全国人大代表中，有女代表650人，占代表总数的21.81%，高于世界女性在议会中占10%的比例。在第九届全国政协委员中，有女委员341人，占委员总数的15.54%。

我国女性在担任社会公职方面也取得了显著成就。建国以来，我国曾有一位女性担任过国家副主席、名誉主席。在最高权力机构全国人大中，先后有8位女性担任过副委员长。在最高行政机构国务院中，先后有5位女性担任过副总理和国务委员。在国务院所属的各部、委中，女部长人数不断增多。1954年，我国只有3位女性任部长，4位女性任副部长。1985年，有女正副部长11人。1995年，有17位女性担任正副部长。1997年，女性正副部长增至18人。

2.2.2 中国女性其他权利

(1) 文化教育权利。根据《妇女权益保障法》和其他法律的规定，女性的文化教育权利主要包括：在入学、升学、毕业分配、授予学位、派出留学等方面与男子平等的权利；接受义务教育、扫盲教育、职业教育和技术培训的权利；从事科学、技术、文学、艺术和其他文化活动的权利。

（2）劳动权益。根据法律规定，中国女性享有的劳动权益主要有：劳动就业的权利；同工同酬的权利；休息的权利；获得安全和卫生保障以及特殊劳动保护的权利；享受社会保障的权利。《妇女权益保障法》、《劳动法》均规定：各单位在录用职工时，除不适合女性的工作和岗位外，不得以性别为由拒绝录用妇女或者提高对妇女的录用标准；任何单位不得以结婚、怀孕、产假、哺乳等为借口，辞退女职工和单方解除劳动合同。

（3）财产权益。法律赋予妇女的财产权益包括三方面：第一，根据民事关系产生的财产所有权、与财产所有权有关的财产权（如承包经营权、采矿权、自然资源使用收益权等）、债权和知识产权中的财产权利；第二，根据劳动关系产生的劳动报酬权；第三，依照婚姻家庭关系产生的夫妻共有财产权、夫妻之间的扶养权和财产继承权、父母与子女之间的接受抚养、赡养的权利和财产继承权等。

（4）人身权利。在法律上，人身权利分为人格权和身份权。妇女享有的人格权主要有生命健康权、人身自由权、姓名权、肖像权、名誉权、婚姻自主权等；妇女享有的身份权主要有亲属权、监护权、荣誉权、制造者身份权等。《妇女权益保障法》规定：禁止溺、弃、残害女婴；禁止歧视、虐待生育女婴的妇女和不育妇女；禁止用迷信、暴力手段残害妇女；禁止虐待、遗弃老年妇女。

（5）婚姻家庭权益。法律规定妇女享有的婚姻家庭权益主要有：婚姻自由的权利；由婚姻、家庭关系产生的夫妻人身权、财产权以及其他家庭成员之间的人身权、财产权、生育权。

对违反法定义务侵害妇女权益的行为人，应依法追究其法律责任。根据现行法律规定，有行政责任、民事责任、刑事责任等形式。这些法律责任形式均适用于侵害妇女权利的行为。

中国法律不仅保障女性的实体权利，而且保障女性的程序权利，因为实体权利与程序权利密不可分，实体权利的实现要以程序权利为前提和基础。如果女性拥有众多法定权利而当其权利受到侵害时又无从请求保护,那么女性权利的法律保护就只能徒具形式。法律设定程序权利正是为了解决女性权利保护的途径和方法问题。有权利就应当有救济。中国法律对女性权利的救济体现在两个方面:一是确认某些机构在维护女性权利中的职责;二是设定女性权利的救济程序。由于女性的权益体现在社会生活的各个方面,所以法律确认有关国家行政机关、人民法院和妇女组织均负有救济妇女的职责。

(1) 行政救济。根据中国现行法律、法规的授权,处理侵害妇女权益案件的行政机关主要是:公安机关、劳动机关、民政机关、教育机关、基层人民政府等。

(2) 司法救济。这是人民法院按诉讼程序保护妇女权益的救济途径。较之行政救济而言,司法救济处理侵害妇女权益案件的范围要广得多,程序也较严格。某些侵犯妇女权益的案件,行政机关无权处理,如侵害妇女人身权利触犯刑律的案件,被侵害人只能选择司法救济这一途径予以补救。某些案件,行政机关有权处理,司法机关也有权处理。如果被害人选择行政处理而对处理结果不服的,还可以依法选择司法救济的途径予以补救。

(3) 其他救济途径。妇女的合法权益受到侵害时,被害人可以向妇女组织投诉,严格地讲,向妇女组织投诉不是独立的救济程序,因为妇女组织本身无权处理任何具体的侵害妇女权益的案件,它只是帮助被害妇女要求有关部门和单位查处侵权案件,实际上是帮助妇女寻求救济途径。此外,《妇女权益保障法》还规定,妇女在其权益受到侵害时,还可要求侵害人所在单位或者上级机关处理(责令改正并可根据具体情况对直接责任人员给予行政处分),这也可以视为国家救济(行政救济和司法救济)之外的一种重要救济方式。

第三节 女性与社会文化

人类作为自然的存在,必然会同他自身之外的自然界发生对象性的关系,并通过自己的活动求得生存并实现自己的发展。这种对象性的关系是人类生存和发展的普遍性基础。人类除了对自然界的关系外，人与人之间的社会关系使他们紧密地联在一起。因为人本质上是社会存在物，而且是有意识的存在物。人类为了满足自己的需要而进行的活动形式是多种多样的，并且在从事的活动中又形成了分工。有分工就有交换，人们正是在不同形式的社会交往中来交换信息及成果的。也就是说，作为任何一种社会历史形式都具有两重性：人作为自然存在物，物质的需要永远是人类生存发展的基础；同时，人又是自然存在、社会存在和精神存在的统一体。因此，人类的生存和发展又必然要超越物的层面，全面满足人们对精神、心理、情感、知识能力以及真、善、美的需要与追求。这些都说明了人类的活动已不是单纯性的机能，而是注入了社会的文化内涵。

3.1 女性的文化历程

"文化"这个词在西方来源于拉丁文 Cultura，原意是指农耕及对植物的培育。自15世纪以后，逐渐被引申使用，把对人的品德和能力的培养也称之为文化。在中国古籍中，"文"指文字、文章、文采，也指礼乐制度、法律条文等。"化"是教化教行之意。如果从社会治理的角度而言，"文化"是指以诗书礼乐来教化百姓。因此，从文化一词的来源看，狭义的文化是指人类社会的语言、文学、艺术及意识形态在内的精神产品，而广义的文化则是泛指人类所创造的一切物质产品和非物质产品的总和。

虽然对文化的定义有上百种之多，但通过分析考察可以得出综合的理解：

文化可以有三种含义：

——文化作为一种演化的定义。指的是人与动物的区别以及人类史，即千百年来人类特征演进的过程，如工具的发明和创造被视为文化演进的标志。因此，我们常常提到"旧石器时代文化"、"新石器时代文化"、"青铜器时代文化"、"铁器时代文化"等概念。

——文化作为一种描述性概念。指一个人群所积累的思想、传统、风格、技艺和工艺成果的总和。因而也指某一群体区别于另一群体的标志，成为不同文化比较和分析的基础。

——文化作为一种生活方式。指的是人们的信仰、价值观及规范，及其所体现的社会行为总和。

　　文化的共同特点是：

　　——文化是一群人所共有的集体表象和准则。文化是人类进化过程中共同创造的社会性产物，它必须是一个群体的全体成员或社会共同接受和遵循的，才能成为文化。

　　——文化是后天习得的，文化不是先天的遗传本能，而是后天习得的经验和知识。也就是说，文化是人学会如何在社会规范下，满足他自身的生活需要和社会活动需求。如果说文化是一种生活方式的话，这种生活方式就只有通过学习才能形成，因为正是文化影响着人的衣、食、住、行、交往、自卫、性满足等。

　　——文化是一个连续不断的动态过程。每一代人都出生在一定的文化环境中，并且自然地从上一代人那里继承了传统文化。同时，每一代人又都根据自己的经验和需要对传统文化进行改造，加入新的内容，抛弃不合需要的部分。所以说文化具有时代性和连续性。文化是一定社会、一定时代的产物，是一份社会遗产，又是一个连续不断的积累过程。

　　——文化是以象征符号为基础的。由于文化是在交流过程中得以传播和实现，所以它必须有一种浓缩的表达方式，易于为人们所记忆和学习，如语言、艺术、宗教等都是一种浓缩了的历史和知识，通过传播引导人们的行为合乎社会组织、社会结构的需要。

　　因此，在关注到文化是集体表象，是反映社会结构的成套的理想、价值观和准则时，却并不意味着一个社会、一个民族只能拥有一种文化，如不同的社会阶级、阶层都可能有不同的文化；人类社会均有男女之别，因而性别之间也可能存在文化差异。

　　人类社会文化发展的历程，用最简略的概括可表述为：渔猎文化→农耕文化→工业文化→后工业文化，这是一个人类自觉创造历史文化的过程。

　　衣、食是人类生存的第一需要。由于男女生理上的差别，人类早期两性在生产劳动中的分工是一种自然选择的结果。如从距今五千多年前的新石器时代（仰韶文化）遗迹的墓葬者的随葬品来看，凡用纺轮随葬的墓中就没有石镞（箭头），而有石镞随葬的墓中就没有纺轮，由此透露了两性在劳动生产中最初分工的特点。在渔猎时期，男子从事强体力劳动，女子从事缝衣、举炊、生育后代、安排生活等多项劳务。与这种原始的各尽所能、相互依存的分工原则相对应的生活方式则是以氏族共同体为生产单位和消费单位、以渔猎为主要谋生手段、以对偶婚为特征的婚姻状态。

中国到殷商时代，社会经济由畜牧业向初期农业过渡，种植业逐步成为谋生手段，一夫一妻制的家庭户成为基本的生产和消费单位。在家庭领域中分工的特点是：男子从事农耕操作，女子则从事生儿育女、操持家务，这种初期农业从总体上来看仍停留在生存农业的水平上。

从秦汉一直到明清，以男耕女织为特点的家庭经营方式一直延续下来，两千多年的封建社会，其文化亦基本停滞不进。中国人的家庭基本结构、家长的绝对权威相应延续。封建文化其根深蒂固亦世界罕见。

1640年英国发生的工业革命，开辟了人类发展的新纪元。以工业文明逐步取代农耕文明，在世界范围内已成为不可抗拒的潮流。1840年，中英第一次鸦片战争，标志着西欧资本主义文明凭借大炮轰开了中国封闭自守的门户，中国沦为半殖民地半封建社会。社会已处于新的转型时期，传统生活方式面临着新的选择，从而也直接或间接地将城市女性逼到了变革的边缘。

3.2 男性文化与女性文化

在男人和女人组成的人类社会中，从未出现过"男性学"、"男性文化"，因此，是否有研究女性文化的必要？回答是肯定的。

首先，迄今的文化是男性本位的文化。

男性与女性的区别，从第一性征（生殖腺及生殖器官）以及由此而出现的生殖作用的不同来看是显而易见的。在人类社会中，女性直接承担着繁衍后代的职责，这种先天赋予的女性责任与权利并不意味着男女社会分工差异的必然性。实质上，男女性别分工大都是在文化因素的影响下形成并巩固下来的。如男性在狩猎或农耕中掌握了一定技能，在这种领域中形成了男性的特权。继而在男性的群体交往、群体活动中又逐步把政治、法律、道德、学术等也纳入了男性的特权范围。即男性是在生活实践中努力为自己创造后天的特权——这是一种带有普遍性的模式，反映了社会文化的进步与男性特权的扩大成正比关系。而女性虽在妊娠、分娩、育儿及家务等方面扮演了重要角色，但她们的生活实践却被局限于先天赋予的特权范围。因此，文化越进步，女性的先天特权与男性的后天特权就越发难以协调发展。由此，我们也不得不正视这一事实：先进的文化是沿着男性文化这条线发展起来的。从中国两千多年的封建社会发展过程来看，男性家长权威的确立，正是以女性在家庭中从属地位的认定为前提的。所以，从表面看，似乎女性的社会分工、社会地位是受先天生理因素所决定，而深层次探讨就可发现正是由于社会经济发展，使家庭成为最基本的生产和消费单位，从而在缓慢的社会变迁中，对女性劳力资源的利用相对局限于家庭范围的生产、维持日常生活及辅助性生产劳动的格局中，似乎女性自身不是推动社会文化变迁的基本力量，而只是间接的受益者。

其次，女性文化是在男性审视标志下的文化。

从理论的角度来界定女性文化，则女性文化是女性在其自身的发展和完善过程中，通过生产实践和生活实践所创造出来的物质产品及精神财富的总和。它是由女性的特殊生理、心理结构和特殊的社会行为所构成的。同时女性文化也是女性自觉或不自觉地适应社会发展的经验、知识的积累。所以在探讨女性文化时，必须从两个方面入手：

一是，当女性主体意识尚未觉醒时，女性文化处在男性审视标准下，姑且称之为男性文化中的女性文化；

二是，女性主体意识被唤醒并逐步确立。由于这样的女性文化是建立在女性与男性平等参与社会实践活动的基础上的，其时男女按照各自的素质和能力扮演社会角色遂成为可能，并为女性发挥其积极性和创造性提供了有利条件。姑且称之为觉醒中的女性文化。

在男性审视标准下的女性文化具有以下特点：

——女性文化在男性文化的挤压下生存，其文化生存环境相对狭窄而闭塞。传统女性文化的支点就是培养贤妻良母,她们的生活空间仅局限于家庭。因此,在一定意义上讲,女性文化就是家庭文化,那些男尊女卑、从一而终、女子无才便是德等文化积淀,使女性成为生育的工具,成为男性奴役对象。

——女性文化受男性意识支配。所谓"妇为悦己者容"就是女性成为男性的审美对象,而美的观念又以男性所好为标准（最为突出的如束腰、缠足等）。

——女性文化是屈辱的、沉默的文化。在男性文化的笼罩下,女性默认了自己对男性的依附性,屈从于男性文化所强加在她们身心上的一切。更由于长期的潜移默化作用,这样的女性文化最终演变成了套在女性精神上的沉重枷锁。

3.3 中国文化与女性的关系

3.3.1 中国传统文化中的女性形象

从中国历史的发展来看,从父系氏族社会制演变为宗法制是一种社会进步,而在历史转变的轨迹中,以男性为中心的宗法制以及封建社会长达两千多年的历程,又存在着一种相对的退步——对女性的压迫。在这样的社会文化传统下,女性的社会行为、社会心理、总体素质综合表现的外在形象就烙上了深深的时代印记。

如果从女性的社会行为来区分女性形象,则大致可将之分为:贤妻良母形象,才女形象,侠女英雄形象。如果从女性的性行为来区分女性形象,又可分为:"绝代佳人"形象,妓女形象,节妇形象等。

贤妻良母型

女性的贤妻良母形象是在中国几千年社会文化传统中,经过反复实践、积累而形成的。她们在适应社会把她们置放于从属身份的生存环境下,不得不以顺应的人生态度,通过相夫教子的途径来实现自己的社会价值,客观上起着通过家庭来协调男女两性关系,为社会提供一个和谐、安定环境的作用。脍炙人口的文学文本中,有关"孟母三迁"的故事叙述孟子的母亲为了给幼子一个良好的成长环境,三次搬迁,终于培养出一位儒家的亚圣。民族英雄岳飞也是在母亲的激励下成为精忠报国的典范。至于"贤妻"那就更是时时刻刻遵循封建礼教的一整套规范做人，侍候男人，做驯服的工具。明代杨慎因反对世宗违背封建传统法规，被谪戍云南，其妻黄峨几次赴贬所安慰落难的丈夫，与杨慎共度患难，又几次回四川老家侍奉公婆，养育子女，操持家务，任劳任怨。明代女诗人顾若璞，嫁给家境贫寒且又多病的黄东生，她卖掉自己的首饰供丈夫读书，又悉心照料他的病体。但丈夫不幸早逝，从此她忍受了丧夫的巨大悲痛，挑起了繁重的家务担子，以顽强的毅力，克服了重重困难，终于把子女教育成人。这种在封建社会集勤劳、善良、智慧、贤淑于一身的贤妻良母都具有东方女性所特有的美德。

才女型

尽管传统封建社会剥夺了女性受社会教育的权利，提倡"三从四德"、"女子无才便是德"。但是仍有一些女性表现出卓越的智慧才能，被后代赞为杰出的才女，如汉代女史学家班昭，汉和帝命她续写《汉书》，她出色地完成了父兄未竟之业。汉代末年的蔡琰写作了《悲愤诗》，深刻揭露了董卓一伙叛乱给人民带来的深重灾难。晋代苏伯玉妻创作了《盘中诗》。宋代有压倒须眉的李清照，才华横溢的朱淑贞，元代有女画家书法家管道升，明代有散曲家黄峨。清代的王贞仪能诗善词，兼擅文赋，懂算术、天文、地理，通医学，能看病。乾隆时杰出的女弹词家陈端生创作的《再生缘》17卷，今人将她比作能与希腊的荷马、意大利的但丁、英国的莎士比亚、德国的歌德、俄国的普希金等名人的长篇叙事诗或诗剧媲美。嘉定道光时的女通俗小说家汪端著《元明佚史》、吴藻的杂剧《饮酒读骚》等都曾名噪一时。

侠女英雄型

在中国的小说戏剧中有不少武艺高强的女英豪，她们或女扮男装，在战场上或考场上大显身手，如古代女性花木兰替父去从军的故事流传甚广，南宋抗金名将韩世忠夫人梁红玉击鼓退金兵的故事等等；或以顽强的精神，纯贞善良的天性，自觉不自觉地通过多种方式与社会上的恶势力进行着不屈不挠的斗争，如魏晋时期的《李寄斩蛇》中的主人公李寄，《儿女英雄传》中的十三妹，《北梦琐言》中的荆十三娘。

但是，无论是女将军还是女扮男装的英雄，在经历了一番辉煌之后，都不得不重返男性给她们设定的归宿，结婚生子，再也不过问家庭以外的事了。

其他形态

从女性的性行为来区分女性形象，所谓"绝代佳人"形象是指她们为男性所追求，为满足男性欲望而生存的"美人"，《汉书·孝武李夫人传》中记载有出现于公元前一世纪前后的一首古诗："北方有佳人，绝世而独立，一顾倾人城，再顾倾人国，宁不知倾城与倾国，佳人难再得。"男性为了追求并获得性欲望的满足，不惜毁城毁国。男性所写的历史不是谴责沉迷于女色的皇帝，反而把美女作为祸首或替罪羊，唐明皇和杨贵妃的故事就是一例。

女性中有一些青楼女子，为自由地施展自己的才艺，付出了极大的代价。《全唐诗》收入的周仲美的《书壁》和太原妓的《寄欧阳詹》都是不幸女子对薄情郎的谴责。

3.3.2 近代文化为女性生存发展准备条件

1840年鸦片战争用大炮轰开的五口通商（上海、宁波、福州、厦门、广州），使长江三角洲、珠江三角洲首先受到资本主义商业文明的渗入，乡土工业的开创与重建，现代商业文明的辐射由沿海向内地延伸，其对传统农耕经济结构的冲击，客观上结束了中国自给自足的自然经济一统状态的延续，从而出现了三种基本的区域文化类型：都市、城镇、农村。都市的女性作为潜在的劳动力资源被吸纳入劳动力市场，使轻纺工业成为中国工业化的缩影，都市也成为近代中国新女性的诞生地和最活跃的中心舞台。传统意义上的城镇，资源流失，地区发展滞后，大多数女性的变化除了外形的时髦包装外，仍然是传统角色的复制。在东南沿海地区农村因人多地少，刺激劳动力向都市流动，也使女性谋生手段得到拓宽，亿万农妇开始摆脱对男性的依附生活方式，自立能力有所增强。因此，可以说都市的活力象征着女性发展前锋指向的目标，而城镇和农村的状况则反映女性群体总量改变的进程。

从近代意义上看，女性思想启蒙于戊戌维新时期。1912年中华民国成立,结束了两千多年的封建专制制度,然而深厚的封建文化传统却仍渗透于社会的多个方面,束缚着人们的思想,新文化运动的先行者们以民主和科学为思想武器,在思想文化方面向封建文化传统发动全面进攻,从而将女性思想解放推向纵深和广度发展。

从帝国到民国,一朝改天换地,女性便朝着挣脱束缚的大道迅跑。在一个新旧碰撞,由失范到重建规范的过程中,确实留下了一代女性追求和奉献的骄傲,也留下了值得思考的伤痕和遗憾,女性要从女人实现到人的转变,决非一蹴而就。

3.3.3 现代女性文化状况与女性进步

20世纪以来,女性在社会的视野中逐渐成为醒目的"物质"景观,长期被贬为男性的附属物的女性本身以"缺席"与"缄默"状态生存已逐步成为历史的陈迹。特别是1949年中华人民共和国的建立,从宪法、法律上明确写上了恢复女性人权的条文,从而把五四时期先进知识分子男女平等的思想,提升为"时代变了,男女都一样,男同志能办到的事,女同志也能办到",女性被誉为"半边天",这些对开始起步的新中国,鼓励女性冲破性别差异的束缚,争取成为真正独立自主的人,与逐步肃清封建礼教的流毒,都起了很大的作用,并给女性从文化——心理结构上带来了根本性的变化。也就是说,新中国建立后,大多数女性能在新的权力结构中找到多样化的"主体位置",女性不仅不再是外在的道义保护的客体,而且也体现出了女性内在的实力。

"文革"后的中国女性所处的生态环境、生存环境发生了更大变化,1978年以后,中国社会正在经历两个重要转变:一个是以阶级斗争为纲转化为以经济建设为中心;另一个是由传统的计划经济向社会主义市场经济转变,后一个转变更深刻,意义更长远。

市场经济按其内在结构运行,对社会化的正效应是:人们处于自主、自强、平等、竞争的空间,对改变依赖型人格为独立型人格、改变软弱型人格为智能型人格与改变封闭型人格为开放型人格起到了积极促进作用,为追求完美人格开辟了广阔天地。但是如果处理不当,也会产生负面效应,导致人对物的依赖,人对金钱的盲目崇拜，人与人之间关系的紧张或失衡。反映在近二十年中，城市知识女性在日渐宽拓的权力秩序中，开始了与男性在同一起跑线上的平等的追逐，主体意识觉醒。另一方面，更多的农村女性却仍在父权的象征秩序里喘息，在相对贫困的物质生活中为求生存而奋斗。大批的青年女工在没有工会保护的三资企业里遭受跨国资本及其买办的欺辱和剥削。因此，现代女性文化仍然是有层次性和差异性的，但就其形式和内容来看，已渐趋于成熟。

综上所述，20世纪的中国社会处于动荡、变化、转型过程，东西文化的碰撞、新旧文化的冲击时隐时显。作为人类文化，是男、女两性共同创造的，在男女都享有平等受教育机会与平等就业机会的市场文化中，女性要关注提高自身科学、技术、文化水平，才能适应持续发展的需要。

文化从来都是具有继承性与发展性的，女性文化的发展要在认真对传统女性文化的分析研究中，区别糟粕与精华，使精华部分剥离出来，服务于现代女性文化建设。同时，吸收西方文化中的合理成分为我所用，但绝不全盘效法。

近代中国女性迈出了从女人到人的第一步，但女性群体仍然无法很快地摆脱传统文化的制约。女性群体的文化素质不高，就业较普遍地集中在非技术型的层次，这肯定会制约她们未来发展的潜在可能和生活的改善，因此，一方面应该对社会转型、文化发展的长期性、艰巨性有足够的认识，更重要的是坚持不懈地唤起与帮助广大女性关注自己、关注女性群体，以自尊、自强、坚韧、勤奋、无私无畏的精神，为树立女性群体新形象而奋斗。

第四节　女性与道德伦理

道德伦理是人类社会特有的一种综合现象。在人类社会中，随着社会经济的发展和生活中的人际交往形成了人们普遍认同的行为规范。这种出自于人类主观需求和客观需要而形成的行为规范即道德。在我国，道德一词主要指各种人伦关系中的个人品质、行为规范，它与专指人伦关系和次序的伦理一词有着细微的区别，但在论及人的社会规范方面其含义则基本上是一致的，故将道德伦理纳入同一范畴。

4.1 一般理论

人类产生后，道德也随之萌生，并随人类自身的发展完善和社会的发展进步而不断充实和完善。

4.1.1 伦理道德以实践为源泉

伦理道德作为意识形态，作为人们之间的一种思想的社会关系，是社会物质生活在人们头脑中的一种特定的反映形式，即以善恶评论的方式作出反应。从道德的功能来看，它是通过社会舆论，以善恶评价的方式来调整个人与个人之间、个人与社会之间相互关系的标准、原则和规范的总和——体现了这些标准、原则和规范的就被视为有道德的行为。

首先，由于生产活动和社会交往活动导致人们利益上的分化和矛盾，从而造成了伦理道德发生和发展的客观必要性。也就是说，在社会实践之外，就无所谓人们之间的社会关系，也就不会产生要调整人与人、人与社会之间的关系问题。

其次，伦理道德大体上可被划分为：认识因素和评价因素，它们都是社会经济、政治等关系在道德意识上能动的反映。人们通过社会实践形成了对社会发展的本质和规律的一定认识，也形成了道德评价的基础，因此，道德评价的善恶标准也只能来源于实践。

第三，道德只有通过人们的实践转化为社会的、个人的道德实践，实实在在地把道德体现在人们的行为规范中才能起到调整人们之间社会关系的作用，所以道德本身就具有强烈的实践性。

第四，纵观几千年的人类历史，从道德的核心内容到整个体系来说，每一个历史时代，每一个民族都有其特定的道德观念和规范，不可能有适用于一切时代的道德。正是人们的社会实践才使得人类道德不断发展变革和完善。

4.1.2 伦理道德的继承和发展

一个民族、一个社会的伦理道德传统不是一成不变的，而是不断发展，不断丰富着自身的内涵与外延。这种传统并不仅仅是一个管家婆，只把她所接受过来的东西忠实地保存着，然后毫无改变地传给后代。它并不是一尊不动的石像，而是生命洋溢的活体，犹如一道洪流，离开它的源头越远，它就变得愈加宽广。

所以，传统的伦理道德应该是"传"下来的东西，那些没有流传下来的，或者失传的东西就不成为传统。但传下来的东西——传统的伦理道德是在社会变革、发展中体现连续性的东西，是作为历史与现实之间的一种联系，而且它实际上是制约着现代人的思维方式和行为方式的东西。也就是说，道德规范中，那些经过社会发展检验，适应了社会发展的客观需要，为人们世代相承袭的行为规范，才能作为传统得以流传。只有在社会实践中才能提供区分传统道德中的精华或糟粕的客观标准。

由此，我们也可以把道德看作社会事实，它超越个人心理，融于个人感情和观念之中。道德依赖集体意识而存在，并随着集体意识的理想价值而发展。

4.1.3 女性与伦理道德的关系

不论在中国还是在外国，由于女性在一定的社会中所处的地位、所发挥的作用与男性不同，所以规范女性的伦理道德早已存在，且不断地发展着，从而形成了独特的道德形态。最具有典型意义的中国古代的"三纲五常"、"三从四德"，是封建统治者用来统治人民、压迫女性的伦理道德的理论核心。被奉为女性经典的四部"圣书"：东汉女历史学家班昭所写的《女诫》、唐朝陈邈之妻郑氏写的《女孝经》、唐代才女宋若华写的《女论语》和明代仁孝文皇后写的《内训》，在宣扬封建伦理道德，塑造卑弱、屈从、逆来顺受的女性形象中起着极其深远的影响。纵然众多的劳动女性在社会发展进程中也形成了朴实、善良、勇敢、勤奋的风格，在传统家庭中，长期共同生活萌发的自然感情，往往使父子间、兄弟之间、夫妇之间、长幼之间产生一种依恋和关切，但从总体上来看，关于女性的伦理道德却都是压抑、束缚和禁锢女性精神的枷锁。因此,要实现女性的彻底解放,获取与男性一样的社会地位,一个极其重要的任务就是要清除旧的女性伦理道德观念的影响,只有这样才能建立起适应于社会发展的女性伦理道德观。

研究女性伦理道德,可以从理论、方法上给女性提供自觉抵制和摒弃深浸在封建主义深处的残余思想,增强分辨是非善恶的能力,摆脱眼界狭隘、思想保守、依附习惯,拓展女性对伦理道德认识的深度和广度,将女性零散的、浅层的道德观念上升到系统的、深刻的、全新的高度,以推进女性伦理道德水平上一个新台阶。

旧传统设定的理想女性人格、女性价值目标、女性道德行为方式都是通过评价、教育、修养的过程来进行强化的,其目的、准则都是以牺牲和束缚女性为起点,直接损害女性的人格,将女性引导至非人的价值方向。

女性伦理道德是一定社会中女性道德实践的产物,因此,科学地总结女性道德实践经验并使之上升到系统的理论体系,再用这个理论去指导女性的道德实践,从这一意义上讲,女性的道德观念对女性的道德活动起着决定性作用。它有利于调整和解决女性生活中各个领域、各种情境中道德规范和行为的矛盾和冲突,对各种行为选择的道德标准的确立也能起到指导作用。

4.2 现代实践

4.2.1 社会转型期伦理道德观点剧变的必然性

1980年,阿尔温·托夫勒在他的名著《第三次浪潮》中提到:"今天,人类经历两次变迁的巨浪,每一次巨浪都淹没了旧的文化或文明并代之以旧文化、旧文明不可想象的崭新的生活方式。变迁的第一次浪潮——农业革命——用了几千年时间才完成了这次变迁。第二次浪潮——工业革命的兴起——至今才三百年的时间。今天的历史发展更加快速。第三次浪潮可能在短短的几十年里席卷世界。我们正好生活在地球的剧变时刻,因而感受到第三次浪潮的全面冲击……,第三次浪潮会对每个人产生影响,它会使家庭四分五裂,经济摇摆不定,政治制度瘫痪,价值观念崩溃。"

现代人类正生活在这样的社会背景下。具体地说，现代工业的迅猛发展，高科技化、信息化、计算机、机器人、网络化及其他突破性的科技等，使得我们的生活方式和生活模式也正发生着一次变迁，从总体上看我们的生活质量有明显提高。但也正是这个时代，快速的变化，给原有的习惯、信仰、价值观，原来的道德规范等带来了冲击，从而不可避免地给社会带来了在思想、行为、道德方面一定程度的失范。因此，结合现代女性的生活实践进行理性的审视，将是十分必要和重要的。

4.2.2 现代中国人面临的道德困境

有人分析，中国人在走向现代化历史过程中存在着"意识危机"，它着重表现在三个方面：首先是"道德迷失"，即原先行之有效的儒家伦理准则已经受到多次批判，不足为范，而新的道德律令又尚未完全建立起来。其次是"存在迷失"，即内圣外王的人生境界已被认为不合时宜，那么，个人到哪里去寻求存在的意义？第三是"形上迷失"，即精神追求被物欲所替代，对于世界的终极意义只能表示令人难堪的沉默。也就是说，现代化是一个世俗化的过程。它所致力发展的科技进步、商品经济、民主政治、开放社会、人的全面发展都是实现人的存在价值的"形而下"的手段和过程，而不是人的存在价值的终极目的。如果把人的全部生存意义全部倾注于世俗生活，不能在理想与现实之间保持一定距离，就会出现现代性精神迷失。这也就是日常生活中可见到的：人们那么浅薄，急功近利，斤斤计较，满足于有限的、眼前的成就，精心于营造世俗性的安乐窝。所以，现代中国人生活在新旧道德的历史嬗变期，承受着新旧道德的冲突，一面被新生活所诱惑，一面又被旧心理所制约，而陷入无法回避的道德困境。

（1）道德评价失范。人们对高尚道德行为、优秀道德品质、崇高的道德理想产生敬意，对卑下行为、庸俗品质、低级兴趣引以为耻。在道德价值整合度较高的社会文化环境中，判断荣辱、善恶、美丑、高尚卑俗等等，是如此一目了然。人们能够根据内心的伦理心境毫不费力地作出为多数人都能普遍接受的道德选择和价值判断。

而在道德转型的过渡时代，人们受到双重标准或多元标准的影响，似乎哪一种标准都有一定的"合法性"，而在任何一种标准背后，又都可以找到反向标准，它同样具有合理性。从而使得当今的道德评价变得模棱两可，陷入自相矛盾的窘境。

（2）价值取向紊乱。在双重或多元标准的社会评价系统中，任何一种活动、一种行为、一种现象都会因价值标准不同而得到不同的评价。而一旦评价失范就必然会导致道德选择迷惘和价值取向紊乱，就像《围城》里讲的，里边的人想往外冲，外面的人想挤进去，价值取向紊乱严重地干扰了人们的敬业精神和工作质量，使各种社会工作效率低下。

（3）多种多样的非道德主义泛滥。非道德主义指反对任何道德约束，主张放任自流，用虚无主义来对待社会提倡的道德理想和行为规范。一般说来，历史上非道德主义往往出现在社会结构大变动的时代。在现代化变迁中，人们的伦理精神正在发生历史性的嬗变，传统道德约束相对松弛，非道德主义在一定范围内开始抬头和泛滥。社会越轨行为和失范现象时有发生，给社会生活和个人带来严重危害。

（4）社会道德控制机制削弱。社会道德控制一是要有强有力的社会舆论监督，二是要有每个社会成员的自觉自律，由于处于道德价值观的新旧交替之际，双重或多元的价值标准，缺乏权威性的道德理想，好人好事得不到社会赞赏，坏人坏事又受不到应有的社会谴责。社会将因之而陷入无法解脱的道德困境。

（5）道德教育扭曲变形。道德品质是后天培养的结果，道德教育是根据社会需要和人类文明的历史走向，对社会成员进行关于道德观念、道德规范、道德理想等方面的教育，以培养和形成高尚的道德品质，进而影响人们的道德活动。由于社会存在着双重或多元道德标准并存的现实，使道德教育内容往往缺乏一致性和稳定性。如现代学校教育一方面进行爱国主义、集体主义教育，一方面又把斤斤计较的市侩习气带给学生。家庭教育中，父母一边注意培养子女的独立性格和爱劳动、爱他人的品格，另一方面又不知不觉地把自私自利、依赖他人的消极品质带给了孩子。正是道德教育的理想性与现实生活中不道德行为之间的巨大反差使得道德教育流于形式，甚至助长了受教育者的逆反心理，对道德产生排斥和抵触，从而也降低了道德教育的水准和影响力。

4.2.3 道德困惑氛围中的现代女性

社会发展与道德状况是两个完全不相同的概念，尽管两者之间存在某种"相关"的联系。

所谓社会发展是指社会向前推进的现象和过程，是社会从一种社会形态向另外一种更高级的社会形态过渡，它是一个社会的经济、政治、文化、思想等综合协调的产物。其中最重要的标准就是社会生产力水平是否得到了提高，国家的综合国力是否得到了提高，人民的生活水平是否得到了提高。而社会道德是一种社会意识，用之于调整人与人、人与社会之间关系的行为规范。然而，社会发展与道德状况之间的关系并不一定都呈正相关，有时在社会发展的某一阶段也会出现生产力发展了而道德情况却后退了的情况。

现代女性面对道德衰退的现实，需要有清醒的认识。应该说，新中国的建立，为女性解放和道德进步奠定了坚实的基础，开辟了广阔的道路。当前出现的道德衰退对女性影响的严重性是必须正视的客观现实。首先，来自残存于社会的传统道德观念对女性的偏见和苛求，说明男女事实上的不平等依然存在，而且不是短时间能解决的问题。其次，社会上还有相当一部分人（包括女性自己在内）习惯于把贤妻良母、顺从丈夫、操持家务、温柔美貌作为评价女性的标准，女强人成为"不像女人的女人"的代名词。第三，现实生活中，还有相当一部分男性不乏大男子主义及其各种变相的表现，如从择偶观上来看，许多男性对求偶的要求都是学历比自己低，结婚后一旦妻子在某一方面超过丈夫，就会引发家庭不稳定或关系不牢固。男性在市场经济的大海中"暴发"了起来，一旦"穷得只剩下钱"之后，精神就变得异常空虚，往往将填补自己灵魂空虚的对象定位为女性，尤其是只有姿色的女性。第四，还要重视女性头脑中存在的传统道德观念对自己的压抑和束缚。几千年来封建制度造成女性心灵的自卑，她们自觉或不自觉地在行为上表现出很大的依附性和惰性，缺乏自尊自强的坚韧意志，从而也影响到自身的解放和道德的进步。

4.3 影响分析

4.3.1 现代伦理道德观念的发展和选择趋向

从中国现时所处的社会历史阶段的性质和时代主题的认识出发，现代中国正处在由传统文化走向现代化的过渡时期，所以，这一历史时期的主题是全方位的社会现代化。因此，我们的道德选择与伦理道德的重建就是确立现代化的价值目标，也就是说，我们所要建立的是与现代化价值目标一致的，实现现代化需要的并能促进其发展的伦理道德。

建立这种伦理道德的原则可以概括为：

（1）整体价值与个人利益的统一。

中国传统伦理道德中，在协调处理个人与社会关系时，强调树立群体意识、整体意识。儒家创始人主张"因民之所利而利之"，并告诫世人"上下交相利而国危"。就是说，如果全国都追逐个人利益，国家就会灭亡；全国上下都以群体利益为重，国家就能兴旺。当个人利益与群体利益发生矛盾时，则要"舍生而取义"，即牺牲个人利益来保证群体利益。这是一种朴素的整体价值观，在社会主义市场经济条件下，仍有其积极意义。

市场经济承认人的个体价值观，有助于强化人的个体意识，增强人们的自立、自强精神，但也容易使人倾向于以自身利益为出发点和归宿。当个人利益与群体利益发生冲突时，就可能牺牲整体利益而保护个人利益，由此而产生本位主义和极端利己主义，从而破坏社会的稳定。因此，在社会主义市场经济条件下，必须做到个人、集体、国家利益的统筹兼顾。一方面国家集体要尊重关心个人的正当利益，为个人价值的实现创造条件；另一方面当个人利益与群体利益发生矛盾时，则要以整体利益为重，个人利益服从整体利益、社会利益。这样的价值观才符合社会主义道德观。

（2）仁和友爱与勇于竞争的统一。

市场经济是竞争的经济，市场经济活动的主体只有积极参与竞争才能谋得生存和发展。但社会主义市场经济下的竞争只是手段而不是目的,讲公平合理而不讲尔诈我虞;讲互惠互利而不讲弱肉强食;讲共同发展而不讲你死我活。如果有人把竞争的功利原则推广到一切领域,一切都以经济利益为准绳,只讲交易,不讲友谊,只顾赚钱,不顾道义,则必然会造成人与人之间的互不关心、互不信任。因此,讲竞争也还是要讲道德、讲和睦、讲仁爱。我们强调参与主体自强不息、刚健有为的敬业精神,同时也要发扬厚德载物、团结互助的凝聚精神,提倡事业上的人人竞争、生活上理解宽容的现代人际关系。尊重自我理解他人,力求使个人生活的多样性与社会团体的求同性相结合。

(3) 义与利的统一。

义就是道义、正义。利就是个人的名誉、地位、权力、金钱、财富等等。如何处理义与利的关系是道德问题中的一个永恒话题。目前市场经济求利盈利法则,极易使人见利忘义,把金钱、利润作为人生追求的惟一目的。正确的做法是使义利统一起来,必须在不损害集体和社会利益的前提下,做到利己而不损人,既获利又不损德,尽力做到使外在的实用功利与内在的道义圆满相一致。

(4) 艰苦奋斗与正当享受的统一。

一部中华民族史就是炎黄子孙为民族的生存、发展而艰苦奋斗、自强不息的历史,这种传统美德今天仍值得提倡。但随着人民生活的不断改善,少数人滋长了一种不健康的享乐主义心态,以挥霍来显示自己的存在价值,把追求奢侈享受作为人生价值,"重物质,轻精神",不仅会丢掉艰苦奋斗的好传统,也会使社会秩序和运行产生十分尴尬的局面,所导致的后果必然是道德的混乱和社会的失控。

这种伦理原则是符合社会进步促进社会发展的,也代表了女性的利益与追求。

4.3.2 提高女性道德素质的途径

女性道德意识和女性道德行为在一定意义上说是女性在精神生活中的自觉追求,在改革开放、社会转型进程中,加强女性的道德修养,提高女性的道德素质和道德水平,实现女性的人格完善,才能造就符合于时代需要的一代新型女性。

女性道德素质的要求,也就是现代女性应有的精神风貌:自尊、自爱、自重、自强。它首先肯定女性与男性一样是一个独立的道德主体,具有自己的道德意识、道德感情、道德意志和道德信念。女性应认识到自己是社会的主人,自觉地冲破旧的传统观念的禁锢,深化自我价值和道德主体观,使自身的道德意识、道德素质得到发展和提高。

女性要冲破自我,超越自我,树立自信心,把自己的人生价值的实现引向社会事业,在社会工作中,奋发有为、锐意进取,珍重自己的权利、自己的人生、自己的才智,顽强地显示、发展自己;在社会实践中,以自身的实力来赢得社会的尊重。女性有女性自己的特点、自己的个性,她们既需要丈夫儿女,更需要自身的独立和自己的事业。因此,应该正确认识男女间的互相联系和互相帮助,克服对男性的过多依赖,树立起自信心,将更多精力放到实现自己对社会和事业的责任上来。

女性要有意识地塑造自己博大的胸怀,确立远大志向,才可能有自尊和自重,并要以自强不息的精神和毅力,加倍勤奋地克服某些劣势。

女性道德素质要得到提高,关键还在于要努力学习。知识不等于道德,道德也不等于知识;知识不一定能转化成道德,而较高的道德素质却往往以知识为条件。多少世代的女性被排除在科学的门外,她们无知、无识,失去了作为一个独立主体存在的价值,无法作出道德选择,也难以承担自己的道德责任。现代社会的女性获得了受教育的权利,但获得知识并不是一件容易的事,而是一个艰辛的历程。目前,从总体上来看,女性的科学文化素质还是比较低,她们的知识修养还很不够,这是造成女性道德素质不能令人满意的一个重要原因。女性只有努力学习,以科学知识来武装自己,才能真正懂得男女平等的根本道理,提高道德素质,充分发挥个人的聪明才智,获得成为强者的力量,才能适应时代的挑战。女性也惟有志存高远,才能勇于追求知识、勇于创新,才能使自己在多个方面,尤其是在道德素质上,达到一个理想的水平。

第五节 女性与婚姻家庭

婚姻、家庭是人类社会永恒的主题。婚姻家庭是人类社会发展特定阶段开始产生的一种社会形式。

婚姻是指男女两性依一定的法律、伦理和风俗的规定所建立起来的夫妇关系和行为,是家庭成立的标志。婚姻一般具有两大特点:(1)婚姻是社会公认的合法的两性结合,过夫妻生活;(2)婚姻的目的不仅是过合法的性生活,而且有共同承担生养抚育子女的义务。

家庭通常是指由婚姻关系、血缘关系或收养的纽带组成的社会生活共同体,各以其作为父母、夫妻或兄弟姐妹的社会身份相互作用和交往,创造一个共同的文化。家庭的主要职能是生产、生育、消费和教育。在不同的社会中家庭职能会有所变化,其职能的表现形式也不尽相同。

5.1 婚姻制度演进中的地位

女性的地位受到许多因素的影响,婚姻制度的变化对妇女地位的影响较为直接。婚姻制度的变化有着悠久而复杂的历史,由此而产生的妇女地位状况也呈现出与之相适应的变化。

5.1.1 婚姻家庭演变的历史形态

学术界对婚姻家庭演变的形态一直有不同的看法,但通常认为经历了四种家庭形态:血缘家庭、普那路亚家庭、对偶家庭、一夫一妻制家庭。

(1)血缘家庭。在原始社会的旧石器时代,人类经过长期生活经验的积累,认识到不同年龄人的生理差别,在内部逐渐地形成了按辈份划分的婚姻,即年龄相近的青壮年兄弟姐妹互相通婚,排斥了上下辈之间的婚姻关系。这时,姐妹是兄弟的共同妻子;兄弟是姊妹的共同丈夫,夫妻都有共同的血缘。血缘家庭是一个独立的生产单位,又是一个独立的生活单位。

(2) 普那路亚家庭。普那路亚来自夏威夷语 PunaLua，即"亲密伙伴"之意，这种婚姻家庭形式最早发现在夏威夷土著人那里，共妻的一群丈夫互称为"普那路亚"，共夫的一群妻子也互称"普那路亚"。这种婚姻家庭制度是群婚发展的典型阶段。正是在原始社会发展到中、晚期，生产力水平的提高，人类的居住地相对稳定下来，同时由于人口的繁衍，一个血缘家族不得不分裂成几个族团，于是便产生了各族团之间的通婚。更由于人们进一步认识到族外通婚对后代体质发育有益而形成了同母所生子女间不应发生性交关系的观念，于是家庭内部开始排除兄弟姐妹的婚姻关系，实行两集团之间的群婚，这就是"普那路亚"的家庭形式。

(3) 对偶家庭。这是原始社会母系氏族公社时期的一种家庭形式。这种家庭由一对配偶在对偶婚形式下结合而成，所生子女属于母亲所有。对偶婚姻家庭在氏族公社内不是一个独立单位。家庭内男女平等，共同照料子女。男子和女子一起劳动、消费，世系仍按母系计算，对偶婚的结果给家庭增加了一个新因素，除了生身的母亲之外，又明确了生身的父亲。

(4) 一夫一妻制家庭。这是一男一女结为夫妻的婚姻和家庭形式。它产生的动力源于财富的增加和想把财富传给子女，即合法继承人是由配偶所生的真正的后裔。一夫一妻制家庭与对偶家庭相比，有两大特点：一是男子的统治。男子在家庭中掌握了经济大权，从而形成对妻子的绝对统治权；二是婚姻的不可离异。一夫一妻制家庭较对偶家庭要牢固、持久，双方不能任意解除婚姻关系。

一夫一妻制家庭在奴隶社会、封建社会、资本主义社会和社会主义社会等不同的的社会形态下，有着不同的表现形式。

5.1.2 封建社会的婚姻制度与妇女地位

距今 4000 年前的远古时代，缺乏纪实性的婚姻家庭情况记载。但通过有关的神话和传说可以了解一些远古时代可能的婚姻家庭特点：血缘群婚和知母不知父。女性在这种婚姻家庭中可能是较为稳定和核心的部分。在我国，夏、商、周时代的婚姻是由父权制大家庭向一夫一妻个体婚制演进和形成的过程。当时平民阶层的社会地位和经济状况是决定他们普遍实行一夫一妻制的重要原因,而贵族则实行一夫一妻多妾的婚姻。只有男性才可能具有当时家庭中家长的统治地位。家长身份的取得,是按照嫡长继承制来确定的,这就有效地保证了宗法等级制度的实施和沿袭。《礼记·郊特牲》中说:"妇人,从人者也"。这就将女性排斥在继承序列之外。这些事实构成并促使"男尊女卑"、"重男轻女"等性别歧视的观念越来越强烈。

随着中国封建社会的发展,"父为子纲"、"夫为妻纲"和"君为臣纲"共同成为封建社会婚姻家庭生活中的准则。这在秦汉至唐的历史时期表现得淋漓尽致。

宋元明清时代的婚姻家庭与以往历代都有所不同。一夫一妻制在不同的阶层中有不同含义。在统治阶层,实际是一夫一妻多妾制。而在平民则严格遵守一夫一妻制,而且对妾制引入平民一夫一妻制有着道义上和法律上的严格要求。尽管中国封建社会在向中晚期转变的过程中政治经济上都有很大的改变,但妇女的地位仍然很低,婚姻家庭制度对妇女的迫害程度也日益加重。典妻的陋俗和普遍存在的童养媳习俗是当时对妇女进一步奴役的表现。

总之,中国封建社会的婚姻女性,成为社会的牺牲品。在欧洲的情形也基本如此。

5.1.3 资本主义社会的婚姻制度与妇女地位

在资本主义社会中,尽管资产阶级追求的"自由、平等、博爱"对封建社会的婚姻制度的改革起到了一定的作用,但封建社会的婚姻制度仍然在资本主义社会的婚姻制度中有所体现。资本主义社会的婚姻制度取消了封建社会的包办婚姻,而主张婚姻自由和一夫一妻制。但是,其时的一夫一妻制并不是真正完全的一夫一妻,而是以一种变相的形式保留了封建社会的一夫多妻制。在公开的一夫一妻制的背后是隐蔽的"公妻"现象:嫖淫、诱奸、通奸等。这种一夫一妻制与公妻制并存的资本主义社会婚姻制度对妇女地位也产生了很大的影响。一方面,资本主义社会的婚姻制度打破了封建社会的婚姻不自由对妇女的约束,使妇女可以自由择偶和自由离婚。但由于"公妻制"的存在,对妇女身心健康的影响是非常严重的。"未婚先孕"和"未婚同居"等给妇女所带来的身心上的负面影响远远大于男性。

5.1.4 社会主义社会的婚姻制度与妇女地位

社会主义社会的婚姻制度是在社会制度和法律保护下的真正的一夫一妻制。社会主义社会的一夫一妻制与以往的一夫一妻制的根本区别是追求男女平等。它的重要内涵有五个方面：

(1) 婚姻自由，提倡以爱情为基础的婚姻。
(2) 坚持法律保护的一夫一妻制。
(3) 实行夫妻平等的家庭婚姻关系。
(4) 夫妻具有平等的性权利和生殖权利。
(5) 禁止通奸、卖淫和非法的婚外性行为。

从社会主义社会的婚姻制度可以看到，妇女的权益受到充分的保护，在婚姻和家庭方面妇女地位的提高得以充分的体现。当然，现实状况与制度原则还有不同程度的距离。

5.2 家庭结构变迁中的作用

5.2.1 家庭结构的含义

家庭结构是指组成家庭的各个成员之间稳定的相互联系。

家庭结构实质上也就是家庭人际关系，是指家庭中人与人联系的模式。总的来说，家庭成员之间的关系可以统称为亲属关系，亲属是因血缘、婚姻或收养而发生关系的人们，包括直系血亲、旁系血亲、直系姻亲、旁系姻亲以及由收养而产生的亲属关系，可以分为三种最基本的关系：

(1) 姻缘关系。指由婚姻所结成的一种没有血缘，只有姻缘的夫妻关系。夫妻关系在家庭中处于主体和核心的地位，也是家庭中的第一种关系，由夫妻产生亲子关系，然后产生出家庭中的其他关系。相对于血缘关系来说，夫妻关系不像父子、母子、父女、母女等关系那样具有稳定与不可改变性，它可能会随着感情破裂而破裂。

(2) 血缘关系。是由血统为依据结成的一种亲属关系，按这种关系的层次来分，血缘关系包括父子、父女、母子、母女关系，兄弟姐妹关系，祖孙、外祖孙关系，曾祖孙、曾外祖孙关系等几个层次。因收养，虽无血统关系，所产生的与上述几种血缘关系相类似的关系，也属于血缘关系。血缘关系中除兄弟姐妹关系外，都属于上下辈之间的关系，与姻缘关系中的平辈关系不同。血缘关系在家庭结构中有着重要地位。

（3）非姻缘、血缘关系。如婆媳关系、公媳关系、岳婿关系等，这种关系既非直接的血缘关系，也没有间接的姻缘关系，而是按照风俗习惯相称的父女、母子等称谓，婆媳关系在这种关系中处于重要地位。

其他还有诸如连襟关系、妯娌关系、兄嫂关系和叔嫂关系等，均不构成家庭中最基本的关系。

5.2.2 家庭结构的类型

家庭的类型就是指家庭结构的整体模式。依据不同的家庭特点及其变动的内在规律，从不同角度（如自然结构、经济结构、伦理道德、居住状况等）对家庭结构进行分类，结果可以得出多种多样的家庭类型。目前从我国的现实情况来看，家庭类型主要包括：

（1）单身家庭，即一个人组成的家庭，根据单身的婚姻状况，分为未婚独居，离婚独居，丧偶独居。

（2）残缺家庭，在家庭中没有一对完整的夫妻关系存在，如有同代残缺、二代残缺、多代或隔代残缺。

（3）有配偶家庭，以配偶组合为主要特征的家庭。依据子女状况可以分为未育配偶、核心配偶和空巢配偶等。

（4）扩大家庭，由两个或两个以上的核心家庭所组成的家庭。依据增加的代系情况可分为异代扩大和同代扩大家庭。

当然，还可以按照其他标准来划分家庭类型。

5.2.3 家庭结构变动原因及发展趋势

家庭结构的变动受社会制度、社会传统观念及家庭经济职能等变化的制约和影响而发生变化。从我国的情况来看，家庭结构变动有两个明显特征：由代际层次较多向代际层次较少、由类型较复杂向类型较简单的方向发展；有配偶及其未婚子女的家庭明显增多。

从1982年、1990年第三次、第四次全国人口普查资料中的家庭结构类型来看：

（1）一代户、二代户家庭占明显优势，是当前家庭类型的主体，也反映出核心家庭在中国十分普遍，是中国当前家庭结构类型的主要模式。

（2）三代户家庭（扩大家庭）仍占一定比重，全国第三、四次人口普查的统计分别为18.8%和18.4%，反映出随年代的变迁，三代户家庭仍保持相对稳定，升降幅度不大。但从实际情况看，过去的三代户多数是子女加入父母家庭，掌管家庭的仍然是父母，它是主干家庭的扩大，现在却往往是子女结婚后独立门户，再接父母来同住，掌管家庭的是子女，所以这样的主干家庭已不是原来意义上的主干家庭，只不过是形式上的主干家庭了。

（3）单身家庭从统计数字看，也在变动中，全国第三、四次人口普查分别为8.0%和6.3%，与西方发达国家相比就低得多，如美国（1980年）为22.7%，加拿大（1986年）为21.5%，法国（1982年）为24.6%，瑞典（1980年）为32.8%。值得注意的是，近些年来，我国离婚率有上升趋势，据有关资料统计，1998年的离婚率是1980年的2.8倍左右。因此，单亲家庭增长现象应引起我们的关注。

家庭结构变化的根本原因还在于受生产力发展的制约，现代西方国家中，在工业化水平不断提高的同时，家庭不仅仅将众多的旁系血亲排除在外，即使在直系血亲的几代人当中，也逐渐由父母加上未婚子女构成的"核心家庭"取代几代人同堂的扩大家庭，我国从80年代以来社会经济发展向市场经济转轨，计划生育政策的实施，传统人生观、生育观的转变，都在直接间接地促使家庭结构小型化、简单化。这是就家庭结构发展的总趋势而言，它并不排除在一定时期还呈现出起伏变化，如80年代中，农村推行家庭联产承包责任制，农村家庭恢复了生产职能之后，出于生产与家庭劳动力的需求，给家庭结构增添了一种"合力"，使一些尚未分化的扩大家庭开始滞缓分化；亦出现按血缘关系更新组合的现象。家庭结构在总体上变小的情况下，仍然会有几世同堂的大家庭、多种形式的扩大家庭的存在，所以在我国的家庭结构转变中，三代户家庭仍占有一定比例这一事实,不会瞬息即逝,也就完全可以理解了。

5.2.4 家庭结构的变动对妇女作用的影响

不同的家庭结构反映了妇女作用的差异。在家庭结构变动的过程中,妇女作用也随之发生变化,大致可以分成以下几种情况:

(1) 在核心家庭中,妇女作用的发挥比其他家庭类型更重要。因为在核心家庭中,夫妻是家庭的核心,夫妻感情支配着家庭的存在与发展。妇女则比在大家庭中有更多的机会来参与家庭事务的决策,从而也有利于妇女自身的发展。

(2) 在主干大家庭中,由于代际层次复杂,人际关系也相对复杂。所以妇女除了受到同代家庭成员之间较大的相互牵制外,还受到了不同代际的家庭成员的牵制。妇女在家庭中的决策权较薄弱,特别是年轻的妇女,几乎没有家庭决策权,更难谈到她们的自身发展。

(3) 妇女作用在家庭结构变动中所发生的变动,不仅受家庭类型和家庭规模的影响,同时也受社会经济的影响。同样的家庭类型和规模,在社会经济发展不同时期,妇女作用也不尽相同。在经济条件较为恶劣的情况下,妇女往往要作出更大的牺牲。

(4) 社会公共政策也会对妇女在家庭结构变动中的作用产生影响。随着社会的发展,家庭发展的趋势是向核心家庭的方向发展,但由于养老保险、社会保障、人口政策等因素的影响,妇女在这种小的核心家庭中所要充当的角色更多。

(5) 离异单亲家庭中作为单身母亲的女性常常是获得对孩子监护权的一方。社会上,强烈地支持"子女由母亲抚养比较好"的观点,女性本身也有怕失去母亲角色的忧虑,尽管有时她们也意识到获得监护权并不适宜。女性居主导地位的单亲家庭受贫困干扰仅仅是问题的一面,实际问题要复杂得多,这种家庭往往避开邻居、朋友、学校和她们原来的生活圈子,同时母亲还要感受孩子带给她们的种种麻烦。

5.3 现代变革中的角色

现代婚姻家庭制度发生的巨大变化,对社会结构、社会功能和人类生存产生了极大的影响，对女性生存状态、生活方式与角色定位的影响更是深远的。

5.3.1 80年代以来婚姻家庭关系的变革

80年代以来，中国婚姻家庭关系产生了若干鲜明的变化：

——传统婚姻模式（"先结婚、后恋爱"）向爱情婚姻（"先恋爱、后结婚"）模式转变。

在"男大当婚，女大当嫁"的习俗影响下，我国社会普遍存在的婚姻模式还是很传统的，80年代以后，相当一部分青年对婚姻的期待已超越了性、经济或生儿育女，而是为了满足心理的需求，需要伴侣友谊和感情上的寄托，追求的是浪漫的恋爱，共享人生之乐和获得幸福。

——传统型家庭模式（生儿育女的封闭空间）向开放型的现代家庭模式转变。

目前，已有相当一部分青年开始把婚姻看成是一个人成长和完善的手段。他们期望不仅仅有可靠的伴侣，共同拥有一个相对安全的家庭基地，过一种舒适的生活，而且还积极寻找双方共同发挥潜能的机遇。

——家庭轴心从"父为子纲，夫为妻纲"向夫妻平等的现代生活模式转变。

在现实生活中，婚姻中平等的性别观念日益成为人们的共识，包括丈夫和妻子在经济、持家、抚养子女等方面的合作，家庭事务抉择的平等权利以及性行为和性满足方面的和谐关系等。

——在家庭结构上，从追求多子多福向个人自由选择转变。

为了追求生活质量而选择不育、离婚、分居、独身等生活方式的人数增多，社会对这些现象不再只是非议，而开始转变为理解、宽容。

变迁中的家庭结构、功能对女性角色的影响是直接的。

首先，非常明显的变化是70年代末及80年代初组建的家庭中子女数量减少。70年代末传统的家庭子女数量大都已减少到3—4个，80年代为2—3个，90年代已接近世代更替水平（2.1—2.2

个),延迟生育期甚至作出不要孩子的抉择,均已成为社会可接受的一种生活模式。女性养育孩子的负担有所减轻。

其次,女性参与社会工作成为职业女性,在养育子女中的作用减弱,随着母亲就业率的上升,"脖子上挂钥匙"的孩子数也在上升,与传统家庭中的父母对孩子的影响相比,全日制工作的父母能花在孩子身上的时间是要受到许多限制的。

再次,改革开放、市场经济推动了人口市场,农村成年未婚女性加入流动人口大军,受城市文化影响逐渐接受晚婚晚育、少生优生的观念,生活方式发生改变,"分而不离"的家庭增多。迁移的事实又使家庭规模受到制约。在大量农村男性出外务工的情况下,留守在农村的女性就被推上了"一家之主"的地位。

5.3.2 计划生育对女性地位的影响

计划生育对妇女地位的改变起到了至关重要的作用。

(1) 计划生育对妇女从家庭中解放出来的意义

妇女解放是社会文明的标志。妇女解放需要社会各个方面的努力才能实现,而计划生育则是其中最为重要的努力之一。

计划生育是在人口政策的指导下,对人口数量和人口质量的调节。"控制人口数量,提高人口素质"是中国的一项基本国策。

计划生育首先是使子女数目减少,从而家庭规模变小,妇女有较多的时间和精力从事社会生产活动。同时,妇女有机会得到文化教育和技术培训,为与男人平等地享有社会参与权提供了有利的条件。另外,计划生育也创造了一个社会氛围。妇女不应该完全单独承担生育责任,男人也需承担和参与生育过程中的责任和义务。所以说,计划生育对妇女解放有着重要的社会意义。

(2) 计划生育对妇女健康的影响

在无计划生育的情况下,妇女只能顺从自然生育能力。妇女的一生主要在生儿育女中度过。人口有计划的生育后,与生育有关的妇女死亡和疾病发生都大大减少。无疑,计划生育改善和提高了妇女的健康水平。

但在另外一个方面,我们还应看到,计划生育也给妇女带来了一些生理和心理上的不适。从目前的计划生育技术来看，大部分的避孕节育措施都是由女性来承担。任何一种方法都不是绝对的安全，一旦发生意外，妇女就要承受生理和心理上的痛苦。所以，计划生育的优质服务是妇女能够真正健康的关键。

(3) 生育健康与妇女地位

1994年开罗国际人口与发展大会的《行动纲领》对生育健康的理论意义和实践内容作了较明确的定义和解释。国际社会普遍承认了《行动纲领》中的生育健康定义：生育健康是指在生殖系统及其功能和过程所涉一切事宜上身体、精神和社会等方面的健康状态，而不仅仅是没有疾病或不虚弱。因此，生育健康表示人们能够有满意而且安全的性生活，有生育能力，可以自由决定是否和何时生育及生育多少。最后所述的这一条件系指男女均有权获知并能实际获取他们所选定的安全、有效、负担得起和可接受的计划生育方法，以及他们所选定的、不违反法律的调节生育方法。有权获得适当的保健服务，使妇女能够安全地怀孕和生育，向夫妇提供生育健康婴儿的最佳机会。由此定义可以看出，生育健康的内涵已由传统的纯粹生物模式扩展成为一个新的交叉性研究领域。国内外许多生育健康研究亦表明，生育健康与医学、人口学、经济学、社会学、环境科学、人类学、法学等多学科有着密切的关联。在生育健康的工作中，为了更有利于保护妇女的利益，必须要以妇女为中心。

生殖健康的形成起源于妇女运动，妇女在自身的生活中遭遇到和意识到许多生育中的问题，于是她们中的许多人便开始携起手来，经过数十年理论和实践的不断发展和完善，基本达到了一个共识。以往，人们认为，女性是生育的主体，自然也应该成为生殖健康的主体和中心。这种认识似乎很符合妇女的利益，其实这当中有两点陷入了误区：首先，从宏观上来讲，这种认识将生殖健康仅仅作为与生育有关的事情，把生殖健康的内容限定在生育的范围内，也就是说，生殖健康是生育问题，这种观点所理解的生殖健康内涵太狭窄了，甚至曲解了生殖健康的真正含义；其次，是人们在上一个误区的基础上，将女性置于计划生育和生育的中心。女性是主要的采取避孕节育措施的对象，更是生儿育女的主体，似乎只是因为这些，女性才应当受到健康的重视。因为妇女的健康关系到孩子及家庭的健康。这样看来,妇女的健康仍然是一个中间过程,而孩子、家庭的健康才是目的。随着妇女地位的提高,与生育过程有关的内容渐渐地转向以妇女为中心,这种现象说明:第一,传统生育行为在传统模式被打破的前提下发生了转变;第二,妇女是社会发展的主体和动力的重要组成部分的观点已被社会发展实践证明并已被社会更广泛地接受。正是由于这样一种缘由,更多的理论家和学者提出了真正以妇女为中心的生殖健康的概念,其核心内容是:妇女与男人一样,本身的健康与人类整体的人口素质息息相关,重要的是,妇女在社会上应与男人有相同的和平等的地位。正确地理解生殖健康,应是以人类整体的健康为目的。

以妇女为中心的生育健康主要有以下几个内容:

第一,与提高妇女地位一致的生殖健康。这是在生殖健康中体现"以妇女为中心"的必要条件。妇女地位的提高,有助于妇女参与社区的经济、社会、文化和健康全面发展的各种活动。妇女在参与这些活动当中,本土文化的传统生育行为与观念将发生不同程度的革命。这一点,在农村表现得更突出。但对有关妇女作为这种革命动力的内在因素仍需进一步的探讨。

第二,将对妇女的生殖健康保障与重视的承诺付诸实施。政府及其制定的政策对妇女生殖健康所作出的包括生理、心理和社会完好的国际承诺,不能只停留在有章可循的阶段,而必须不断地加以实践和完善,力求尽快缩短"承诺"与"实施"之间的差距。

第三,妇女参与式的生殖健康活动。有关这一点,在《行动纲领》中将其强调为:妇女应在领导、计划、决策、管理、供给、组织和评估生殖健康服务及生殖健康方案的各种服务方面发挥作用。妇女在生殖健康活动中既是执行者,也是领导者。

第四,妇女自主作出生殖选择。这一点是妇女自身特性与生育权利的体现。妇女的这种自主选择应与社会责任相结合,而其实现的条件是提高妇女的社会地位。

第五,使妇女对生殖健康持坦诚和开放的态度,打破造成妇女沉默的社会禁忌和风俗。

第六，消除一切形式的性别歧视，使妇女处在一个良好的生理、心理和社会完好的状态中。

从总体上来讲，以妇女为中心的生殖健康至少要包括这六个方面。随着社会实践的发展和人们对其认识的更加丰富，它的外延将更加广阔。可以看出，生育健康更加注重妇女地位的提高。

总之，计划生育既是形成生殖健康的重要基础，也是生殖健康中的核心内容，但二者间又不能互相替代。计划生育方案是在以人为中心、以健康为目标的基础上建立实施的。在控制人口数量的过程中，也体现出人口素质的提高。母亲与儿童的健康水平提高是人口素质得以改善的关键。

在新形势下，我们不容忽视的计划生育方案的一个重要理论基础和实践意义就是要适应社会可持续发展。人口问题在可持续发展理论中占有相当重要的位置，不论人口的数量问题，还是人口质量问题都会直接影响资源、社会、经济与人口的协调发展。为了适应社会的可持续发展战略，计划生育的所有方案都应该是在保证社会可持续发展的基础上设置并实施。这种以人民群众健康为核心内容、以提高妇女地位为手段、以可持续发展为宗旨的计划生育方案，是符合新形势下使生殖健康理论付诸实施的保证，也是广大人民群众，尤其是女性在当今科学、文化发展水平上的客观需求。

5.3.3 婚姻家庭发展趋势

展望婚姻家庭的未来要达到的目的与其说是对未来的畅想和预言，还不如说是延拓家庭发展的规律，提出一些科学思想、理论、方法，以开阔视野更为有意义。

(1) 婚姻家庭发展理论

摩尔根曾经论述过："既然专偶制（旧版本译为一夫一妻制）家庭从文明时代开始以来，已经改进了，而在现代特别显著，那么我们至少可以推测，它能够进一步完善，直至达到两性的平等为止。如果专偶制家庭在遥远的将来不能满足社会的需要，那也无法预言，它的后继者将具有什么性质了。"①

一百多年以后的今天,对婚姻家庭未来的探索又被重新提上议事日程。这是因为 20 世纪中叶特别是第二次世界大战以后,避孕技术的发展,促使两性行为与生育目的分离,从而为两性关系平等提供了技术前提。而且随着一夫一妻家庭的高离婚率,使人们对家庭的信念产生了动摇,更由于性解放运动使一些人产生了摆脱一夫一妻制家庭的意念。因此,对未来婚姻家庭的争论就是一种十分自然的现象,虽然对未来婚姻家庭发展的观点多种多样,但归纳起来,大致可以分为三种:

第一,家庭消亡(淡化)论

马克思主义经典作家在对社会发展的一般原理进行阐述时讲道:将来全世界进入共产主义社会,国家、政策、阶级、民族全消灭了,家庭和婚姻自然也全消失了,然而性关系仍然存在,那便是真正自由恋爱的时代。这样的论述从一般哲学意义上来说,无疑是正确的,但是它没有正面回答人们所关心的家庭的命运,如消亡的规律是什么?在真正自由恋爱的时代里,两性关系是什么样的?随意的还是专一的?一对一的还是多重的?现实婚姻两性关系形式哪些有发展前途?哪些不具备发展条件?现实的家庭震荡何以不能构成家庭消亡的基础?

在美国学者齐默曼的《家庭和文明》一书中,他认为家庭制度正朝着个人主义、平均主义的世俗化方面发展。现今的社会必需摆脱不合适的家庭制度,他主张削弱家庭社会文化功能,直至家庭成为一个纯属男女偶然同居的场所。

事实表明,西方社会中的性解放、性革命的实践不可能解决好人类自身再生产这一根本问题。堕胎、少女母亲、同性恋、艾滋病、离异夫妻的子女遭到物质与精神上的困扰,少年儿童的生理疾病,人际关系的淡漠,人们对两性关系的失望,安全感、归属感、亲切感的丧失等,都反映出人类社会还远远没有达到家庭消亡的物质和精神的条件。把当前西方社会中产生的"新"两性关系视为人类发展

---

① 《马克思恩格斯选集》第四卷,人民出版社,1995 年版,第 82 页。

的未来，只能导致道德的混乱和对人类前途的悲观情绪。

第二，家庭改革论

在这个变迁动荡的社会背景下，努力支撑作为社会稳定和发展力量源泉的婚姻家庭，似乎是一个良好的观念。家庭改革论的中心论点是：建立在婚姻关系血缘关系上的传统家庭是社会的天然基础。现代科学技术文明会使人类生活和家庭形态发生许多重大的变化，但是家庭会成功地使男女适应现代文明。改革论者是把以现代性爱为基础的忠贞之爱的永驻性及两性结合的家作为家庭永存的依据，为了婚姻和家庭的新生，通过有效的择偶法，婚姻的培训和提供社会支持系统，以阻止许多不必要的离婚，使家庭关系稳定并充满生气。这种理想的改革有多少现实意义？还有待于实践来评判。

第三，家庭振兴论——回复到家庭中去

在迅速变动的社会背景下，人们常常为了某种认同的价值观而转向过去。对未来采取回复传统振兴家庭的人们认为，人类要成功地回复到过去似乎是不太可能，但是当今，随着科学技术革命，人类已进入电子时代、信息时代，因而劳动者有条件离开工厂、办公室，回到家庭中。"工作家庭"的大规模发展，家庭在人们的生活中、在社会地位上都大大提高，夫妻在共同的家庭社会化的工作环境与事业中彼此合作，可使夫妻关系随着共同劳动而增强凝聚力，家庭存在着更多的功能等。

问题在于技术革命并不能直接决定和选择家庭变化的方向和进程，例如技术革命一方面使人们走回家庭，但另一方面又使人们走出家庭；计算机发展有可能在家庭中实现社会化生产，可是交通电讯的现代化，又使人们能够离开家庭，究竟哪种因素起决定作用，现在判断还为时过早。事实上，技术只是提供可能性，选择性的权柄还在人类自己手中，因此，从新技术观点来论证回复家庭尚有待探讨。

(2) 家庭发展形式推测

任何事物都具有内容与形式两个方面，而具体的事物也总是一定内容与形式的统一体。同一内容可以具有不同的表现形式，同一形式也可以具有不同的内容，家庭形式也一样。对未来的家庭形式人们有不同的推测。

第一，家庭形式趋同

家庭形式趋同论是西方国家首先提出来的，其核心论点是指工业化的发展使不同社会制度下的家庭形式趋同，因为工业化的过程在哪儿都存在，尽管出发点不同，发展的速度和道路不同，但都促使家庭朝着某种类型在发展。在结婚年龄、男女权益、家庭类型、劳动分工和家庭作用上，世界是会趋同一致的；因为婚姻家庭要更好地适应工业社会，为其提供稳定和有创造性的劳动力，这种趋同现象是合乎需要的；适合工业社会的独立的核心家庭的出现，在伦理道德上也是合乎需要的，因为核心家庭中的成员能享受到更好的自由，青年受老一辈人的统治程度减轻了，结婚、离婚也比过去自由多了。

如果把趋同仅仅归结为家庭成员减少、家庭功能减少等形式方面，应该说是有道理的，但从实质上看，趋同论是以西方婚姻家庭形式为趋同的标准，这显然是不科学的，不分青红皂白地的性解放、"性自由"等等观念的趋同，对社会发展无疑是一种反动。

第二，家庭形式无限多样化

也有一些西方学者认为西方传统的一夫一妻制正在被"多配偶所代替"，就是说一个人可以多次与不同异性建立婚姻关系。他们预示未来婚姻是一种全然与现在不同的新型婚姻，是一对自由、平等的男女灵肉的高度和谐的结合，既不受良心的折磨，亦不必担心舆论和法律的惩罚。将来男女结合都是为了感情上的满足，而感情上的相互满足，才是双方结合的真正基础。

从表面上看，这种观点几乎是无可挑剔的，联系西方社会现实来看，某些学者把自由、平等的男女灵肉的高度和谐的结合建立在"喜新厌旧"的基础上，因此，其论点所预示的两性情感的最大满足，充其量不过是性行为的情感满足，所谓婚姻家庭形式多样化，只是直接从畸形的现实形态中引发出来的一种罩上了面纱的没有前途的行为模式。

(3) 人类面临的选择

人类有认识世界、改造世界的能力，并有积极地创造未来的能力,其中包括探讨与选择最满意的婚姻家庭形式。

很重要的一个问题是,必须弄清性冲动与性爱的区别。凡是动物都会有性冲动的本能,但支配动物性行为的不是性爱,而是本能。至于人类,随着身体发育成熟,对异性的好感和追求基于生理上的成熟而产生,这是正常的生理现象,但性爱这种高尚的情爱只有人类才具有。排他性是性爱的内在属性,也就是说,男女双方在热恋或相爱时,不可能移情别恋,只有当感情破裂或为更强烈的感情所排挤时才会改变,情爱之外的性刺激虽然会引起人们(特别是男性)的性冲动,但一般都会由于性爱的排他性而得到自我抑制。支配人类性行为的是性爱,而不是性冲动,性冲动作为本能,作为性爱的生理基础,只有通过性爱才能达到其合理的实现形式。

在认清了性爱与性冲动的区别后,就能进一步认清现代性爱在人类两性关系、家庭制度中的地位和作用。现代的性爱与单纯的性欲是根本不同的,现代性爱是以所爱者的互爱为前提的,是人类文明发展到一定阶段才产生的,具有排他性、持久性;现代性爱是婚姻家庭的基础,并成为道德评价的标准,性爱的相对稳定性与炽热性是其基本特征。因此,在未来社会中性爱会成为决定两性关系以及家庭关系变迁的主要推动力。

家庭是社会的细胞,家庭状态是社会状态的反映,家庭关系的震荡源于社会矛盾的冲突。因此,除了通过发展生产,提高人民的生活水平,处理好效率与社会公平的关系,更要处理好物质文明与精神文明的关系。在我国,家庭关系比较稳定,又有强调并认同婚姻家庭的责任与义务对等的传统,这是保证家庭进步与社会发展和谐一致的稳定器。随着现代化进程的发展,我国以爱情为基础的婚姻、核心家庭的趋势将会不断占据主导地位。

第五章 女性观的产生与演变

从古到今，在世界范围内，人们从政治学、社会学、人类学、哲学等不同角度对女性加以关注和研究，形成了这样或那样的观念、主张、思想，我们不妨称之为女性观，即人们，无论是男人还是女人，对女性存在的本质、状况及价值的认识。其实，女性观也并非一定是系统的理论，每个人都会对女性形成一些看法，也就是说，在每个人的头脑中，都会有这样或那样的女性观念。因而，所谓女性观，也可能是零散的、不完整的。女性观作为社会意识，是人生观、世界观的一部分，无论是男女平等观念，还是歧视女性的观念，都是人们对世界、对人生价值看法的一种反映。女性观从来都不是一统的，在历史上的各个时期，由于地域、国家、民族、信仰、阶级、阶层等的不同，人们的女性观是存有一定差异的。在一定的社会形态下，除了占主导地位的女性观之外，还会存在一些非主导地位的女性观念。女性观是历史的产物，是一个时代社会经济、政治、文化的反映，它不是静止不变的，而是随着社会的发展而变化的。本章将揭示女性观产生、演变的动因，以及在具体的社会历史结构中各种女性观的特点。

第一节 女性观的发展

人类社会发展的历史是一部生产方式的更替史，而受其制约的女性观也是一个历史的范畴，具有历史性，它的内容是不断变化的。从古代到现代，女性观经历了几个不同的发展阶段，呈现出曲折的变化轨迹。

1.1 古代社会女性观

女性观是如何产生的？是人类与生俱来的，还是原始社会发展到一定阶段的产物？应该说，女性观既不是先天而有的，也不是主观自生的，它与人类精神世界的一切观念一样，是社会存在的反映和产物。然而，怎样才能知道，在那个离我们十分遥远的时代，女性在人们心目中是什么样的地位，人们如何看待女性的呢？古老的神话、传说、古代文献、考古材料，帮助我们回答了这一问题。

原始社会初期，生产力十分低下，妇女从事的采集成为生活的主要来源，女性不管在生产还是在婚姻中均起重要作用，所以，在人们的观念中，女性是受到尊崇的。一位妇女问题专家在她的著作中指出："在苏美尔、巴比伦、埃及、非洲、澳大利亚和中国，都有创世的女神。在印度、爱尔兰和苏美尔，其女神还享有创造了具体的文化艺术的殊誉，这些地方的人们认为，是女神创造了字母、语言和书写系统。其他文化也有将农业及医药追溯至某些善良的女神的传统。"[①] 在苏美尔人的神话中，纳姆女神生育天空和大地，创造宇宙；在埃及，女神赫脱把生命注入泥人身体里，创造尼格罗人种。世界各地都有关于"女儿族"、"女儿国"的传说，对女性生殖的崇拜，甚至强烈到了完全否认男人在生儿育女方面的作用，出现"孤雌生育观念"。因为古代人目睹了妇女渐渐大起来的身孕和生养孩子，所以，女性的创生能力是公开的、清楚的和显而易见的，而男子在生育中的作用却是隐蔽的和不明显的。在中国的神话中，相传一位叫简狄的少女在河中沐浴，看见一只玄鸟（燕子）从天上抛下一个蛋，简狄拾起吃下蛋，结果怀孕生下殷的始祖契。有一个叫姜嫄的姑娘，在郊野游玩，发现地上有一个很大的脚印，她用自己的脚去踩脚印，结果怀孕生了周的始祖后稷。《山海经》、《淮南子》、《汉书》等典籍中多次提到"女儿国"、"女人国"。流传至今的"女娲补天"的神话是女性尊崇观念的一个例证。汉朝人应邵在其所著

---

① 邓尼丝·拉德纳·卡莫迪（Carmody，D. L）：《妇女与世界宗教》(Women and World Religions)，四川人民出版社，1989年版，第24页。

的《风俗通义》中说,天地刚刚开辟之时,未有人民,"女娲抟黄土为人",由于一个一个捏很麻烦,后来就想出一个省事的办法,"力不暇供,乃引绳于缏泥中,举以为人"。据说,有钱、做官的人是黄土变的,穷人是草绳变的。女娲"抟土造人"的传说长为流传,据说她不仅造人,还补过天。《淮南子·览冥训》这样描述:"往古之时,四极废,九州裂;天不兼覆,地不周载;火爁炎而不灭,水浩洋而不息;猛兽食颛民,鸷鸟攫老弱。"说的是上古时天崩地裂,洪水横流,在危难时,"女娲炼五色石以补苍天,断鳌足以立四极,杀黑龙以济冀州,积芦灰以止淫水。苍天补,四极正,淫水涸,冀州平,狡虫死,颛民生。"这个传说歌颂了女性在远古时代的伟大力量。《说文》中说:"娲,古之神圣女,化万物者也"。《风俗通义》称"女娲、伏羲、神农"为三皇。诸如此类的种种记载告诉我们,传说中的女娲是一位女性神,能够改天换地、战胜自然,还是化育万物的创世者。这正好印证了母系氏族时期女性在生产、生活中的举足轻重地位以及人们对女性的尊崇,正如马克思在《摩尔根〈古代社会〉摘要》中所说:"女神的地位乃是关于妇女以前更自由和更有势力的地位的回忆。"

如果说神话只是隐隐约约浮动着历史的影子的话,那么,考古则可以帮助我们了解历史的真实。这一时期世界各地的出土文物中妇女的形象居多,而且妇女形象的母性特征尤其突出和显明。中国西安半坡遗址是黄河流域一个典型的氏族公社时期的村落遗址,这个遗址的仰韶文化比较清楚地反映了母系氏族的社会全貌。半坡遗址的152号墓,主人是一个三、四岁的女孩,随葬品有尖底瓶1个、陶罐2个、陶钵3个、石球3个、骨珠69粒、玉石耳坠1枚等。对女性的厚葬不是半坡遗址独有的现象,临潼姜寨遗址的7号墓埋的是一个16—17岁左右的少女,随葬品有骨管1个、玉石耳坠2个、骨珠8577个、石球12个、陶罐、陶钵各2个、尖底瓶1个等。随葬品的多少、差异是死者生前社会地位的反映,从半坡、姜寨遗址墓葬的随葬品来看,女性普遍比男性多,以姜寨为例,女性平均有6件多,而男性只有4件左右。这是女性在母系氏族社会享有崇高地位的证据。

经过漫长岁月，人类社会由母系氏族进入到父系氏族时期，女性原有的崇高的社会地位逐渐失去。随着男子在生产和生活中的作用日益显著，男性开始取代女性成为社会舞台上的核心。无论是古埃及、西亚、印度，还是古希腊、罗马，可以说，妇女地位的失落是世界范围的。从此，人们的两性观念发生了重大变化，"男尊女卑"普遍存在。举世闻名的希腊《荷马史诗》中始终贯穿一条女人是祸水的主线。在我国，这一重大的演变过程大约始于五帝，而完成于夏。五帝时代，人们产生了对"龙"的崇拜，而龙是作为男性的象征的。考古挖掘出的材料也反映出当时重男轻女的观念：大汶口文化、龙山文化属于父系氏族中、晚期，从墓葬来看，常见的是男女合葬，但其排列位置是男左女右，随葬品多放在男子一侧，而且男性的随葬品比女性多得多。有的墓中男子仰卧直肢，而女子侧卧屈肢，甚至还有以妻、妾、女奴殉葬的。对生育的崇拜上，已由对"女阴"的崇拜变为对男性生殖器的崇拜，甲古文中的且（祖）就是男性生殖器形象符号，我国一些地方出土的陶祖（也有少数的木、石祖）也证明了这一点。

可见，原始社会的女性观是朴素的，在很大程度上是一种自然的、直观的。后来随着妇女的地位的变化，对女性的尊崇就逐渐变为轻贱了。不过，应该注意到，妇女地位的下降，并非是直线的，其过程是波浪式的曲线型的，所反映的女性观也是多元甚至矛盾的。在古代各文明的记载中，不乏女王、女政治家的活动，女祭司、女尼、女先知也普遍受到尊重，女神更是得到人们的顶礼膜拜，西方历史之父古希腊的希罗多德在《历史》中记载了位于西亚的阿马松女人族的英勇事迹等等。

1.2 "男尊女卑"女性观

在西方,从西罗马帝国灭亡到文艺复兴的一千年被称为中世纪。这一时期的欧洲被基督教的两大教会——天主教会、东正教会所控制，教会几乎垄断了政治、经济、文化、思想界，基督教教皇甚至凌驾于各国君主之上。有研究者认为，整个中世纪都是处于"万流归宗"的"黑暗时代"。在这种情形之下，宗教的女性观自然在社会上占据统治地位。据《圣经》讲述的神创世的故事,女人是男人身上的一根肋骨,女人的名字叫夏娃,女人的出现给亚当和世界带来灾难,她受毒蛇的引诱,不仅自己偷吃上帝的禁果,而且还诱使亚当也偷吃禁果,犯下了人类的第一桩罪恶。所以,每个女人一生下来就因夏娃的罪过而带有罪孽,这种"原罪说"在社会上则变成"女祸论"、"女卑论"。女人是罪恶、灾难的渊薮、女人是祸水等观念充斥世间。天主教会认为,女人的全身和男人腰以下部位是魔鬼(撒旦)的杰作,教会宣扬禁欲主义,他们诅咒两性关系,憎恨妇女,认为与女人发生性关系是最大的罪恶,对女人来说,保持贞操是最崇高的德行,专心过宗教生活的妇女被赞扬。教会对女人始终持疑惧的态度,甚至于有人提出女人是不是人的问题。据记载,在6世纪的一次宗教会议上,一位主教提出"女人不能被包括在人类之中"的问题,继而参加会议的长老们进行了讨论,最后仅以一票之多得出这样的结论:虽然女人属于"低级生物",但毕竟还拥有"类似灵魂的东西"。[①]女人被当作生育的工具,有人甚至说,"女人是什么?女人就是子宫",在他们的心目中,女人不过是生殖的机器而已。在远东和近东,伊斯兰教、佛教也分别成为大多数国家的国教,成为法律的化身。在东方社会,女人也同样受到歧视,不过,在伊斯兰教和佛教中,女信徒都占有一定的地位。

在中国几千年漫长的封建社会里,主要是儒家思想占据统治地位。儒家的经典比如易学、诗学以及历代女教书包括从汉代的《女诫》到清代的《女四书》、二十四史中的《列女传》、《后妃传》等,无不贯穿着"男尊女卑"女性观。这种观念概括起来,就是规定了女性卑下服从的地位,主内治家的职责,"从一而终"的婚姻,保贞守节的意念。

在几千年的封建社会,儒家的女性观始终占统治地位,这是毫无疑义的。不过,我们也应注意到,第一,不同的历史时期,由于社会经济、政治形势的变化等因素,人们的女性观念形成了一些

[①] 格雷戈里(Tregory):《法兰克人史》(*The History of the Franks*),商务印书馆,1981年版,第406页。

不同的特点。比如在先秦、三国、两晋、南北朝、唐、宋、元、明、清等不同朝代,女性观就有一些变化和差异。第二,人类由男女两性构成,任何社会,无论是尊崇女性、歧视女性还是男女平等的时代,都要维持男女两性的平衡。在中国封建社会,从男尊女卑的观念出发,统治者制定了一整套法律、伦理道德原则,用以规范和限制女性的行为。但从总体上来看,法律、道德是具有两重性的:一方面,随着男权的强化,对女性的压迫越来越严重;另一方面,对男权也进行了一定的限制,使其不致过分膨胀,从而对女性权益有一定的保护作用。因而,男女两性尽管总体上处于一种不平等中,但却也较少发生激烈的性别冲突。

1.3 近代女性观

近代资产阶级女性观是随着生产力的发展、封建社会内部资本主义萌芽的出现而产生的,在14—15世纪的文艺复兴运动、17—18世纪的资产阶级革命及启蒙运动中发展起来,并伴随着资产阶级女权运动的进程而不断丰富。也就是说,近代西方资产阶级女性观是在反对封建专制斗争的过程中逐渐形成和提出的。他们以资产阶级人权思想为指导,批判封建的"男尊女卑",提倡"男女平等"。应该说,西方近代资产阶级"男女平等"思想的提出具有划时代的意义。

与西方不同,延续了两千多年的中国封建社会,在1840年进入近代的时候,不是由于中国社会结构内部自然发展的结果,而是由于外国资本主义的入侵,才发生了巨大变化。一方面,近代中国,由于封建经济的基石——自然经济仍占据一定位置,封建思想仍占据很大市场,因此,封建的男尊女卑的女性观仍统治着人们的思想。另一方面,近代中国,资产阶级登上历史舞台。它作为一支新兴的阶级力量,勇敢地担负起挽救民族危亡的重任,成为中国资产阶级民主革命的领导者(五四运动前),在历史发展中扮演了重要角色。概括地说,近代中国资产阶级女性观有以下几个特点:

第一,承传明末清初进步思想家的妇女解放思想。蔡元培先生在《中国伦理学史》中这样评价俞正燮的同情妇女的思想,"种种问题,皆前人所不经意,至理初(俞正燮),始以其至公至平之见,博考而慎断之,虽其所论,尚未能为根本之解决,而亦未能组成学理之系统,然要不得不节取其意见,而认为至有价值之学说矣。"胡适曾对李汝珍的妇女解放思想进行了深入的分析并作出高度评价:"三千年的历史上,没有一个人曾大胆的提出妇女问题的各个方面来作公平的讨论。直到19世纪的初年,才出了这个多才多艺的李汝珍,费了十几年的精力来提出这个极重大的问题。他把这个问题的各方面都大胆的提出,虚心的讨论,审慎的建议。他的女儿国一大段,将来一定要成为世界女权史上的一篇永永不朽的大文;他对于女子贞操,女子教育,女子选举等等的见解,将来一定要在中国女权史上占一个很光荣的位置:这是我对于《镜花缘》的预言。"①

第二,受西方资产阶级女权思想的影响。应该说,在西方资产阶级"天赋人权"思想影响下而提出的"男女平等"思想,是资产阶级维新派、革命派女性观的核心。比如维新派的领袖康有为在其最重要的著作之一《大同书》中,就用了不少的篇幅来阐述妇女问题。他说,"男尊女卑"与"天赋人权"是完全相悖的,"人者,天所生也,有是身体,即有其权利,侵权者谓之侵天权,让权者谓之失天职。男与女虽异形,其为天民而共授天权一也"。"以公理言之,女子当与男子一切同之;以实效征之,女子当与男子一切同之"。②著名思想家严复说"中国妇人,每不及男子者,非其天不及,人不及也"。③ 也就是说,男女差别、不平等是人为造成的。在大量的宣传维新、革命的报刊、书籍中,西方资产阶级女权思想著作被翻译、介绍进来,1902年,斯宾塞的《女权篇》被翻译、出版,影响很大。

第三,与挽救民族危亡联系在一起,带有爱国主义的色彩。维新思想家十分重视妇女在挽救民族危亡中的强种保国作用,认为妇

---

① 《胡适文存二集》卷四,上海亚东图书馆,1924年版。

② 康有为:《大同书》,中国启蒙思想文库,辽宁人民出版社,1994年版,第148、152页。

③ 《论沪上创兴女学堂事》,《国闻报》,1898年1月,转引自吕美颐、郑永福《中国妇女运动》(1840—1921),河南人民出版社,1990年版,第62页。

女地位提高、男女平等，国家才能兴旺发达。谭嗣同说，缠足能"亡其国"，"亡其种类"，必须铲除。梁启超说："治天下之大本二，曰正人心，广人才。而二者之本，必自蒙养始。蒙学之本，必自母教始，母教之本，必自妇学始"。① 1903年，资产阶级革命派、兴中会员金一的《女界钟》的问世称得上是中国资产阶级论述妇女问题的第一部专著，全书分女子之道路、女子之品行、女子之能力、女子教育之方法、女子之权力、女子参与政治、婚姻进化论等十节，批判封建道德，提倡新式妇女教育，争取妇女权利与婚姻自由，号召广大妇女参加反清的革命斗争。

第四，女性自我意识的觉醒。在戊戌维新以及以后的辛亥革命、新文化运动伟大变革中涌现出的一批杰出女性，她们怀着强烈的爱国热情，冲破"三从四德"的束缚，投身政治运动。她们认识到，妇女"欲脱男子之范围，非自立不可；欲自立，非求学艺不可，非合群不可"。② 她们认为，天下兴亡，匹妇有责。必须把救亡图存与妇女的自身解放联系在一起，妇女只有自觉承担救国的义务，才能与男子得到平等的权利。不推翻君权，便不会有民权，更谈不上女权。

1.4 唯物史观女性观

唯物史观女性观，即马克思主义女性观，其内涵包括：从人类社会发展史中揭示妇女社会地位演变的过程，阐明妇女被压迫的状态是同生产资料私有制、阶级剥削制度同时产生的，是阶级压迫的一种特殊表现形式；从人类社会发展史中阐述家庭的起源、演变及其实质，揭露妇女被剥夺恋爱、婚姻自由权利，在家庭中处于从属地位，成为替丈夫生育继承私有财产的后代的工具，这种现象同样是生产资料私有制的恶果；揭露资本主义制度对妇女的剥削、蹂躏，把妇女解放同无产阶级革命紧紧联系在一起，指明只有在消灭剥削制度的社会主义、共产主义新社会中，才能实现妇女的彻底解放和以爱情为基础的婚姻自由权利；高度评价被压迫妇女在创造历史、推

---

① 梁启超：《饮冰室合集》，上海中华书局，1936年版，第39页。
② 《秋瑾集》，上海古籍出版社，1979年版，第32页。

动社会伟大变革中的酵素作用，充分肯定妇女参与社会公共劳动是妇女解放的第一个先决条件，在社会各个领域的活动中，男女应该享受平等权利，把妇女群众的觉醒及奋起，看作决定革命和建设成功的关键之一；妇女由于长期受着特殊的压迫，在男女共同参加的革命组织之外，需要建立适合她们情况的单独的妇女组织，维护妇女权益，培养大批妇女骨干，在妇女群众中进行工作，起示范带头作用；对有利于妇女解放、男女平等的设施如托儿所、公共食堂等家务劳动社会化的种种事业，称为伟大创举，促其日益发展。①

马克思主义女性观产生后，在世界范围内产生重大影响。1917年，列宁领导的俄国十月革命成功，建立了世界上第一个社会主义国家，在苏联，马克思主义女性观得到了丰富和发展。

在中国，20世纪初出现了一些翻译、介绍马克思主义经典作家关于妇女问题的文章，开始有人试图用一种新的观念和方法来观察妇女问题。但是，作为一种理论体系、作为马克思主义者研究和解决妇女和妇女问题的思想理论武器在中国传播是在五四运动前后。中国共产党成立后，中国马克思主义者对马克思主义女性观的认识和理解更加深化、具体。随着社会主义制度的建立，马克思主义女性观作为指导妇女运动的理论在中国得到了长足进展。

1.5 当代女性主义

女性主义（Feminism）一词源于英语，泛指欧美发达国家中主张男女平等的各种思潮。西方女性主义虽都以争取男女平等为宗旨，但追寻近些年来发展的脉络，不难发现其中的色彩纷繁、派系林立，自由主义女性主义、社会主义女性主义、马克思主义女性主义、有色人种女性主义、激进派女性主义、后现代女性主义等都各有其广泛影响。

自由主义女性主义（Liberal Feminism）产生于18世纪，现在也称经典女性主义理论，它是以自由主义、社会性别论或社会性别差异论（Gender Theory）为理论基础的。自由主义女性主义在西方

---

① 参考陶春芳等：《马克思主义妇女观概论》，中国妇女出版社，1991年版。

社会一向代表占统治地位的资产阶级妇女的思想。1963年，美国的贝蒂·弗里丹（Betty Freidan）的《女性的奥秘》出版，成为20世纪60年代以来"新女性主义"的宣言。

社会主义女性主义（Socialist Feminism），产生于20世纪60—70年代妇女运动的第二次浪潮之中。她们认为，必须把马克思主义阶级分析与女性主义的性别分析结合起来，才能探讨妇女受压迫的问题。1966年，英国的朱丽叶·米切尔发表《妇女：最漫长的革命》，对马克思、恩格斯、倍倍尔等在妇女问题上的观点做出了具有独立见解的评论。

马克思主义女性主义（Marxist Feminism）产生于20世纪60年代开始的西方新左派运动和妇女运动，其继承了马克思主义辩证唯物主义和历史唯物主义分析方法。这一流派不完全是指引经据典地研究马克思、恩格斯关于女性解放的观点，而是泛指持经济基础—上层建筑结构影响女性的理论的学派，其中也包括对马克思、恩格斯妇女思想的批判。是否在反对阶级压迫的同时反对性别压迫，是马克思主义女性主义和社会主义女性主义的分水岭，两者对妇女受压迫的根源和解放道路的认识也有很大的不同。

以美国黑人女性为主体的有色人种（Women of Color）在讨论妇女问题时，强调种族关系和阶级关系。有色人种或第三世界女性主义（Third Women Feminism）认为，各种女性主义流派只是代表了白人中产阶级妇女反对性别歧视的愿望，对她们来说，争取男女平等与反对种族主义、经济压迫是紧紧相连的。贝尔·胡克斯（Bell hooks）认为，对黑人女性来说，参加社会劳动从来不是要争取的"权利"，走出家庭、争取工作权只能代表被丈夫当作玩偶闲置在家的白人中产阶级女性的权益。[1]她们认为，发达国家在第三世界国家建立自由贸易特区，特区给他们提供的各种特权剥夺了本国工人的各种权力。在第三世界国家，廉价劳动力大部分是年轻贫困的妇女，

---

[1] 贝尔·胡克斯（Bell hooks）《女性主义理论，从边缘到中心》（*Feminist Theory, from Margin to Center*）波士顿，1984年，转引自鲍晓兰主编《西方女性主义研究评介》，三联书店，1995年版。

所以，她们所受的剥削、歧视、压迫不仅是性别造成的，还与阶级、种族、民族等因素密切联系。① 第三世界女性主义对西方女性主义批评的一个热点是对所谓"姐妹情"（Sisterhood）的批判，她们认为，它忽视了女性之间由于种族、阶级、民族不同而存在的不同政治、经济利益，除了姐妹情之外，仍存在着种族主义、殖民主义和帝国主义。

60—70年代，一些激进的女性主义（Radical Feminism）观点影响很大，她们认为，妇女所受的性别压迫是最基本的压迫，美国的费尔斯通（Shulamith Firestone）1970年发表了《性的辩证法》，提出，男女不平等的基本原因在于普天下共存的人类某些生物学事实，因此妇女解放必须要"生物学革命"。还有人提出，必须断绝与男人的性关系，甚至宣扬女性之间的爱情与性关系。激进女性主义在家庭与性上的某些荒唐主张遭到很多人的反对，一些实践者也饱尝苦果，因此，这些观点的影响已越来越小。

后现代女性主义（Postmodernist Feminism）广泛吸收了各种后现代主义的思想，她们否定和批判传统的女性主义理论，放弃对女性解放的具体目标的追求，努力去解构社会意识、思维习惯、人的主体性及男权思想对女性主义的影响等等。她们认为，在男权社会里，"女性"作为一种身份（identity）是一种相对的概念，不同时期其女性标准是不同的，每个具体的女人都有与其他女人不同的经验，因此，广义上的女性经验不成立，追求女性权力实际上就堕入男权个人主义的怪圈。她们提出，传统的"女人皆受男人压迫"的理论是不成立的，世界上并不存在传统女性主义所描绘的男权制度，传统女性主义过分自我中心化，把自身的经验当作全球妇女的普遍经验，性别角色和性别特征是靠性表现决定的，服装、发式、举止是表现的道具，社会固定了男女角色的模式，一旦打破其中的界限，就

---

① 玛丽·埃·萨万（Marie A Savane）《与妇女的另一种发展》，《发展对话》，(Another Development with Women. Development Dialogue) 转引自《西方女性主义研究评介》，1982年第2期。

会从一个性别角色中解放出来。①实际上,这种理论在西方已经遭到一些人的反对,认为当今社会女性受歧视是一个客观的事实,后现代女性主义过于拘泥于理论探讨,从而削弱了女性主义的政治性和实践性。

综观西方女性主义,一些派别在分化更迭中其观点和主张互相渗透和影响,在不断发展和变化。作为西方历史、文化、政治、经济等的产物,女性主义毫无疑问具有浓厚的本土性。西方女性主义和马克思主义女性观既有联系更有区别,即使是社会主义女性主义、马克思主义女性主义,也不是马克思主义女性观的本来面貌。

第二节 女性观演变动因

女性观作为社会意识的一个组成部分,归根到底来源于社会存在,其产生与发展有着深厚的社会经济、政治、文化基础。应该说,女性观是社会经济、政治的产物和反映。社会经济、政治是不断变化的,因而也就没有永恒不变的社会意识。女性观根植于社会历史的土壤,不同时代、不同国家,女性观之所以存在差异,归根结底,是由于社会经济、政治的变化和不同。其次,女性观不是孤立的,女性观作为一种社会意识还受到同一时代其他社会意识诸如哲学、宗教等的影响并与之相互作用。

2.1 与生产力的关系

"人们的观念、观点和概念,一句话,人们的意识,随着人们的生活条件、人们的社会关系、人们的社会存在的改变而改变"。② 社会物质资料的生产和再生产、社会的物质生产方式是最基本的社会

---

① 丹妮斯·赖利 (Denise Riley)《我叫那个名字吗?女性主义和"女人"的范畴》(Am l That Name? Feminism and the Category of Women),朱迪思·巴特勒 (Judith Butler)《性别麻烦》(Gender Trouble),转引自《西方女性主义研究评介》。

② 马克思、恩格斯:《共产党宣言》,人民出版社,1992年版,第45页。

存在，是社会意识的源泉。也就是说，在社会历史的发展中，经济是归根到底的决定因素。女性观也不例外，生产力的不断发展必定会在社会意识包括女性观上得到反映。

原始社会的初级阶段原始群时期，人类过着群体的生活。原始群经过漫长的发展，进入到母系氏族时期。那个时候，生产力极其低下，妇女所从事的采集比较稳定，成为人们生活的主要来源。与此相适应的，在很长一段时间，婚姻制度实行的是群婚制，而在这种婚姻发展阶段上所形成的社会组织结构氏族公社，便只能以母系血统来维持。那个时期，在人们的观念中，妇女的一切母性特征都得到尊崇，妇女创造生命，于是成了母神、女神、生殖神。

随着生产力的发展特别是生产工具的改革，人们征服自然的能力不断提高，畜牧业从原始农业中逐渐分离出来，人类产生了第一次社会大分工。男女两性在社会经济生活中的地位也发生变化，男子由原来的次要地位变为居于首位，而女性却由原来的首要地位退居第二位。与生产力相适应的婚姻家庭形式即对偶婚家庭，改变了过去"知母不知父"的状况。私有制产生后，带来了社会各个领域的巨大变化，社会的分工加剧了家庭内的分工，男子主宰了生产、交换、分配和消费各个领域的大权，妇女被排斥在社会劳动之外，所从事的家务劳动失去了社会性，而被束缚在繁琐的私人家务劳动中。妇女地位的下降必然会导致男尊女卑观念的形成。

从世界范围来说，在长达四五千年的时间里，女性卑下、女人弱智、女人是祸水等歧视女性的观念充斥世间。在中国，封建男尊女卑女性观之所以能长期沿袭，是适应了两千多年未曾变动的经济基础。明末，中国社会生产关系发生变化，资本主义生产方式的萌芽已在长江中下游及东南沿海的某些行业有所显露，在资本主义生产关系萌芽最早的纺织业中，妇女无疑是一支重要力量。明清两代松江之布，号称衣被天下，其中大部分是女工生产的。妇女在经济生活中地位的变化必然会导致女性观的变化。一些进步的思想家如李贽、俞正燮、唐甄、袁枚、李汝珍等从不同角度，抨击男尊女卑，主张男女平等，驳斥"女祸论"。近代中国，由于旧的生产方式仍然存在，所以传统的女性观仍占据很大位置；与此同时，伴随着新的生产关系的产生、发展,也开始出现了对女性新的认识。

18世纪以来的西方女权主义的出现,也是社会经济的必然产物。工业革命为妇女提供了一个走上社会的场所,广大妇女纷纷离开家庭,参加社会劳动,经济上独立自主,不再依附男性,社会地位因此发生变化,在资产阶级启蒙思想"自由"、"平等"、"博爱"的旗帜下,在风起云涌的社会革命中妇女开始了轰轰烈烈的追求男女平等的女权运动。尤其是近些年来,社会生产力不断发展,妇女就业机会广泛增加,家务劳动社会化,女性在社会中发挥着重要作用,传统的女性观受到空前挑战和冲击。

2.2 社会政治的反映

"经济是基础,政治则是经济的集中表现",①"政治是集中了的经济",② 以社会经济为基础的政治的变化决定了女性观的发展。从古到今,在不同的政治制度下,人们的女性观是不同的,而且随着社会制度的变革,女性观也在发生变化。

在我国,男尊女卑的观念在西周初年初步确立。周部族本是活跃在今关中一带以农耕为主的部族,当周取得天下之后,与经济上的井田制相适应,政治上实行分封制,与分封制密不可分的是宗法制,宗法的核心是嫡长子继承制,上至天子诸侯,下至大宗小宗,都由嫡长子继承,这是将父系血缘关系分尊卑的继承关系从法律上规定下来。与这一系列经济、政治制度相适应,反映在男女关系上,就是男尊女卑观念的强化。一般来说,社会稳定,文化繁荣,对妇女的贞节要求也比较宽松。社会矛盾激化,思想控制和道德束缚也就越加严厉,捍卫封建道德更坚决,而道德也越虚伪。魏晋承袭汉末、三国的大动荡时期,传统思想遭到怀疑和弃置,在动荡岁月,经常发生夫妻离散之事,女人必须独立生活下去,顾不上"三从四德"等观念,这无形中使妇女得到一些解放。也许正因为如此,魏晋时代才出现了一些杰出的妇女。明清处于封建社会中后期,一方面,正

---

① 《新民主主义论》,《毛泽东选集》第二卷,人民出版社,1991年版,第624页。
② 《列宁全集》第四十三卷,人民出版社,1987年版,第120页。

统儒家的贞节观强化，妇女必须贞，淫是要受到惩罚的，淫妇、荡妇要千刀万剐。另一方面，社会上纵欲主义流行，明代文人作品中有很多是描写两性生活的，《金瓶梅》是描写色情最露骨的作品。同时，这一时期，妇女解放思想出现，代表了进步的潮流。

近代中国，尽管时间不长，但是变化剧烈，最根本的原因是它的社会性质改变了。这一时期，生产方式、阶级结构复杂纷呈，阶级矛盾、民族矛盾错综复杂，发生了不下十余起震荡全国甚至带有国际影响的战争、事变、人民反抗斗争和革命。反映到社会思想上，新旧思想斗争激烈则是十分明显的。正是在戊戌维新、辛亥革命、早期新文化运动的伟大洪流中，资产阶级妇女解放思想一浪高过一浪。1911年的辛亥革命推翻了清政府，结束了几千年的君主专制，建立了资产阶级共和国，这是一个了不起的大事件。但是，由于列强的干预、封建势力的顽固、资产阶级的软弱等原因，袁世凯窃取了临时大总统的权力。一些先进的知识分子认识到，要巩固共和，必须清除人们头脑中根深蒂固的封建思想，于是，他们高举"科学"、"民主"的大旗，提倡新文化，反对旧文化，妇女问题也是他们十分关注的一个方面。

谈到近代中国的女性观，不能不提起太平天国的女性观，这场历时14年、纵横18省的农民运动在近代中国产生的影响是人所共知的，它对封建秩序的冲击是毫无疑问的。天王洪秀全在《原道醒世训》中说："天下多男子，尽是兄弟之辈，天下多女子，尽是姊妹之群。"无论男女都是"皇上帝"的儿女，应同心"杀妖"。① 太平天国的纲领性文件《天朝田亩制度》描绘的理想蓝图是"有田同耕，有饭同食，有衣同穿，有钱同使，无处不均匀，无人不饱暖"。② 在土地的分配上，男女是平等的；婚姻上，反对买卖婚姻；太平天国的文告还明确规定禁止缠足等等。当然，太平天国的男女平等思想是

---

① 中国近代史资料丛刊（2）：《太平天国》（三），上海神州国光社，1952年版，第317页。

② 中国近代史资料丛刊（2）：《太平天国》（三），上海神州国光社，1952年版，第321页。

受西方基督教的影响，也是出于实际斗争的需要，因为广大的妇女要与男子一样并肩战斗、劳动。

可见，随着每一次社会制度的巨大历史变革，人们的观点和观念就会发生变革。1949年，中华人民共和国成立，中国摆脱了半殖民地、半封建社会，中国社会发生了根本的变化，进入到社会主义社会，女性观也发生了根本的变化。

2.3 哲学、宗教等影响

哲学为女性观提供理论基础，女性观随着哲学的发展而发展。哲学作为智慧之学，是时代精神的精华，是人类智慧的理论升华，其基本内容就是世界观和方法论。女性观受着哲学理论的支配和指导。

在中国，儒家女性观产生的理论基础是《周易》。"易"本是古代占卜之书，现存最早的易书是《周易》，相传为西周初年周文王周公所作，一直被儒家奉为经典，故又称《易经》。后来，儒者又不断进行发挥、注释、演义，汇集起来为"十翼"即《易传》。《周易》认为，宇宙万物都是由相互联系、相互作用的两个矛盾的方面组成，天地由阴阳之气聚合而成。万物如此，男女也是这样。乾和坤是阴阳之两极，乾为阳，坤为阴。而乾坤阴阳等又是具有特定性质的，那就是：乾、阳、天——尊、贵、动、刚（健）；坤、阴、地——卑、贱、静、柔（顺）。《周易》上说："天尊地卑，乾坤定矣；卑高以陈，贵贱位矣"。也就是说，天地、乾坤的关系是一种尊卑贵贱的关系，是一种既定的、等级地位分明的关系。而乾坤、天地的关系又被用来说明男女的关系，"乾道成男，坤道成女"，这样，《周易》就按照天人相应的原则，从宇宙到人类社会，把男女的关系定位在和阴阳关系相应的男主女从、男尊女卑的关系上。乾坤的品质自然也就是男女的品质，即男刚女柔、男健女顺。这些观点为后来儒家的种种歧视女性的言论，提供了基本的理论依据。因而，可以说，《周易》中的乾坤定位构成了儒家女性观的理论基础。统一的封建专制中央集权王朝建立后，董仲舒适应当时封建统治者的时代要求和需要，建立了一套完整的封建神学的唯心主义的哲学体系。董仲舒哲学体系的最高概念是"天"，《春秋繁露》中这样说："天者，百神之君也，王者之所最尊也。"董仲舒根据"阳尊阴卑"的理论，认为君为臣纲、父为子纲、夫为妻纲，建立了"三纲五常"的伦理观念。

就拿马克思主义女性观和西方女性主义理论来说，作为研究和指导妇女问题、争取男女平等的理论，两者在一些方面是共同的，有很多的一致性和联系，但是，在某些根本的问题上却是不同的。这种不同首先表现在指导思想上的不同，马克思主义女性观是以马克思主义的辩证唯物主义、历史唯物主义为指导，而女性主义理论则基本上是以资产阶级的自由主义和人权理论为指导的。近年来出现的后现代女性主义一反传统女性主义的很多观点，其理论的基础则是各种后现代主义哲学思潮。

宗教作为一种世界观，也必然会影响到女性观。宗教是历史上一种古老而又普遍的社会文化现象，三大世界性宗教佛教、基督教、伊斯兰教产生于一两千年前的古代，但至今仍存在并保持相当的生命力。宗教主张最高真理是上帝的存在，神灵是自然的主宰，最高的善是对神的信和爱，终极的美来自对上帝的直观。宗教宣扬天堂地狱之教、因果报应之说。宗教的女性观对人们的影响是巨大的，事实上，宗教的女性观又是混杂的。一般地说，各宗教都具有性歧视的倾向，比如基督教把一切罪恶都归结为撒旦（魔鬼）在作祟，又总是把魔鬼与邪恶与女人联系在一起。臭名昭著的中世纪宗教裁判把一切能想象的罪恶都强加于所谓的"巫女"身上，说这些与魔鬼发生过性关系的女人，能招致天灾人祸。天主教主张禁欲主义，诅咒两性关系，咒骂妇女，宣扬女人是祸水。罗素在《婚姻革命》中写道："教父们的作品充满了咒骂妇女的言词"。他引用莱基《欧洲道德史》中的一段话说："女人被视为地狱之门和人类罪恶之本。她只要想到她是一个女人，她就应当感到有愧。她应当在不断的忏悔中生活，因为她给这个世界带来灾祸。她应当为她的服饰而羞愧，因为这是她堕落的象征。她尤其应当为她的美貌而内疚，因为这是魔鬼最有威力的武器。"①天主教认定,虔诚的女教徒应在教堂修行。在欧洲各国,女修道院比比皆是。天主教认定,妇女避孕和堕胎是一种罪孽,应严惩。这也正是近代女权运动几乎都是从争取堕胎权开始的原因。当然,某些教派也有改善妇女地位的作用。拿佛教来说,佛教来源于古印度,西汉末年传入我国。按教义的差异,佛教分为大乘、小乘,传入我国的主要是大乘教。大乘教主张,不分男女、老幼、贫富、贵贱在成佛面前,人人平等。有男女僧徒,男曰比丘,女曰比丘尼。南朝佛教主张男女皆可出家,而且还提倡在家修行。可见,一方面"各宗教都不可救药地具有性歧视倾向",但又"主张非常神圣的诚实与爱,它们并不具有性别区分的特点。因而,这些传统是某种混杂的袋子。它们在从社会方面压迫妇女的同时,又从神秘的方面解放她们中的多数"。②

第三节 女性观的特点

女性观是在不同的文化以及社会背景中产生和发展起来的,因而,是历时态的、变动的。而就某一时代而言,不同国家、地区、民族,不同阶级、阶层的人们,其女性观又有着一定甚至很大的差异,因而女性观又是多元共生的。

3.1 民族地域特色

不同的人群总是在某种特定而具体的地域中从事自己的活动,平原、高山、丘陵,热带、温带、寒带,水系流域、干旱地区等等,特定的生存环境,给人们的思想观念自然也包括女性观念的形成带来了不同的影响。由于地域是划分民族的一个重要标志,因而女性

---

① 伯特兰·罗素(Bertrand Russell):《婚姻革命》(*Marital Revolution*),东方出版社,1988年版,第42页。

② 邓尼丝·拉德纳·卡莫迪:《妇女与世界宗教》,四川人民出版社,1995年版,第15页。

观的地域因素又往往是与民族特色联系在一起的。

民族是人类社会最普遍的社会现象,就每个民族来说,共同语言、共同地域、共同经济生活及共同心理素质把他们联系在一起。可以说,世界上每个人都是从属于某个民族的。毫无疑问,不同的历史、经济、文化等背景必然会导致女性观念上的差异,形成自己的民族特色。在原始社会母系氏族时期,女性受尊崇是世界各地的普遍现象,但在内容上各民族都有自己的特色,这一点从多姿多彩、形象各异的女神传说中就可看出。在此后长达几千年的时间里,男女不平等、歧视妇女的观念几乎遍及世界,不过也有一些民族保留了与众不同的观念。

我国自古以来是一个多民族的国家,从历史上来看,北方少数民族的女性观与中原地区汉民族的女性观就有差异,比如南北朝时期,北朝(包括北魏、东魏、西魏、北齐、北周)是鲜卑拓跋部建立的,是游牧民族,他们的女性观与南朝有很大的不同。北朝的乐府民歌《木兰辞》就是最好体现,木兰是英武刚强又孝亲爱弟的女子,在外敌入侵面前,她毫不犹豫女扮男装,代替老父幼弟从军,征战十二年,荣立战功,不受赏赐,回归故乡。这首民歌是对理想女子的讴歌,报国、尽孝完全可以一统于女子身上,这是对男尊女卑女性观的一种否定,只有在北朝才会有的观念。唐代是封建社会鼎盛时期,经济繁荣,社会安定,对外交流频繁。由于李唐氏族源于北方少数民族,仍保留着少数民族尚武习气和母系制遗风。因此,唐人的女性观念比较自由、开放。在唐代,女子可与男子一起出游、打猎、饮酒,有一定文化素养的女子与男子论诗作文,不分高下。妇女社交增多,推动了服饰的发展,唐代妇女服饰开化袒露,很多妇女喜穿胡服男装,甚至女扮男装在室外活动。唐代出了中国历史上惟一一位女皇帝,一定时期内,上层妇女的地位是较高的,尤其是公主们,生活放纵、骄悍,拥有一系列经济、政治特权,甚至干预决策、任命官吏,婚姻上也比较自主,公主改嫁者不在少数,三嫁者也不乏其人。目前,连同汉族在内,我国共有 56 个民族。其中汉族最多,占全国人口的 90% 以上。55 个少数民族都有本民族独具特色的文化。就拿苗族来说,苗族在我国少数民族中人口居第四位,广泛分布在贵州、湖南、云南、广西等地，其中，贵州的苗族人口最多。苗族居住的地区偏僻，女性观保存了较多的原始社会的遗风。苗族青年男女约会，每个村寨都为他们提供"游方"和约会的公房；不落夫家其间，女子不属于夫家成员，可照常参加"游方"，未婚女子所生之子属母系家庭，留在母亲家，不受歧视，享有继承权。在家庭中，男女的地位颇为平等，女子是较为自由的。女中豪杰与男子一样参加劳动，共同维持生计。对于父母，苗族总是把母亲放在父亲的前面称呼，叫做"母父"。

3.2 阶层阶级属性

在阶级社会中，阶级结构是社会的基本结构。比阶级更深入的一个层面是阶层，指的是在社会上处于某种特殊地位具有一定特殊性的社会集团，或者是阶级内部的阶层，或者是游离于社会基本阶级之间的社会阶层。从女性的角度来说，她们生活在社会中，是从属于不同阶级、阶层的，事实上，女性随着处境或身份的改变，地位也随之改变。不同阶级、阶层下的女性，社会对她们的看法以及自身的观念，是不同的。

从历史上来看，无论是西方还是东方，在相当长的一段时期内，封建的"男尊女卑"的女性观占据统治地位，而实际上，不同阶层人们的女性观并非完全一致。比如说，在中国，封建时代的文学作品中，正面的女性形象大多是"佐君子以成"的淑女、贤妻、良母，在一些比较优秀的、反映爱情婚姻的作品中，也都是"郎才女貌"、"才子佳人"、"英雄美人"，反映了封建士大夫的女性观。我们还可以从诗歌等文学作品中所反映的社会风貌中，了解到当时普通百姓的女性观念。《诗经》中的《卫风·木瓜》，"投我以木瓜，报之以琼琚。匪报也，永以为好也"，青年男女在劳动中相爱并互赠定情礼物。在民间广泛流传的牛郎织女的故事，夫妻双方相依为命、感情真挚、相濡以沫。毛泽东在《湖南农民运动考察报告》中曾说过，农民家庭中，妇女的地位是比较高的，耕田、挑水等重体力活妇女和男子一样承担。

就当代来说，西方社会不同阶级、阶层、社会集团及不同利益群体的存在,是一个基本的事实。各个阶层妇女有着不同的遭遇、处境、利益、要求,因此,也产生了不同的女性观。西方自由主义的女权主义者一直是代表在社会中占统治地位的资产阶级妇女的思想的,她们一般都受过较好的教育,拥有一定的经济实力,生活优越,有时间和精力搞女权运动,她们的主张并不触动现有的社会制度,因而往往还得到政府和一些男性的支持。她们也是西方社会在妇女教育、就业、社会地位、参政等方面获得权益的最大受益者。在西方社会,还存在一大批有色人种的妇女,她们从事的一般是最繁重、劳动条件最差和选择余地最小的工作,所得的报酬也低廉,她们中的很多人都生活在贫困之中。有色人种女权主义运动的领袖认为,虽然白人和黑人妇女都同样受男性的统治,但白人妇女毕竟有许多靠自己的肤色和种族而拥有的特权,而这是黑人男性也没有的。因此,与性别压迫相比,种族压迫更严重,在种族压迫没被消除之前,妇女的共同解放根本就无从谈起。1979年,《黑人女性主义宣言》发表,指出,黑人妇女受种族、阶级和性别的三重压迫,而种族和阶级的压迫则使黑人妇女和男性黑人有着共同的利益,因此,不能抛开种族和阶级的偏见,抽象地谈论妇女解放。在许多问题上,黑人妇女和白人妇女的观点是不一致的,比如,当白人妇女讨论性的平等、高雅与低贱、性享乐、性满足时,黑人妇女却面临着比性更严峻的生活问题。当白人妇女追求自我意识而同丈夫抗衡时,处于贫困中的黑人妇女却希望与丈夫紧密配合而得以生存。

3.3 多元共生态势

女性观不是一统的,不仅不同的民族、国家、地区,人们的女性观有一定的差异,即使在同一国家,女性观也呈现出复杂纷呈、多元共生的态势。在各种女性观中,一般地说,统治阶级的思想都是占统治地位的思想。也就是说,支配着物质生产资料的阶级,同时也支配着精神生产的资料。

在中国漫长的封建社会,儒家的以男尊女卑为核心的女性观始终处于主导地位。除此之外,法家、道家、佛教的女性观也有一定的影响。法家的女性观带有明显的政治功利色彩,突出表现为建筑在男尊女卑基础上的女性工具论和以法治家的思想。法家从君主的政治功利出发，把妇女当作君主和上层特权人物的政治阴谋、政治交易的工具和淫乐、生育的工具来利用。韩非子认为，儒家的"仁爱"是虚伪的，利益是人们关系的普遍永久的法则，在家庭内部也是如此，夫妻利益是不同的。他将"国无二君"引申到家庭中，主张"家无二贵"，只能是一贵一贱、一行一随、一治一听，"行法于妻"。与儒家、法家的积极入世的思想不同，道家是主张虚无、清静、无为，追求个性自由解放，靠自我的顺应自然，达到"物我为一"的境界。道家的家庭人伦观念比较淡漠，强调顺从自然，庄子的妻子死后，友人前来吊唁，看见庄子鼓盆而歌，友人不解，庄子解释，妻子死，当然悲伤，但考察人的生死变化，不过是由气到形，形又变生，生又变死，人死不过是完成一个变化过程，活着的人哭不是"不通乎命"的愚蠢表现吗？① 道家不提倡对妇女的道德约束、贞操说教，而是主张在"得道"方面，男女共进。佛教主张"四大皆空"，而道家则是以养生得道为目的的。

其实，在历史发展中，各种女性观之间必然互相影响、渗透，比如，汉代董仲舒在建立"三纲"理论的时候，就吸收了韩非的"臣事君"、"子事父"、"妻事夫"的思想。道家早期是尊崇女性的，但是，越到后来，越受到现实生活中儒家女性观的影响，男尊女卑的观念也逐渐为道家所接受。秦汉时期，道家融合了儒、法、刑、名、墨诸学，提出"无为而治"，吸收了儒家的"仁义"思想，妇女也同样受到这样的规范。

即便是儒家的女性观，也不是单一的，而是有差异、矛盾和多元的。比如，在儒学勃兴的先秦，对好女人的标准，更主要的是重德不重色。在儒家经典中，最受尊崇的女性是周室三母（太姜、太任、太姒），她们辅佐丈夫或儿子成就大业。另一方面，对女人参与"外事"也还是肯定的，就拿女人干政来说，尽管一再遭到攻击，但干政本身就说明在人们的观念中是认可的，不然的话，女人干政岂能发生，而且有的时间还很长。儒家主张男尊女卑，但同时也提出

---

① 引自杜芳琴：《女性观念的衍变》，河南人民出版社，1988年版。

乾坤、阴阳并重，强调男女共处的和谐。《礼记·昏义》中说："天子之与后，犹日之与月，阴之与阳，相须而后成者也。"

历史是以男性为中心的，女性观指的是男性中心社会处于主体地位的男性对女性的认识、看法；而实际上，完整地说，女性观还应包括女性的自我意识，即女性对自身的认识、感受、评价。毫无疑问，在以男性为中心的社会里，前者是占主导地位的。综观几千年的中国社会，女性对自身的认识、看法可分为两种趋势：

一方面，在几千年男尊女卑的社会里，女性的自我意识是弱化的，她们被剥夺了社会权利、地位，按照男性所规定、设计的模式去塑造自己。她们忠实地体现着儒家正统道德、价值观念，如汉代的班昭，完全站在男子利益的角度，用儒家的女性观来训诫女性，说明女性自我意识的进一步沉沦。

另一方面，尽管女性在封建宗法、礼教、专制政权的压抑下，处于卑下的地位，但仍然与男子一道，推动社会的进步、历史的发展。我们从有限的记载中，可以了解到一些女性的惊人事迹、杰出才华和高尚情操。值得一提的是，展示中国女性智慧和才华的女书就是东方式的女权意识的体现，女书或者说女字，即妇女文字，是一种奇特的汉字。女书在中国湖南江永县已流传很久，至今仍在一些高龄妇女中使用。从目前收集到的几十万字女书原件资料来看，女书共有一千个左右的基本单字。女书的创造和使用者是农家妇女——被排斥在文化教育之外的农家妇女，她们把零零星星学来的少量（初步统计，女书所借用的汉字不到 300 个）简单的汉字加以变异改造，在这几百个字的基础上，吸收宋元以来民间俗体简体字，同时融入女红风格特征，逐渐形成的。尽管女书的发明者至今仍是个谜，但大体推断在明代前后。女书无论在流行范围、社会地位上都无法与正统的方块汉字进行抗争，但女书的主人在强大的层层重压下，以女性的柔弱，创造和使用自己的文字，描绘、构建女性的精神王国，向社会展示自己的存在，使在现实社会中被压抑、扭曲的心灵得到某些解放，反映了社会最底层女性的勇气和反抗意识。

第四节 女性观与女性发展

女性观与女性发展形成一种互动的关系,一方面,女性发展决定了女性观的变化;另一方面,女性观也极大地影响了女性发展。这种影响可以分为同步的与不同步的。女性观对女性发展的同步影响表现在,社会主流女性观与女性总体地位是一致的,二者相互依存,相互制约。同时,女性观作为社会意识,具有相对独立性,它与社会存在的发展变化往往不完全同步,这种不同步性有两种情形:一是超前,先进的女性观往往在一定程度上超越社会现有存在状态,预见到未来的发展,对社会实践产生引导作用;二是滞后,女性观的发展往往落后于社会的发展,当社会发生了根本的变化时,既有女性观还有可能在一个相当长的时期内存在,并阻碍社会的发展。

4.1 主流女性观与女性总体地位

"意识在任何时候都是只能被意识到了的存在,而人们的存在就是他们的实际生活过程"。[①] 社会意识依赖于社会存在、反映社会存在,社会存在决定了人们的社会意识,女性观作为社会意识,也不例外地是女性存在与生活的反映。也就是说,社会主流女性观念是当时社会妇女地位、生活方式等主要方面的反映,因此,它与女性总体地位与发展必然是一致的。在阶级社会,统治阶级是通过上层建筑的法律和道德来进行统治的,法律是由国家制定或认可,通过国家强制力保证执行的行为规则的总称。道德是依靠社会舆论和说服教育来调整人们之间的关系的行为规范和准则的总和。女性观体现在法律和道德中,制约着女性的社会地位和女性的发展。

在中世纪的西欧,在"万流归宗"的"黑暗时代",西欧各国妇女被广泛卷入宗教的生活之中。在比比皆是的修道院里,很多妇女过着禁欲、修道的生活,宗教裁判所把一切可以想象的罪恶都强加

---

① 《马克思恩格斯选集》第一卷,人民出版社,1977年版,第30页。

于妇女身上，一些妇女被指为"巫女"后被残忍地处死。大约在14世纪，出现了"贞洁带"，这种用金属做成的护带带在妇女的两腿之间，用锁锁住，丈夫掌管着钥匙，以保证妇女的贞节。英国，妇女在未成年时，受父亲或男性亲属的管束，婚后不仅一切财产归丈夫所有，就连人身也成了丈夫的动产(chattel)，她的活动包括出庭、立遗嘱等都要丈夫陪同或同意。

在中国几千年的封建社会，"男尊女卑"的女性观贯穿于政策、法令、道德之中，其规定了妇女卑下、从属于男人的地位，对女性有很大的约束力。

4.2 女性观与女性社会地位的矛盾与差异

社会主流女性观念反映并影响着女性的总体地位，但在实际上，其影响力是因地区、民族、阶级等的不同而存有差异的。每个女性个体也由于生理、心理、性格、经历等原因，对主流女性观念的接受并不一致。

在中国封建社会，这种矛盾和差异就表现得特别明显。在平民家庭中，男人离不开妇女的帮助，"男耕女织"的生活使得两性关系较为密切，甚至在家庭中妇女的地位也是较高的。在儒家的女性观里，"男外女内"是男女角色分工的基本原则，妇女的职责主要是主持家务。但实际上，千百年来，上层社会女人参政执政、太后临朝、后妃干政之事也时有发生。此外，还出现一些带兵打仗、出使国外等杰出的女性。普遍地说，在中国封建社会里，父母是重男轻女的，但实际上，在一些家庭尤其是上层比较富裕的家庭里，女儿也并非一定受到轻贱，女儿没有财产继承权，父母往往通过给女儿大笔的嫁妆来弥补。女性出嫁后，并不是所有的妻子都过着如履薄冰的日子，"举案齐眉"、"相敬如宾"的佳话千古流传。女性除了从父、从夫之外，还规定"从子"。但我们也应看到另一面，就是儒家的尊重母亲的观念和风气。不过，应该指出的是，儒家尊重母亲，是尊重母亲生养之恩，而不是尊重母亲作为女人的独立人格和家庭地位。在男女关系中，儒家规定"男女有别"，对男女的交往做了种种的限制，但自古以来，无论上层还是下层社会，男女的交往都是无法受其限制的,即使是在"饿死事小,失节事大"的年代,妇女改嫁、婚外私情也从来没有停止过。女性没有与男子一样的受教育的权利,但实际上,许多上层社会的女性是有读书的机会的,只是让其读书的目的不是"学而优则仕",而是要知书达理、成为符合男性社会标准的淑女贞妇,更好地相夫教子。

在中世纪的欧洲也是如此。从总体上来说,"男尊女卑"的女性观占据统治地位,法律对妇女做了极苛刻的规定。但另一方面,在实际生活中,有些地方却甚至完全相反。比如,在英国农村,妇女的社会地位并不低,妇女可以拥有土地、可继承财产、可立遗嘱。在家庭生活中的作用更是不可替代,她们做饭、喂牲畜、种菜园、纺纱织布等。在城镇,妇女从事各种手工劳动,甚至独立开业经商。上层社会的妇女管理大家庭,享受着荣华富贵,在社交场合,男人崇拜女性的"骑士风度"流行起来后,至少从表面上来看,妇女的地位是高的。正如一位学者所说:"妇女已经开始受到尊重。无论我们如何看待这种尊重的最终价值,它都至少要比早期教父把她们投进无底的深渊要好。"①

4.3 女性观的先进性与落后性

女性观作为社会意识,往往会带有一定的超前性。这是由社会意识具有相对独立性这个特点决定的,先进的社会意识往往会在一定程度上超越社会存在的现有状态,代表未来新社会的新意识,预见未来的发展,因此,能够指导实践。比如马克思主义女性观,虽然在当时的社会物质条件下无法实现,但它却既是对社会不合理现象进行批判的尺度,又是引导社会向合理化发展的目标。当今社会,西方各种女权主义思想中,有的主张尽管目前还无法实现,但却也不失为人类社会追求进步的一种方向。

从中国女性观发展的轨迹来看,在男尊女卑社会,一些有识之士提出的同情女性思想,虽在当时既无法实现,又被封建卫道士视

---

① 转引自李平:《世界妇女史》,南海出版社、香港书环出版社,1995年版,第178页。

为离经叛道，但却具有重要价值。比如，唐诗、宋词、元曲等文学艺术中都有一些同情或赞美女性的作品。唐代大诗人白居易的《妇人苦》写道："须知妇人苦，从此莫相轻。"元代关汉卿的《窦娥冤》说："英灵之气不钟于男子，而钟于妇人。"这些开明的知识分子，张扬中国传统思想中的某些积极因素，为妇女发出不平之鸣，但在歧视妇女的社会氛围下，他们的呼声却始终得不到多大的反响。明末清初，随着资本主义萌芽的出现，思想领域出现了一些新的思潮，在妇女问题上也出现了一些否定封建礼教、否定男尊女卑、主张男女平等的进步思想，这可以说是中国解放妇女思想的萌芽。主要反映在李贽的《焚书》、俞正燮的《癸巳类稿》、冯梦龙的"三言""二拍"、唐甄的《潜书》、袁枚的《随园诗话》等思想家的著述中，他们从不同的角度抨击男尊女卑，勇敢地否定了君臣、父子、夫妇、兄弟、朋友的封建秩序，认为夫妇为五伦之首；驳斥"女祸论"，大胆地为女祸之首的妺喜、妲己、褒姒开脱罪名，指出她们是遇昏君而获罪，昏君丧国其祸不在女子；反对片面的节烈观；反对女子缠足；主张妇女参政。他们认为，人的见识是有远近、高下之别，但不是以性别来划分，男女的智力是平等的。与思想家进步的女性观相呼应的是明清文坛上的思想解放，比如，汤显祖的《牡丹亭》，蒲松龄的《聊斋志异》，曹雪芹《红楼梦》，李汝珍的《镜花缘》等。但是由于资本主义萌芽十分脆弱，因而反映这种新的生产关系的思想意识也只能处于朦胧的状态之中。尽管这些思想为当时的封建正统思想所不容，被社会视为异端，《牡丹亭》被污为"淫书"，李贽将其书稿命名为《焚书》，唐甄晚年自焚《潜书》；但是，这些先进思想的影响却是巨大的。

　　同时，我们也必须看到另一面：社会意识具有相对的稳定性，当社会制度发生了变革之后，旧的社会意识还会顽固地存在着，女性观往往带有滞后性。

　　在中国，男尊女卑的女性观在历史长河中，已渗透、融化在社会生活、社会习俗的各个方面，影响着人们的生活、行为、心理、是非善恶观念，积淀在社会文化心理结构之中。目前，社会上还存在着一些重男轻女的现象，比如，弃溺女婴时有发生，女童的失学率、辍学率远远高于男童,女性就业难包括女大学生、女研究生分配难,女职工提前退休,下岗女工比例高于男职工,女职工再就业难,女性领导干部比例小、层次低、发挥作用不够,以及职业女性角色冲突等等。上述问题不能设想在短时期内会发生根本性的变化,这里面,除了社会主义初级阶段物质生产水平的制约因素之外,一个更主要的、更深层的原因就是落后女性观的根深蒂固。在人们的意识中、在社会观念里,历史遗留下来的传统女性观中的消极方面仍在以各种形式存在着,像阴影一样笼罩着现代女性的生活,成为束缚和阻碍女性发展的潜网。有的表现为普遍的社会意识,有的主要存于男性思想中,有的则为一些女性所认同,总的说来,"男强女弱"、"男尊女卑"等封建意识仍有一定的市场,为一些人所推崇。有调查表明,相当一部分人认为,事业上取得成就是男人的事,作为女人,最主要的是做个好妻子、好母亲。一些女性尽管也参加工作,但在工作中投入不多,精力一多半在家庭,更不愿为社会事务操心。前几年有人曾对几个城市进行过一项调查,其中,同意"丈夫的成功就是妻子的成功、妻子要全力支持丈夫"说法的女性占很大比例,这进一步说明"夫贵妻荣"传统观念的顽固。我们看到,在现实中,"好女人"比所谓的"女强人"更受人们的赞赏,温顺、柔弱等古典女性审美观仍为一些人所称慕,而泼辣、刚健、直言的女性则往往被视为"没有女人味"等等。在一些影视书刊中,传统女性形象被讴歌,妻子包揽家务支持丈夫被称道。一些传媒宣传的女性典范大多是一心扑在家庭上,把全部心血都献给丈夫和孩子,而男性典范形象则是一心扑在事业上,不顾甚至牺牲家庭,这些无疑都反映也强化了"男尊女卑"传统性别观念。

　　从女性观产生、演变的过程来看,女性观主要受经济、政治、文化等诸多因素的影响,它是和一个社会的经济基础、上层建筑相联系和相适应的,并受到哲学、宗教艺术等其他社会意识形态的影响和制约。女性观是复杂纷呈的,在阶级社会里,不同群体由于各自不同的经济利益和政治要求,会形成不同甚至对立的女性观。不同的地域、民族、种族,女性观也存在一定的差异。就某一个社会形态来说，除了反映该社会占统治地位的经济、政治制度并为其服务的女性观之外，还会存在前一个社会形态遗留下来的女性意识以及反映现存社会里成长着的新社会因素的新的女性观萌芽，它们之间存在着矛盾和斗争。回顾过去，展现在我们面前的女性观是经历了曲折的发展变化的：远古时代男女两性平等的观念——中世纪男尊女卑的思想——近代以来追求男女平等的主张。不过，远古时代的"男女平等"是与较低的生产力水平相适应的，是朴素、自然的，而我们今天所追求的则是更高层次与意义上的"男女平等"。在未来社会里，女性与男性一样，享有作为人的一切权利与义务，将是任何先进女性观的内核。

第六章 女性问题与妇女运动

女性问题是人类社会历史发展中产生的最重大的问题之一。它具有广泛的社会内容，涉及政治、经济、文化、教育、伦理道德以及社会与家庭生活等诸多领域。女性问题的核心是男女平等的问题，即女性与男性是否享有平等的尊严和价值，是否享有平等的权利、机会与责任。在历史的昨天与今天，男女事实上的不平等一直在阻碍着女性的发展，阻挡着社会的进步。女性，特别是成年女性，即通常所说的妇女，为此进行了多种形式的抗争，近现代以来则形成了颇具影响、大有成效的妇女运动。

第一节 女性问题

1.1 界定

女性问题有广义和狭义之分。广义的女性问题是指贯穿于人类社会始终的，与女性生存发展相关的一切问题。狭义的女性问题是指女性在政治、经济、文化、教育、社会及家庭生活中，是否与男子享有平等权利的问题，即男女是否平等的问题；是女性如何争取解放和彻底解放，发展和全面发展的问题。女性问题是社会问题的一部分，是人与人之间一定社会关系的一种表现形式。而狭义的女性问题，即男女不平等的问题，则不是从来就有的，而是一定历史阶段的产物：它伴随着人类社会中私有制和阶级的产生和发展而产生和发展，也必将随着私有制和阶级的逐步消亡和等级制的社会结构的逐步消亡而消亡。在不同的社会制度和社会发展的不同历史阶段，女性问题的性质和内容是不相同，或不尽相同的。在以私有制为基础的阶级社会中,男女社会地位的落差与阶级压迫相互交织,因而女性问题具有对抗性的特征,它突出表现为关于劳动女性摆脱阶级剥削和阶级压迫制度的途径的问题。在以公有制为基础的社会主义社会,从根本上说,女性问题已不再具有对抗性的特征,而主要表现为男女根本利益一致基础上的实际生活中的性别差异。在这一社会中,女性问题是关于根本改善女性地位,规定并实现女性与男子在政治、经济、文化、社会及家庭生活等各个方面的平等权利和地位的问题;是关于女性在这一社会条件下,在社会生活诸方面的切身利益和合法权益的问题。

1.2 由来与类别

任何一种社会制度的产生、发展和变化,都受着两种生产的制约,即"一方面是生活资料即食物、衣服、住房以及为此所必需的工具的生产;另一方面是人类自身的生产,即种的蕃衍"。[1] 原始社会是人类历史上最长的社会阶段,历经二三百万年。在原始社会,特别是在它的早期和中期,由于生产力水平极其低下,人们对生产资料和生活资料只能实行极低水平的公有制,社会上既没有阶级差别,也不存在男女不平等的现象,"妇女不仅居于自由的地位,而且居于受到高度尊敬的地位"。[2] 世界各国关于远古时代一些女神的传说,在一定程度上反映了这一时代女性备受尊敬的情况。摩尔根在其《古代社会》一书中对世界上若干民族女系世系的考证(如对吕西亚人、伊特剌斯坎人中的女系世系的考证),加深了对这一问题的认识;我国的考古发掘(如在属于母系氏族阶段的陕西华县元君庙20号墓、临潼姜寨墓等墓葬中,均发现了对女性实行厚葬的情况),也证实了这一点。

女性在远古时代之所以有过较高的社会地位,主要是由于那时女性在社会生产和生活中的非常重要的作用,以及母系在联结社会群体中的重要作用而决定的,当然,前者是最基本的。

---

[1]《马克思恩格斯选集》第四卷,人民出版社,1995年版,第2页。
[2]《马克思恩格斯列宁斯大林论妇女》,中国妇女出版社,1990年版,第102页。

女性社会地位的失落，是以母系氏族制被父系氏族制所代替为标志的。那么，母系氏族制为什么会被父系氏族制所代替呢？其主要原因在于：

第一，随着社会生产力的提高，男子在社会生产和生活中的作用日益突出。

第二，对偶婚和对偶家庭的不断巩固和发展，使得父亲和父权的观念逐渐产生。

第三，私有财产的出现和私有观念的日趋强烈，驱使男子和诸多社会成员要求废除母权制。这是母权制终于被父权制所代替的决定性的因素。

固然，母权制的被废除，是人类所经历过的最激烈的革命之一，但它的被废除，相对于此后的历次革命来说，是比较简单和比较容易的，即它并不需要侵害到任何一个活着的成员，只需规定，"以后氏族男性成员的子女应留在本氏族内，而女性成员的子女应该离开本氏族，而转到他们父亲的氏族中去，就行了"。① 这样就废除了按女系计算世系的办法和母系继承权，而确立了按男系计算世系的办法和父系的继承权。"母权制的被推翻，乃是女性的具有世界历史意义的失败。"② 可见，在私有制确立的同时，女人也就成了男人的隶属。"此后随之而来的是轻视，甚至蔑视妇女的时代。"③ 男女不平等的女性问题从此产生。

女性问题，按其所涉及的基本社会内容，可分为若干类别，下面择其概要作一简述。

1. 女性的经济地位问题

女性的经济地位问题，是指女性在社会经济关系中所处的位置。它对女性的社会地位起着决定性的作用。经济是否独立，是衡量女性社会地位的首要尺度。一切社会的从属和压迫均是起因于被压迫者的经济的从属。经济不独立，是女性受压迫的最根本的原因。女

---

① ② 《马克思恩格斯列宁斯大林论妇女》，中国妇女出版社，1990年版，第110页。
③ 奥古斯特·倍倍尔：《妇女与社会主义》，中央编译出版社，1995年版，第25页。

性的经济地位,从根本上说,是由社会的基本经济制度所决定的。在私有制社会里,无论是奴隶制社会、封建制社会,还是资本主义社会,对广大劳动女性来说,由于她们失去了生产资料所有权,因而,同广大男性被压迫者一样,是剥削阶级压迫、奴役的对象。不仅如此,又因为她们是女性,因而她们所受的压迫更深、更残酷。对于未能参加社会生产劳动的广大劳动女性来说,由于她们在经济上一般都要依赖于男性,因此,即使全力承担起全部琐碎、繁杂的家务劳动,她们在家庭中,也处于"家庭奴婢"的地位。如同法国女权主义者费罗拉·特里斯在1943年所著的《工人联合》一书中曾指出的:"连一个最受压迫的男人也可以压迫一个人,这个人就是他的妻子。他的妻子是无产者的无产者。"

当然,在各种性质的剥削阶级社会里,女性群体中还有一部分"外表上受尊重的,脱离一切实际劳动的文明时代的贵夫人"。一般来说,由于她们是依附于男性剥削者,因此,"比起野蛮时代辛苦劳动的女性来说,这些贵夫人的社会地位仍是无比低下的。"[①]

在社会主义条件下,在公有制经济关系中,女性和男性一样,享有对一定的生产资料的占有权、支配权和使用权,基本经济地位在男女中没有本质区别。并且,由于其基本制度为女性广泛参加社会劳动奠定了基础,使得广大女性在经济上获得了独立,从而打破了几千年来女性在经济上对男子的依附地位,使女性成了自己命运的主宰。

2. 女性的政治地位问题

女性的政治地位是指女性在国家政治生活中所处的位置。女性的政治地位是由女性所享有和拥有的政治权利决定的。其中政治参与权利是决定女性政治地位高低的重要标志。考察女性的政治地位,可以从以下几方面入手:一是女性是否获得与男子同等的选举权和其他政治权利,并能独立行使这些权利。二是女性参加各级领导机构直接管理国家和社会事物的状况。三是女性组织作为女性利益的

[①] 《马克思恩格斯列宁斯大林论妇女》,中国妇女出版社,1990年版,第103页。

代表在民主管理、民主监督以及国家决策中的影响和作用,同时还要了解女性群体的政治参与意识,因为参与意识是有效行使政治权利进而提高政治权利的强度的基础和条件。在现实生活中,政治作为一种影响力,对个人及群体的经济乃至其他利益的实现具有重要的作用。可以说,女性的政治地位是女性解放进程的深层目标,也是女性社会地位高低的集中表现。

3. **女性的法律地位问题**

女性的法律地位取决于女性在一定社会中的经济地位和政治地位,它反映着一定社会的物质文明和精神文明发展的程度,是女性社会地位的突出标志之一。从近现代社会看,资本主义国家对女性的歧视是制度性、法律性的。美国 1776 年公布的《独立宣言》,曾以"第一个人权宣言"而著称。然而,它在宣布"人人生而平等"时,使用的"人"字却是"men",即"男人",1787 年颁布并经 1789 年《人权法案》补充的美国宪法,照例将女性甩开,只字不谈女性的权利。1868 年即美国建国九十二年之后颁布的第 14 条宪法修正案,虽然从字面上消除了对女性的歧视,但最高法院的解释却依然否认女性是享有平等权利的"人"和"公民"。直到进入 20 世纪 90 年代,美国宪法仍未明确规定男女权利平等的条款。女性在宪法和其他法律上仍未获得与男子平等的地位。从发展中国家的有关情况看:在阿拉伯世界,许多国家长期没有男女同工同酬的法律,女性至今从事的职业也是很有限的,有的阿拉伯国家实行男女隔离,女性没有选举权。而在非洲,许多地方禁止女性拥有土地所有权。有些国家至今仍存在对女性的歧视性立法条款、规章和条例。有些国家虽然制定了有利于男女平等的立法条文,但在付诸实施中还存在诸多问题,事实上的对女性性别歧视现象依然存在。

在世界范围内,女性真正在法律上获得与男子的平等地位是在社会主义国家诞生后,在社会主义国家的各项法律中体现出来的。

所以,女性的法律地位问题不是一个孤立的问题,而是与各个国家或地区的社会制度,特别是经济和政治制度紧密相联的,并且是由它们决定的。

4. 女性的教育地位问题

女性的教育地位问题，是女性参与社会的能力基础和发展潜力问题。它既是衡量女性社会地位的重要标志，又是对女性地位其他因素具有重大影响的中介变量。它要研究女性入学数量和学历指数、教育的性质和内容，这样才能从教育指标中透视出女性历史的和现实的地位。当然，应该看到，广义的女性教育，既包括提高女性的文化素质（即提高科学知识水平和语言文字表达能力；提高工作技能；培养健康的兴趣、爱好和良好的气质、风度等），也包括提高女性的思想素质（指教育女性树立正确的科学的世界观、人生观、价值观、幸福观等）和心理素质（包括自然心理素质和社会心理素质）。即应通过教育，使女性获得全面的提高和发展。各国的女性的教育地位，是由各国的经济和政治制度决定的。

5. 女性的婚姻家庭地位问题及其他问题

女性的婚姻家庭地位问题，是指女性在婚姻家庭中是否享有与男子平等权利和位置的问题。其主要由女性对婚姻的依赖程度和女性在家庭中对财产有多大的占有权和支配权来决定。因此，它同样不能不受一定的生产方式和社会制度的制约，不能不受一定的婚姻家庭制度的制约。例如，在封建社会，包办、强迫买卖婚姻、一夫多妻、男尊女卑、夫权统治等被视为合法的、正统的婚姻家庭制度，在这种情况下，女性在婚姻家庭中不可能与男子享有平等的地位。在现代社会，即使在发达的资本主义国家，其婚姻家庭制度仍显而易见地存在着对女性的轻视和限制。如瑞士联邦民法曾规定：男女结婚后，夫为婚姻的主体，决定婚姻住所并以适当的方式抚养妻子及子女；妻从夫姓并取得夫的身份权，应当全力帮助和支持夫对婚姻共同生活的管理；夫为婚姻共同生活的代表，妻只有在取得夫的明示或默示的承诺后，才享有就业权，等等。另据第四次世界妇女大会非政府论坛透露：家庭暴力是美国女性受伤害最普遍的原因。每年大约有400万女性成为家庭暴力的受害者，17万女性在怀孕第五个月到第九个月期间受到暴力袭击。因此，彻底摆脱女性的家庭奴隶地位，也是一项巨大的社会系统工程，它既与争取彻底消灭阶级剥削制度紧密相联，与女性走出家庭、参加社会劳动、首先争取经济独立紧密相联，也与加强全社会的精神文明建设等密不可分。

女性问题除上述诸类别外，还有许多特殊问题，如因异族侵略或内战，因政治动乱及其他形式的武装冲突，或因各种恐怖活动等造成的女性流离失所的问题；遭受极端的性强暴的问题；因贫困或道德沦丧或被欺骗、被强迫而卖淫和吸毒、贩毒的问题；女性被拐卖的问题；因全球自然环境恶化而对女性身心健康造成不良影响或恶劣影响的问题；因宗教戒规、种族歧视或愚昧落后造成的女性，特别是黑人女性备受歧视的问题；因世界人口过剩而受到影响的女性发展的问题，等等。应该说，这些问题都不是孤立的女性问题，解决这些问题，必须从全球可持续发展战略的全局来考虑，但各国都应从本国的实际情况出发，从自身做起，为这一问题的逐步解决作出最大的努力。

1.3 社会影响

女性问题对社会发展的影响是多方面的，这里可着重从女性在社会发展中的作用来理解：

第一，从女性在总人口中的比重来看。由于女性占人类总数之半，并且，自私有制产生以来，从总体上来看，她们一直处于与男子不平等的地位。她们中的许多人，特别是广大劳动女性曾经或仍旧生活在社会最底层。因此，女性问题解决的程度，特别是广大劳动女性问题解决的程度和她们的发展水平是社会问题解决的程度和社会发展水平的重要指标，也是衡量社会进步的重要尺度。对此，早在18世纪，法国空想社会主义者傅立叶就曾指出过："某一历史时代的发展，总是可以由妇女走向自由的程度来确定，因为在女人和男人、女性和男性的关系中，最鲜明不过表现出人性对兽性的胜利，因为妇女解放的程度，是衡量普遍解放的天然标准。"

第二，从自古以来女性对社会发展的贡献来看。女性同男子一样，是一支伟大的人力资源，在社会物质文明和精神文明建设中起着举足轻重的作用，特别是由于生理条件的天然差别，许多社会职业更适合女性来从事。因此，能否在一定的社会条件下，最大限度地实事求是地解决女性问题,提高女性的社会地位,将直接影响到这支重要人力资源作用的发挥,影响到众多社会职业的效益,当然,也就会直接影响到全社会物质文明和精神文明建设的发展。

第三,从女性与家庭的关系来看。由于女性是社会细胞——家庭的重要成员,因此,女性问题解决得如何,直接关系到社会上绝大多数家庭的物质生活和精神生活的质量,继而直接关系到全社会的物质生活和精神生活的质量。

第四,从女性担负的特殊生产职能来看。由于女性是人类的母亲,女性在承担社会生产的同时,还担负着人类自身的生产,担负着孕育、哺育下一代的特殊任务,并和男子一样担负着教育和培养下一代的繁重任务。因此,女性问题解决得如何,女性的身体素质、文化素质和心理素质如何,必不可免地会直接影响到对下一代的孕育和哺育,教育和培养。当然,这也就不能不在相当程度上影响各个国家、各个民族的现在和将来。

总之,女性问题对社会发展影响重大,因此,每一位关心社会发展的人,都应懂得这样一个道理:"没有女性的酵素,就不可能有伟大的社会变革。社会的进步可以用女性(丑也包括在内)的社会地位来精确地衡量"。[①]

第二节 妇女运动

2.1 概念

妇女运动是社会发展到一定阶段而出现的一种社会运动,是把女性从被压迫、被剥削、被奴役的男女不平等的状况中解放出来,争取女性在政治、经济、文化教育、社会与家庭中与男子享有平等权利的运动,是为推动社会及女性自身的进步和全面发展而掀起的有组织、有纲领、有目标的社会运动。

妇女运动以女性为活动中心,并根据其领导阶级和根本斗争目

[①] 《马克思恩格斯列宁斯大林论妇女》,中国妇女出版社,1990年版,第59页。

标的不同而分为不同的类别,主要有:(1)资产阶级妇女运动(亦称女权运动)。它是世界范围内妇女解放运动的一个必然阶段;其领导者是资产阶级,其基本原则是在资产阶级法律允许的范围内,在不触动资本主义基本制度的基础上,即在保存资产阶级对无产阶级(其中包括女性无产者)的剥削的条件下,求得女性和男性的权利平等。(2)无产阶级妇女运动。它是无产阶级领导的、以广大劳动女性为主力军,以反对资本主义的剥削和压迫、争取女性地位的改善和争取女性解放为目标的社会运动。(3)社会主义妇女运动。它是以科学社会主义思想为指导,由无产阶级政党领导的,以广大劳动妇女为主力军,并动员和团结各阶级各阶层女性参加的、彻底的妇女解放运动。它把消灭阶级和阶级压迫、争取女性的经济独立作为妇女解放的基本条件,在此基础上,争取女性的彻底解放和全面进步与发展,它是无产阶级解放事业的重要组成部分。(4)其他进步的妇女运动。指其他一切有益于女性的进步、解放和发展的妇女运动。妇女运动通常都是伴随政治革命或改革的发生与发展而发生和发展,但它又有自己独特的活动内容和组织;其内容涉及政治、经济、文化、思想、道德、风俗民情等几乎所有的社会领域,关联着诸多方面的社会变革。因而,它能在一定程度上扩大和巩固政治革命或改革的影响和成果,是更深层次的社会变革运动。

2.2 产生的基本条件

自男女不平等的问题产生之日起,一些女性就曾自觉或不自觉地为改变这种不合理的社会现象而进行各种形式的反抗斗争。如在中国封建时代,一些劳动妇女领导或参加了反抗封建压迫的农民战争,这在客观上起到了一定程度地反抗封建阶级对妇女的压迫的作用;一些妇女以多种形式来反抗封建礼教,追求婚姻自由;一些妇女以"妒"反对男性多妻制,等等。但这些反抗斗争,都不能称为妇女运动。因为:一则,它们都不具备可称为妇女运动的那些基本特征;二则,在那个时代,社会上还不可能产生妇女运动。那么,妇女运动的产生应具备什么基本条件呢?

第一,女性问题已达到一定的尖锐程度,从而迫使人们不能不考虑应采取重大联合行动,努力解决这一问题。这是妇女运动发生的客观依据。历史唯物主义昭示我们:任何一种符合社会发展客观要求的、真正的社会变革运动,都不应该也不可能是靠什么组织或什么人凭其主观愿望,随心所欲就能煽动起来,制造出来,它应该是客观形势使然。

第二,女性问题不仅得到社会上众多人士的深切关注,而且特别得到一批有识之士深入、系统的理性思考,提出解决女性问题的基本理论,以指导和组织妇女运动的发动和进行。

第三,女性自我意识的觉醒和广泛的社会响应。即一方面,一定数量或相当数量的女性,其本身已能参与或积极参与解决女性问题的有关社会活动,并提出维护自身利益的若干合理要求;另一方面,她们的活动和要求能够得到社会广泛或非常广泛的同情和支持。否则,既难做到以女性为活动中心,也难做到不使这一运动处境孤立。

很明显,上述三个基本条件,只有在人类社会发展到资本主义时代后才可能逐步地具备。对此,我们将在下一个问题中结合妇女运动发生的实际稍加阐述。

2.3 历程与特点

世界妇女运动至今已有200多年的历史。大体经历了三个阶段:即早期的世界妇女运动;19世纪初至第二次世界大战期间的世界妇女运动;第二次世界大战以来的世界妇女运动。

2.3.1 早期的世界妇女运动

早期的世界妇女运动,主要是指18世纪末的资产阶级妇女运动(也称兴起时期的资产阶级妇女运动)。它是伴随着资产阶级革命的进行而发生和发展的,或者说,资产阶级革命的进行,为其发生和发展提供了必要的社会条件。这主要是指:

第一,物质条件。一方面,应该看到,17世纪中叶和18世纪末,英、法等国相继进行了资产阶级政治革命;19世纪40年代,又相继完成了工业革命。这两个革命的进行,为资本主义的发展打开了宽阔的通道，特别是工业革命的进行，使英法诸国的整个生产体系日趋社会化，使两国的资本主义从工场手工业阶段进入机器生产的狂飙时期，生产力水平得到空前的提高，物质文明得到空前发展，这对于吸引女性走出家门，了解社会，并借此重新审视世界和认识自身的地位，提供了前所未有的物质条件。而女性走出家门，走向社会，是组织和形成妇女运动的必要前提条件。另一方面，也要看到，工业革命的进行，大机器生产方式的采用，客观上又给资产阶级以其特有的手段加重对无产阶级，包括对众多女性无产者的剥削、压迫和奴役提供了方便，促使女性问题以新的形式表现得更为突出。这也为社会各界有识之士及各阶级各阶层的女性认识女性问题的严重性，并力争改善女性的地位，提供了重要的物质条件。

第二，政治条件。主要是指资产阶级在其革命过程中所争得的某些合法斗争的权利，如言论、集会和结社自由等等。而这些条件，在奴隶社会和封建社会是不可能得到的。这有益于女性冲破中世纪以来的束缚，为争取自己在家庭中和在社会上的平等权利而进行有组织的斗争。

第三，思想、理论条件。资产阶级在反封建斗争过程中提出的思想和理论，如"天赋人权"论、"自由、平等、博爱"说等，启发了女性，首先是资产阶级女性和贵族女性的觉悟，促使她们组织起来，行动起来，争取自身的权利。

早期的资产阶级妇女运动，以争取女性公民权为主要内容。它发端于18世纪中后期，其中又以法国、英国、美国的情况最为典型。

从法国的情况看，在1789年第一次大革命中，法国妇女曾参加反对封建王朝统治的斗争，巴黎妇女站到了斗争的前列。7月14日，许多妇女和男子一起攻占了法国封建主义的象征——巴士底狱。10月5日，巴黎圣安东郊区数千名女工组织起来，发动了一次以妇女为主力，向市政厅大厦进发的游行示威，要求工作和面包。其间并从武器店夺得了武器，而后改向凡尔赛进攻。6日晨，她们和男子一起冲进王宫，迫使国王路易十六接受了《人权宣言》。这次事件是法国历史上第一次妇女大规模的行动。与此同时，贵族妇女和资产阶级妇女开始举办沙龙。在各种沙龙中，妇女们认真讨论一系列社会问题。在此背景下,一些具有女权思想的人,大胆地提出了应关心和重视妇女权益的问题。其中最具代表性的人物是孔多塞和奥林普·特·卓杰。

从英国的情况看,虽然,工业革命客观上导致了英国女性地位的转变,但事实上,无论从法律地位看,还是从实际生活中看,她们都远没有被作为一个独立的"人"来对待。在法国女权主义运动的影响下,1792年,英国女权主义作家玛丽·沃斯通克拉夫特女士发表了《女权拥护论》(亦称《女权辩论》)一书。她在书中揭示了男子横暴及女子卑屈之弊害,提倡两性在社会生活诸方面平等、互助,共同促进社会进步;特别要求开发女子的智力,实行教育、职业的两性平等权利;并全力投身于为女性谋求教育平等和社会平等权利的运动,被后人称为世界妇女运动的鼻祖。在这一阶段,英国女性开始组织自己的团体,进行争取女性权利的斗争。

美国的妇女运动是在1775—1783年的独立战争时期兴起的。在这次战争中,北卡罗来纳殖民地伊登顿的51名妇女曾拟定一项《伊登顿声明》,其中提到:妇女应有权参加当地政治活动。1776年3月,美国女权运动的著名人物艾比盖尔·亚当斯和玛西·奥提司·华伦等人联名上书大陆会议,以女性参战为理由,要求给女性以选举权。艾比盖尔·亚当斯在写给她的丈夫——开国元勋之一、美国第二任总统约翰·亚当斯的信中,也谈到女性权利的问题。另一位女权主义者科宾也致书大陆会议,要求尽快给女性以参政权。

这一时期,法、英、美三国资产阶级妇女运动有如下特点:(1)参加的人数很有限,基本上局限于少数资产阶级中上层妇女、贵族妇女。(2)运动的形式主要是发表宣言和成立团体,而未形成大规模的、颇具影响力的社会活动。(3)斗争成果并不显著,各国的女性地位并未得到明显的改变。但这一运动的兴起,使女性得到了启发和锻炼,为日后妇女运动的发展打下了一定的基础。

2.3.2 19世纪初至第二次世界大战期间的世界妇女运动

1. 资产阶级妇女的参政运动

这一时期,以争取参政权为主要内容的资产阶级妇女的参政运动在世界范围发展了起来。如：美国从 1847 年起，英国自 1861 年起，法国自 1869 年起，先后开始了行之有效的妇女参政运动；19 世纪中叶，北欧诸国妇女参政运动兴起。进入 20 世纪后，拉美地区的墨西哥、古巴、巴西等国先后成立了大规模的女权主义组织，提出了明确的争取参政权的行动纲领和要求。在亚洲，1917 年，印度妇女在参加民族解放运动的同时，以奈杜夫人为首的一群妇女运动专家首次提出了妇女参政权问题，并向议会提交了议案。

出现上述情况的主要原因在于：随着资本主义的进一步发展，经济自立的职业女性（其中不少人文化素质高，自主意识强）人数明显增加，她们逐步形成了一种社会势力，对社会生活产生了重要影响，从而促使她们提出参政要求。

进入 19 世纪后，特别是 19 世纪下半叶以来，随着资本主义从自由竞争发展到垄断，西欧、北美等地区的女子教育获得了较快的发展。如 19 世纪末 20 世纪初，在西欧不少国家的中等学校里，女学生已占到学生总数的 25—30%，与此同时，西欧各国的女性也获得了进大学的权利。19 世纪后半叶，美国的小学和中学一般都对女性开放，到 1900 年，美国 80% 的学院、大学以及专科学校都接受了女性；1910 年，大学毕业的女性达到 8500 人（1890 年为 2500 人）。资产阶级妇女所获得的教育和技能，为她们自我意识的觉醒提供了重要条件，促使她们关心社会事务，提出参政的要求。

进入 20 世纪后，1914—1945 年间发生了两次世界大战。虽然，两次世界大战期间，资产阶级妇女的参政运动都冷落了下来，但由于大战期间，不少壮年男子不得不服兵役和出征作战，西方各国的工业生产、行政机关等社会事务不得不依赖女性，于是出现了职业女性人数激增的情况。以英国为例，第一次世界大战期间，其职业女性人数由 1901 年的 84 万多人增加到 1914 年的 200 多万人，1916 年达到 230 万人，1918 年达到 340 多万人。这也是第一次世界大战后至第二次世界大战前，英国妇女的参政运动得以深入发展，并取得明显成果的重要原因之一。此外，如美国的黑奴解放运动；美国、法国、日本等国工人妇女斗争的发展，也是促使欧美各国妇女参政运动发展的不可忽视的因素。

这一时期的妇女参政运动有如下特点：

(1) 斗争目标明确，以争取参政权作为实现法律上的男女平等地位的途径。1890年，美国的两个妇女参政组织——"全国妇女选举协会"和"美国妇女参政协会"合并为"全国妇女参政协会"，主张先争取地方各州修改自己的宪法，然后用超过多数的办法，迫使国家修改联邦宪法，从而使女性获得选举权。

(2) 声势浩大，出现了女权运动的第一次高潮。1907年英国议会开会时，参加妇女参政请愿运动的签名者达13.4万多人。1909年12月的妇女参政请愿运动，签名者达28万多人。

(3) 在有的国家，妇女参政运动已成为各政党活动的主要内容之一。如：1880—1897年间，在英国新当选的下院议员中，在议会议席中占多数的自由党成员中有多数人赞成妇女参政。并且，1885年和1886年，保守党内和自由党内先后组织起妇女政治团体——"莲馨花同盟"、"自由党女子联盟"。

(4) 除主要采取宣传、请愿的斗争形式外也采取了某些激烈的斗争形式。如：一些妇女闯入会场，当众质问首相或大臣；扰乱执政党的会议；破坏公共设施和私人器物，以及纵火、当众自杀等等。虽然这些斗争方式是极少数人采用的，有的斗争方式并引起社会上一些人的反感，但却一定程度地反映了某些妇女争取参政权的心情之迫切、态度之坚决。

(5) 斗争成果显著，一些国家的妇女逐步获得了选举权。如：芬兰和挪威妇女分别于1906年和1913年获得了选举权；丹麦和冰岛妇女于1915年获得了选举权；瑞典妇女于1919年获得了选举权；美国妇女于1920年获得了选举权。此外，1920年前，英国、澳大利亚和新西兰的妇女获得了选举权；1926年前，奥地利、加拿大、德国以及荷兰等国的妇女获得了选举权，印度部分省份的妇女也获得了选举权。

2. 无产阶级妇女运动

在资产阶级妇女为争取参政权而斗争的同时，世界无产阶级妇女除了参加此类运动外，还开始了争取自己地位的斗争。

1871年3月18日，法国巴黎爆发了无产阶级革命。在这次革命中，巴黎无产阶级妇女是一支极为活跃的力量。她们成立了妇女俱乐部、妇女委员会及保卫巴黎和救护伤员妇女协会等组织，从事多方面的后勤保障工作；与男子一起，参加武装起义，控制整个巴黎；5月，为抵抗凡尔赛分子的进攻，成立了妇女营，约1万名妇女，直接参加街垒战，许多人不惜为公社的事业献出了宝贵的生命。

英国无产阶级妇女运动产生于1837年5月—1874年4月的宪章运动中。英国劳动妇女，特别是无产阶级妇女对这次运动表现出了极大的热情。她们积极参加各种集会，要求改善女工待遇。1888年，伯来特和梅火柴厂700名女工罢工，要求提高工资，改善劳动环境，最后迫使厂主让步，这次女工罢工的胜利标志着英国无产阶级妇女的觉醒并显示了她们的力量。

美国工人阶级开展反对资本主义的斗争始自19世纪70年代。进入20世纪后，由于美国经济危机不断，又促使了工人运动的高涨，在此期间，1909年3月8日，芝加哥女工和全国纺织、服装业的工人举行声势浩大的示威游行，要求增加工资，实行8小时工作制和获得选举权。她们的斗争得到美国和世界广大劳动妇女的热烈支持和响应。1910年8月，在丹麦哥本哈根召开的第2届国际社会主义妇女代表会议上，根据领导这次会议的德国革命家克拉拉·蔡特金的建议，为加强国际劳动妇女的团结和解放斗争，以及纪念1909年3月8日美国芝加哥女工大罢工，决定将每年的3月8日定为"国际妇女劳动节"。

日本无产阶级妇女运动发端于19世纪末20世纪初。1901年，主张社会主义的日本社会民主党成立，该党在其纲领中提出，要求建立8小时工作制和禁止使用童工，废除少年和妇女夜间上班制度等。在该党的领导下，日本女工举行了多次罢工，争取自己的权利。

3. 德国、俄国（后为苏联）的社会主义妇女运动

德国在19世纪末至第一次世界大战前，即发生了社会主义妇女运动。该运动与19世纪末德国社会主义工人运动密切相关，其主要领导者是克拉拉·蔡特金。从19世纪90年代初至第一次世界大战前，蔡特金领导的德国社会主义妇女运动主要开展了三方面的活动：（1）争取妇女参加社会民主党工会组织，加强社会主义运动中妇

的力量;(2)争取妇女加入社会民主党,扩大妇女在党内的人数;(3)教育劳动妇女认清资产阶级女权运动的局限性,争取自身的彻底解放。以上三项活动都收到了明显的成效。

俄国(1923年7月13日起改称苏联)社会主义妇女运动是在俄国布尔什维克党的领导下发生的。在准备和进行1905—1907年第一次俄国革命的年代里,妇女积极地参加了罢工、罢课、政治示威和巷战。1917年3月8日(俄历2月23日),在彼得格勒,有数千名妇女举行了示威游行。她们以反对饥饿、反对战争和反对沙皇制度的行动来纪念这一节日,成为二月革命的先头部队。彼得格勒的工人们以全城的总罢工来支援女工的示威游行。

在1917年十月社会主义革命中,彼得格勒、莫斯科以及其他城市和工业区的女工们在前线、在后方英勇顽强地投入战斗,此后,她们又参加了把革命扩大到全国各地的斗争。十月革命的胜利,使俄国社会主义妇女运动开始了一个新的纪元。俄国各民族、各界妇女取得了举世公认的伟大成就。妇女解放的程度和妇女发展的水平不断提高。据统计,1929年,在各种劳动部门工作的妇女为300万人,而1941年则超过1100万;1941年,全苏受过高等教育的专家总数中,几乎一半是女性。在农村,10万以上的先进女性领导着耕作队和畜牧场;① 至1945年,在工业和农业战线女职工已分别占职工总数的52%和57%。

4. 国际民主妇女运动

国际民主妇女运动是争取民族独立和自由、争取民主与和平的世界民主运动的一部分。在第二次世界大战期间,国际民主妇女运动获得了广泛的发展。突出表现为:(1)在遭受法西斯侵略势力践踏的各国中,妇女参加了各种公开形式和秘密形式的反抗斗争。如参加正规军或游击队,武装抗击侵略者,在企业中与男工一道拒绝为侵略者做工;参加各种形式的地下工作,破坏侵略者的行动计划;捐物、捐款救助伤员,收容难民和作好战时宣传工作及儿童抚育工

---

① 奥佛仙尼柯娃著:《女性为争取和平而斗争》,上海中苏友好协会编,新华书店华东总分店发行,1950年版,第14—15页。

作等等。(2)建立各种妇女反法西斯组织,争取最大限度地组织发动各阶级、各阶层妇女投入反侵略斗争。如捷克斯洛伐克在1944年5月建立了妇女民族阵线,加入该阵线的有4个政党(共产党、社会民主党、人民天主教党和国家社会党)的妇女部以及斯洛伐克妇女联盟和捷克妇女会议。(3)1942年下半年,英国和美国的妇女积极参加了争取迅速开辟第二战场的群众运动。(4)各侵略国的妇女在本国或在国外努力开展反战工作,从一条重要的战线上促进了法西斯势力的瓦解和崩溃。

2.3.3 第二次世界大战结束以来的世界妇女运动

1. 西方诸国及日本的新女权运动

1945年9月,第二次世界大战结束后,随着资本主义各国经济的逐步复苏和逐渐走上飞速发展之路,20世纪60年代末至70、80年代,欧美诸国及日本先后发生了新女权运动,亦称新妇女运动。

新女权运动的主要内容为:(1)要求从解决诸多具体问题入手,进一步提高女性的社会地位。如:瑞典女性为争取提高工资、改善工作条件和从事适宜工作,争取与男子有同等的择业和升迁机会,争取6小时工作制和促使男子承担部分家务劳动等开展了一系列斗争。希腊女农业工人为争取退休金、免费体检和能够加入农业合作业,以及普遍建立日托托儿所等进行了不懈的努力。两国的新女权运动均收到较好的成效。(2)争取人工流产权,要求堕胎合法化。西方许多国家由于宗教与法律的规定,把堕胎视为犯罪。为数不少的女性只能秘密堕胎。而秘密堕胎则往往难以得到基本的医疗保障,致使许多女性因此而病残或死亡。面对这种状况,从70年代起,一些国家的女性开展了争取人工流产权、要求堕胎合法化的运动。其中法国和意大利的这一运动,规模、影响和成效较大。1979年法国议会正式通过了《自愿堕胎法》,1982年又制定了《补偿堕胎费用法》。意大利在1978年由众参两院先后通过了"堕胎合法化"的法案,1981年经过公民投票予以确认。(3)参加维护世界和平的运动。经历了两次世界大战的西方各国妇女,在战后掀起了维护世界和平运动。如根据意大利妇女联盟的倡议,1947年底,各国女性开展了禁止使用原子武器和其他大规模毁灭人类武器的妇女运动，在请愿书上签名的女性将近1300万人。1949年3月8日，有50个国家的妇女在"一致保卫和平"、"警告战争挑拨者"、"争取裁减军备和销毁原子弹"的口号下举行了集会、游行等活动。40年代后期，法国、意大利、丹麦、挪威、瑞典等许多国家的女性，积极参加了反对"马歇尔计划"、反对侵略性的北大西洋公约的运动。这些活动反映了西方女性维护世界和平的强烈愿望。(4)加强了新女权主义理论的研究。随着新女权运动的开展，对妇女理论的研究也有了发展。这些女权主义的共同点主要是以反对以男性为中心的文化结构，进一步实现人的自我解放为出发点，并主张为此而努力。其区别在于：对于父权制的起源和基础解释不一，主张妇女解放的途径各异，对妇女解放的性质和范围看法不同。它们对妇女运动既有积极的影响因素，也有不应否定的消极影响因素，如支持妇女同性恋、主张男女绝对平等和性自由等。不同主张的新女权主义，不同程度地影响了各国政府和各政党的决策，影响了各自的或其他国家、其他地区的妇女运动。

2. 社会主义国家的妇女运动

第二次世界大战后，苏联及东欧、亚洲的一批社会主义国家的妇女在各自国家的无产阶级政党领导下，从本国的实际情况出发，建设社会主义，并开创了妇女解放运动的新局面。其主要表现为：(1)这些国家（除个别地区外），都无一例外地废除了一切束缚和歧视妇女的法律，颁布了保障女性在政治、经济、文化教育、社会和家庭各方面享有同男性一样的平等权利，保护女性的宪法和法律。(2)由于各国均建立了以生产资料公有制为基础的基本经济制度，铲除了女性受压迫的最重要的社会根源，因此，这些国家的广大妇女，能够以前所未有的主人翁姿态参加国家的政治、经济、文化等各项生活；参与各级政权机关和企事业单位的管理。(3)随着这些国家社会生产力和各项建设事业的不断发展，广大女性参加各行各业社会劳动的机会日益增多，领域日益宽广。(4)广大女性同以往相比最大程度地获得了学习科学文化知识和接受工作技能培训，接受各种教育的机会和权利。(5)广大女性获得了真正的婚姻自主。(6)广大女性在反对帝国主义、殖民主义和霸权主义,维护世界和平和地区稳定方面发挥了重要作用。

3. 发展中国家的妇女运动

第二次世界大战后,发展中国家的妇女运动在各自的基础上仍获得了不同程度的发展和提高。主要表现为:(1)在争取民族独立和保卫国家主权的斗争中发挥了重要作用。在亚、非、拉美民族解放的武装斗争中,不少女性同男子并肩战斗,参加生产,支援前线。在这一过程中,泛非妇女组织号召非洲妇女"为非洲的彻底解放作出贡献";不结盟国家妇女组织则强调"不结盟与发展中国家的全面发展需要妇女与男子一起参加国家的各种活动"。(2)妇女的就业机会和领域在逐步地增加和拓宽。如在伊朗,从1981年到1991年的10年间,为政府部门工作的女性人数增加了一倍,1994年比1991年又增加了7.1%(1994年为60.3万人,1991年为53.2万人)①。(3)女性的法律地位、政治地位、受教育的权利及在婚姻家庭中的地位都得到不同程度的提高。从法律地位来看,战后,许多国家都把"男女享有平等公民权"列入宪法和其他法律中;东南亚和拉丁美洲国家基本上都有男女平等的立法,部分非洲和阿拉伯国家中也有同样的条文。

4. "国际妇女年"和联合国四次世界妇女大会的召开

第二次世界大战结束后,成立了"联合国"这一国际组织,总部设在纽约。70年代初期至90年代中期,在联合国主持下,先后发起"国际妇女年"活动和召开了四次世界妇女大会。

1972年,在联合国妇女地位委员会第24届会议上,一些成员国和非政府组织建议联合国确定1975年为"国际妇女年",以便回顾和评价联合国成立以来在争取提高妇女地位方面所取得的成就。会议接受了这一建议,并通过了由埃及、罗马尼亚、法国等起草的"国际妇女年"决议。同年12月18日,第27届联大通过决议,宣布1975年为"国际妇女年",目标是"平等、发展与和平"。

1975年6月19日—7月2日,联合国第一次世界妇女大会在墨

---

① 《第四次世界妇女大会国家报告选》,中国妇女出版社,1998年,第163页。

西哥首都墨西哥城召开。这是人类历史上第一次讨论妇女地位问题的世界性政府间的会议。133个国家和地区的1000多名代表参加了这次会议。大会通过了《关于妇女的平等地位和她们对发展与和平的贡献的宣言》(简称《墨西哥宣言》),通过了为《实现妇女年目标而制定的世界行动计划》(简称《行动计划》)。《行动计划》向各国政府和国际社会提出了提高妇女地位的行动方针和优先领域,要求各国政府设立专门处理妇女事务的国家机构,建议联合国于1980年召开另一次世界妇女大会,并宣布1976—1985年为"联合国妇女十年"。同年12月,联合国第30届大会通过了关于上述建议的决议。

1980年7月14日至31日,联合国第二次世界妇女大会在丹麦首都哥本哈根召开。会议的主题是"平等、发展与和平",次主题是"就业、保健和教育"。145个国家和地区以及其他国际组织的2000多名代表出席。会议的主要任务是审查和评价"联合国妇女十年:平等、发展与和平"前5年目标的实现情况。大会通过了《联合国妇女十年后半期行动纲领》;进行了《消除对妇女一切形式歧视公约》的签字仪式(康克清代表中国政府签署了这一公约)。

1985年7月13日至26日,联合国第三次世界妇女大会在肯尼亚首都内罗毕召开。157个国家和地区的6000多名代表参加。大会审议了"联合国妇女十年"的具体目标在国家、区域和国际各级取得的进展及遇到的障碍;通过了《到2002年提高妇女地位内罗毕前瞻性战略》(即《内罗毕战略》)。它是国际社会公认的提高妇女地位的纲领性文件。

1995年9月4日至15日,联合国第四次世界妇女大会在中国首都北京召开。197个国家和地区以及众多的联合国机构、政府间组织和非政府组织的15327名代表及观察员与会。[①]大会的主题是:以行动谋求平等、发展与和平;次主题是健康、教育和就业。大会审查和评价《到2002年提高妇女地位内罗毕前瞻性战略》的执行情况,制定并通过了进一步加速执行《内罗毕战略》的《北京宣言》和

[①] 数字依据《第四次世界妇女大会发言选编》上册,《编者说明》,中国妇女出版社,1998年版。

《行动纲领》,督促各国政府和国际社会作出新的承诺,以确保本世纪最后五年实现《内罗毕战略》的各项目标。

2.4 规律与启示

2.4.1 世界妇女运动的历史规律

世界妇女运动的发展证明:

(1) 无论哪国的妇女运动都不是孤立地发生的。它或是与所在国政治革命(或改革)、经济革命(或改革)的发生和发展相随而行,或是与所在国的民族独立和民族解放运动相伴而生而长。各国女性问题和妇女运动都是该国一定时期的社会经济、政治状况和与之相联的社会各主要方面(如文化、教育、科学技术、思想意识形态等等)的状况的必然反映。随着科学技术的飞速发展和各国相互交往的日益增多,世界各国、各地区的妇女运动相互间的影响和渗透将会越来越大。

(2) 妇女运动的内容和关切的领域,是随着各国社会历史的变化,随着时代的变化,随着国际政治经济秩序的变化,同时也是随着女性自身素质的提高和自我解放意识的不断增强而不断有所丰富、有所拓宽的。早期的世界妇女运动以争取女性公民权为主要内容,第二次世界大战期间及之后,各国妇女运动,特别是发展中国家的妇女运动,几乎都有动员和组织女性反对侵略战争和不义战争的内容,至1995年第四次世界妇女大会召开,各国女性又提出了她们共同关切的12个大的领域:贫穷、教育、保健、暴力行为、武装冲突、经济、参与决策、提高妇女地位、人权、新闻媒体、环境和女童。

(3) 随着世界妇女运动的发展,各国女性及各界人士越来越清楚地认识到了女性问题的重要性,及女性问题与其他社会问题的相互关系。

1995年,在第四次世界妇女大会上,大会秘书长格惠鲁特·蒙盖拉指出,"'女性问题'是世界事务中列于人权、民主、环境、和平和发展这些基本议题之后的一个独立的重要问题";"妇女问题并非一个孤立的问题,而是这些基本议题的一个方面,并且我们将研究如何继续这个进程,以结束妇女问题与时代主流的分离";"作为妇女,我们宣称这些议题也是我们的议题——所有问题都是妇女问题'"。①

(4) 随着妇女运动的发展,世界妇女的团结协作日益增强。由于世界上还广泛地存在着剥削和压迫,由于各国、各地区的社会制度、社会发展水平及文化传统和信仰各异等原因,各国、各地区不同的阶级和阶层、不同的利益集团的人们对世界女性问题和妇女运动、对本国的女性问题和妇女运动,看法不可能是完全一致或基本一致的。但200年来的世界妇女运动证明,妇女群体本身有着许多一致的利益,这是各国度、各地区、各阶级和阶层的妇女都无所区别的、共同需要的。因此,各国妇女在妇女运动进行过程中更多地寻找共同利益与共同点,并通过相互交流,加强了解、理解和合作,在长期合作中求同存异,共同进步、共同发展。这是符合历史发展趋势、符合世界各国妇女的良好愿望和切身利益的。

2.4.2 世界妇女运动的历史启示

(1) 世界妇女运动的历史告诉我们,女性的命运是同全人类的命运联系在一起的;妇女的解放是同民族的独立和人民的解放联系在一起的;女性地位的提高是同整个社会的发展和时代的进步联系在一起的。因此,关心和促进妇女运动和妇女事业的发展,就是关心和促进全人类正义和进步事业的发展;而关心和促进全人类正义和进步事业的发展,同时也就促进了妇女运动和妇女事业的发展。

(2) 提高女性地位,维护和平是首要前提。因为,从历史上来看,两次世界大战人类惨遭浩劫,而女性和儿童则首当其冲,受到的灾难尤为深重。没有世界的和平与稳定,就谈不上女性地位的提高和妇女权益的保障。冷战结束后,从总体上来看,国际形势趋于缓和,但地区冲突和局部战争却仍连绵不断。因而维护世界的和平与稳定,消除可能导致战争和恐怖活动的各种因素,依然是各国人民,也是各国女性和妇女运动的重要使命。如同第四次世界妇女大

---

① 《第四次世界妇女大会重要文献汇编》,中国妇女出版社,1998年版,第68页。

会通过的《行动纲领》第12条指出的:"维持全球、区域和地方各级的和平与安全以及防止侵略和种族清洗政策和解除武装冲突,对于保护妇女和儿童的人权以及消除对她们的一切形式的暴力行为和将这种行为作为战争的手段而言,至关重要。"①

(3) 提高妇女地位,摆脱贫穷是第一要素。经济是人类生活的基础。贫穷和落后使许多女性不能获得就业、受教育和保健的机会,更难实现享有平等参与国际政治、经济生活的权利。而"贫穷有各种根源,包括结构性的。贫穷是一种复杂多层面的问题,其根源在于国家和国际两方面"。② 如今,在许多国家,特别是发展中国家,贫穷依然是影响女性地位和女性发展的严重障碍,这是长期的殖民统治和不公正的国际经济秩序带来的后果。因此,妇女运动应极大地关注这一问题,为促进这一问题的解决作出应有的努力和贡献。

第三节 妇女运动在中国

3.1 历史依据及其面貌

众所周知,自春秋战国之交至1840年中英鸦片战争前,中国是一个独立的、完整的和比较纯粹的封建社会。而自中英鸦片战争起,中国开始逐步向半殖民地半封建社会演变,以1901年9月《辛丑条约》的签订为标志,半殖民地半封建社会最终形成。从中英鸦片战争起,中国人民开始肩负起反对外国资本主义侵略和反对本国封建主义压迫的双重革命任务,即民族民主革命的任务。近现代中国的革命运动,包括妇女运动,就是在这样的历史条件下逐步发生和发展起来的。

同中国革命和建设的进程相一致,中国妇女运动也经历了三个大的历史时期。即:

1. 旧民主主义革命时期(1840—1919年)。这一时期的妇女运

---

① 《第四次世界妇女大会重要文献汇编》,中国妇女出版社,1998年版,第169页。
② 同上,第180页。

动又可分为3段。(1) 太平天国革命时期（1840—1864）的妇女运动。这是中国进入半殖民地半封建社会的初期，也是我国妇女运动的萌芽时期。这一时期，从经济上看，封建经济在沿海等局部地区开始遭到破坏，但资本主义还没有产生。从政治斗争上说，贯穿着两类战争：一类是抵抗外国侵略的民族自卫战争，即两次鸦片战争；另一类是农民为反抗清王朝的反动统治和压迫而进行的农民大起义。这一时期，处于萌芽状态的妇女运动，突出表现在太平天国革命（1851—1864）过程中。(2) 戊戌维新时期（1864—1900）的妇女运动。这是我国半殖民地半封建社会最后形成的时期。也是我国妇女运动正式兴起的时期。这一时期，资本主义列强先后进入帝国主义阶段，它们加紧了对中国的侵略，先后发动了三次大规模的侵华战争：中法战争、中日甲午战争和八国联军侵华战争。帝国主义列强还开始对中国进行分割势力范围和进行以资本输出为主要方式的经济侵略。由于列强侵略的步步深入，农民斗争由反封建压迫为主发展为以反抗帝国主义侵略为主，特别是甲午战争后发展到了高峰，兴起了义和团运动。这一时期还有两项新兴的社会运动，即洋务运动和维新改良运动。但洋务运动、维新改良运动和农民反抗帝国主义侵略的斗争，到90年代末都遭到惨重的失败。这一时期的妇女运动有着强烈的爱国救亡和反封建礼教的色彩。它是资产阶级维新改良事业的有机组成部分。(3) 辛亥革命时期（1911—1919）的妇女运动。这是我国资产阶级革命派领导的完全意义上的资产阶级民主革命正式发生和发展的时期，也是资产阶级革命派领导的妇女运动得到比较充分展现的时期。这一时期，经过辛亥革命，清王朝被推翻。但后来，随着辛亥革命的流产，资产阶级革命派领导的妇女运动很快走向低落，五四运动发生后，其逐步被新民主主义的妇女运动所取代。

2. 新民主主义革命时期（1919—1949）。新民主主义革命是无产阶级（经过共产党）领导的、人民大众的、反对帝国主义、封建主义和官僚资本主义的革命。革命的第一步，是推翻帝国主义、封建主义和官僚资本主义的压迫，建立新民主主义的中国，使中华民族获得独立、中国人民获得解放，从而为中国走上社会主义革命和社会主义建设道路创设前提条件。新民主主义革命时期的妇女运动,是中国共产党领导的新民主主义革命运动的重要组成部分。同新民主主义革命的历程相一致,这一时期的妇女运动经历了五个阶段:(1)中国共产党创立时期(1919.5—1923.6)的妇女运动;(2)第一次国内革命战争时期(1923.6—1927.7)的妇女运动;(3)土地革命战争时期(1927.7—1937.7)的妇女运动;(4)抗日战争时期(1937.7—1945.8)的妇女运动;(5)全国解放战争时期(1945.8—1949.10)的妇女运动。

3. 社会主义革命和建设时期(1949年10月以来)。这一时期的妇女运动经历了四个阶段:(1)社会主义改造时期(1949—1956)的妇女运动。其先后围绕巩固新民主主义政权和恢复国民经济及进行生产资料私有制的社会主义改造等中心任务开展。(2)社会主义建设在探索中曲折发展时期(1957—1965)的妇女运动。其围绕妇女开始广泛参加社会主义建设展开。(3)"文化大革命"时期(1966—1976)的妇女运动。这是妇女运动遭受重大挫折的时期。(4)社会主义建设新时期(1976年10月以来)的妇女运动。这是经过拨乱反正后,党领导全国人民在中共十一届三中全会精神的指引下,以经济建设为中心,坚持四项基本原则,坚持改革开放,建设有中国特色社会主义的事业取得举世瞩目的巨大成就,妇女运动获得蓬勃发展的时期。

3.2 贡献与局限

3.2.1 旧民主主义革命时期妇女运动的历史贡献

1. 传播了西方资产阶级的男女平等思想,促进了妇女的政治觉醒。

在太平天国革命的过程中,洪秀全提出了朦胧的男女平等思想。戊戌维新时期,以康有为、梁启超、谭嗣同等为代表的资产阶级维新派大力宣传了西方资产阶级的男女平等思想,揭露和谴责了几千年的封建礼教对广大妇女身心的摧残与迫害,呼吁妇女起而反抗。

辛亥革命时期,资产阶级革命派对妇女解放问题的认识,比起维新派来,有了进一步的提高。如他们大力宣传了革命救国是妇女应有之义务与责任,从而启发妇女投入反清革命,并在这一过程中争取自身的解放。

2. 从若干方面冲击了封建主义。

仅从处于萌芽状态的太平天国妇女运动来看:在经济上,提出和一定程度地实行了"凡分田照人口,不论男妇"的政策;在政治上,提出和一定程度地实行了女官和女科举制度;在婚姻问题上,提出和实行了结婚登记手续,支持男女自愿订立婚约,并发给他(她)们印有龙凤图案,盖有官印的龙凤"合挥"(按太平天国的解释,"挥"即"凭证",龙凤"合挥"就是男女双方自愿订立的结婚证书。这些规定是对传统的婚姻观念和制度的冲击);在社会生活方面,强调了严禁妇女缠足,严禁卖淫、强奸、通奸,严禁买卖妇女等。虽然,在当时的社会条件下,这些"严禁"不可能真正实现,但它毕竟努力地去实行了。

3. 发起了不缠足和兴女学运动。

戊戌维新时期,维新派大力宣传不缠足,与此同时,还率先创办了不缠足会。参加该会的人数约达30余万。① 此外,他们开展了兴女学的运动,据不完全统计,1901—1904年间,全国每年增创女校4所,1906年增设了3所。自此之后全国各大城市中均有了女校。

4. 创办了女学会及女学报等妇女组织和妇女刊物。

1897年夏秋之交,"中国女学会"在上海高昌庙桂墅里成立。这是我国第一个学会性质的妇女组织。谭嗣同之妻李闰,康有为之妻黄谨娱等为倡办董事。该会创办后,主要干了两件大事:一是1898年春参与创办了中国第一所女校——"女学堂";二是于1898年7月24日正式创办了中国近代第一份女报,也是女学会的机关报——《女学报》。辛亥革命时期,女子团体相继涌现。据统计,从1901—1911年武昌起义前,社会上的女子团体已达50多个。在1910—1911年间创办的女子报刊目前可以见到的有近40种。其创办人和主编多为受过新式教育或留过学的觉悟的知识女性。其中主要有:秋瑾、陈撷芬、丁初我、燕斌、刘青霞、唐群英、尹锐志等。

---

① 《劝戒缠足丛说》,《万国公报》,光绪二十六年六月。

5. 一些妇女开始走出国门，走向世界。

浙江宁波人金雅妹（1864—1934）、福州人吴金英（1866—1929）、江西九江人康爱德（1873—1931）、湖北黄梅人石美玉（1873—?）在西方传教士的帮助下，分别于1881年、1884年、1892年（康爱德、石美玉）赴美学医，康爱德并兼学文学。她们4人在外留学期间学习成绩优异，回国后分别从事医疗或医学教育工作，均为祖国做出了贡献。至辛亥革命时期，走出国门，走向世界的中国女性则是一批人了。

6. 出现了先进妇女群体。

辛亥革命时期的先进妇女群体大体可分为以下几个层次：(1)以秋瑾、何香凝、陈撷芬、张竹君等为代表的妇女解放运动的骨干和中坚。她们自觉地把妇女解放与爱国救国和推翻清王朝统治的斗争结合起来，倾全力于资产阶级领导的革命斗争和妇女解放运动。(2)以吕碧诚等为代表，由于各种原因未直接参加革命活动，但支持妇女运动。(3)以单士厘等为代表，因受环境限制，未能实际参加妇女运动，但思想开明，追求进步，并颇有才华，为促进中国妇女认识世界做出了有益的贡献。

7. 辛亥革命时期，部分妇女参加了推翻清王朝的武装斗争，并在中华民国成立后兴起了女子参政运动。

在资产阶级革命派的组织和领导下，一些革命妇女参加了黄花岗起义，参与了武昌起义的各项筹划工作如运输、联络、掩护、筹款、缝制旗帜等，并起了重要作用。

中华民国建立后，革命妇女活动的重心逐渐由参加军事斗争转向要求参政的政治斗争，中国近代的女权运动由此兴起。1911年11月，林宗素在上海成立了"女子参政同志会"，自任会长。1912年4月8日，该组织与其他几个妇女团体如神州女界参政同盟会、女子同盟会、女子后援会、女子尚武会、金陵女子同盟会等，在南京联合组成女子参政同盟会，以实行男女权利平等、普及女子教育、实行一夫一妻制、禁止买卖奴婢、禁止卖娼、改良家庭习惯、强迫放足、改良女子装饰及提倡女子实业等为主要政纲。

8. 辛亥革命时期，在争取婚姻自主的问题上，部分妇女表现出较强的自觉性和主动性。比如，陈撷芬在秋瑾等人的帮助下违抗父命，坚决不作广东商人廖翼明之妾。后来她自由恋爱嫁给了四川人杨隽，并且夫妻双双赴美留学，均学有所成。这一时期，还发生了少数妇女为反抗包办婚姻而逃离家庭参加革命的事。

总之，在旧民主主义革命时期，经历了萌芽、正式开始和有所发展的中国妇女运动，是我国旧民主主义运动（包括这一时期一切反对外来侵略势力和本国封建势力压迫的运动）的重要组成部分。虽然，同此后的妇女运动相比，它有很大的局限性，但毕竟开了妇女解放运动的先河。

3.2.2 旧民主主义革命时期妇女运动的历史局限性

(1) 在指导思想上的历史局限性

太平天国革命仍是一场旧式的农民革命，因此，在对妇女问题的认识上，还不可能摆脱小生产者平均主义的束缚和封建主义的影响。戊戌维新时期，资产阶级维新派所宣传的妇女解放思想，侧重强调要妇女尽义务，而较少强调要妇女争权利；重视宣传妇女应从形体上和思想上获得解放，而较少宣传妇女应在经济上和政治上争取和获得解放。辛亥革命时期，资产阶级革命派用以指导妇女运动的理论基础是西方资产阶级的民主革命学说，因此，难以制定出符合中国妇女实际要求的妇女解放的纲领、路线、方针和政策，当然也就不可能引导中国妇女获得真正解放。

(2) 在革命性问题上的历史局限性

从太平天国革命来看，其妇女政策具有两重性，即反封建性和维护封建性。太平天国革命一方面相当程度地冲击了在对待妇女问题上的封建伦理观念，但与此同时它的领导集团又利用封建伦理观念，为自己的等级制和特权服务。戊戌维新时期，资产阶级维新派在宣传妇女解放的同时，又坚持了某些封建主义的妇女观，如有的人把妇女解放的目的和程度划定在"相夫教子"的狭小圈子内。辛亥革命时期，在革命派领导人中，有的可以从理论上承认男女平等，但在实际上，他们却难以做到。

(3) 在群众基础上的历史局限性

旧民主主义革命时期，正式兴起后的妇女运动，参加者主要是资产阶级和小资产阶级妇女，广大劳动妇女并未得到应有的发动和依靠。因此，其群众基础是薄弱的。

旧民主主义革命时期妇女运动的历史局限性，从根本上说，是时代条件的限制。因为那时，科学社会主义思想还未在中国传播，中国无产阶级自身还没有觉醒，这也是1919年五四运动以后，旧民主主义的妇女运动之所以让位于新民主主义妇女运动的根本原因之所在。

3.3 理论与方针

3.3.1 中国共产党的妇女解放理论

在长期的新民主主义革命以及社会主义革命和建设实践中，中国共产党始终关注妇女解放问题，把马克思主义的妇女解放理论与中国妇女解放的具体实际相结合，对中国妇女运动问题做出了一系列重要的论述，逐步形成和完善了自己的有中国特色的妇女解放理论。其基本观点是：

(1)在半殖民地半封建的旧中国，妇女不仅和广大男子一样，同受帝国主义、封建主义和官僚资本主义三座大山的压迫，而且"还受男子的支配"，即受夫权的压迫。这些压迫都根源于生产资料的私有制和在此基础上建立的阶级剥削制度。因此妇女解放的根本途径是与被压迫的广大民众紧密联合起来，彻底铲除不合理的剥削制度。

(2)中国妇女解放事业是中国人民革命和建设事业的一部分，也是整个人类解放事业的一部分。推翻人压迫人的社会制度，建立人民当家作主的国家政权，为实现妇女解放和男女平等提供了根本保证。但是，由法律上的男女平等到事实上的男女平等，任务仍然是十分艰巨的，必须一步步争取。

(3)中国妇女是决定革命和建设兴衰成败的一支重要力量，并且，劳动妇女是中国妇女运动最深厚的群众基础。因此，只有充分发动和依靠最广大的妇女群众参加到革命和建设的各项事业中，中国革命和建设才能取得胜利。

(4)中国妇女运动的总目标和总任务与中国共产党领导的革命

和建设的总目标和总任务是一致的。必须把妇女运动置于中国共产党的领导之下,这是中国妇女运动取得胜利的根本保证之一。

(5) 妇女走出家庭,参加社会生产劳动,在为社会创造财富的同时,为自己创造经济自立的条件,这是妇女解放的一个基本条件。

(6) 从妇女运动的实际需要出发,建立和完善妇女组织;建立和发展妇女统一战线,促进妇女界、妇女与社会各界的广泛联系与交往,促进中国妇女与世界各国、各地妇女及国际社会的广泛联系与交往,使中国妇女运动与国内各项革命和建设运动,与世界妇女运动和各项进步事业相互促进、共同发展。

(7) 从多方面努力提高妇女自身的素质;培养德才兼备的妇女干部。

3.3.2 中国共产党的妇女运动方针

中国共产党的上述基本观点,特别体现在革命和建设各个阶段党的妇女运动的方针中。

在第一次国内革命战争时期,1923年7月,中共三大通过的《妇女运动决议案》明确指出,"一般的妇女运动,如女权运动,参政运动,废娼运动等,亦甚重要。……本党女党员应随时随地地指导并联合这种种运动",但除这些运动提出的口号之外,"还应加入'打倒军阀''打倒外国帝国主义'两个国民运动的口号,以引导占国民半数的女子参加国民革命运动"。[①] 1925年1月,在革命日益高涨的形势下,中共四大通过的《对于妇女运动之决议案》,指出:"我们深知现代妇女所以至于被奴属的地位,完全是私有财产制度的罪恶。私有制度不除,妇女解放永做不到彻底;同时劳动解放运动正是向废除私有制方面前进,故妇女与劳动解放实有极大关联。因此,本党当努力在一般妇女运动中说明此种关系。"[②]

土地革命战争时期,为指导革命妇女在白区进行斗争,1927年

---

① 《中共中央文件选集》(1)1921—1925,中共中央党校出版社,1989年版,第154—155页。

② 同上书,第370页。

8月，中共中央在关于《最近妇女运动的决议案》中指出，要"吸引女工农妇同志，并训练她们的秘密工作的智识（行动技术态度及活动的方法），指导她们的斗争，领导她们（尤其是女同志）参加日常的政治经济斗争（在工农团体指导下），一直到参加暴动中的各种工作"。① 这一时期，针对农村革命根据地妇女运动的实际，1928年7月，中共六大通过的《农民运动决议案》指出："党的最大任务，是认定农民妇女乃最积极的革命参加者，而尽量的吸收到一切农民的革命组织中来，尤其是农民协会及苏维埃。"② 这次大会通过的《妇女问题决议》要求"在农妇中之宣传与暴动工作，应直接提出关于农妇本身利益的具体要求，如承继权，土地权，反对多妻制，反对年龄过小之出嫁（童养媳），反对强迫出嫁，离婚权，反对买卖妇女，保护女雇农的劳动"。

抗日战争时期的妇女运动是在中共倡导的抗日民族统一战线的旗帜下进行的。它以"动员妇女力量参加抗战，争取抗战的胜利"，并"从争取抗战民主自由中，争取男女在政治上、经济上、文化上的平等，改善与提高妇女的地位，反对一切束缚与压迫"，③ 为这一时期妇女运动的根本指针。

全国解放战争时期，蒋介石在美帝国主义支持下发动全面内战后，中共中央妇女委员会号召全国各界妇女组成广泛的民族民主统一战线，为粉碎国民党的进攻，争取人民解放战争的胜利而斗争。在全国解放战争的胜利进程中，1949年3月24日—4月3日，中国妇女第一次全国代表大会在北平中南海怀仁堂隆重召开。大会指出，中国妇女今后必须更加努力与全国人民一道把反对帝国主义、封建主义、官僚资本主义的斗争进行到底，完全肃清国民党反动残余势力，建立一个崭新的中华人民共和国。大会制定的妇女运动方针是："妇女工作要在不忽视乡村妇女工作的条件下，以城市妇女工作为重心。"其工作对象应以先进阶级的女工为主，团结其他劳动妇女，争

---

① 《中共中央文件选集》(3) 1927，中共中央党校出版社，1989年版，第343页。
② 《中共中央文件选集》(4) 1928，第358—359页。
③ 《六大以来》下，人民出版社，1981年版，第764页。

取知识妇女及其他各阶层妇女,其工作任务主要是发动和组织妇女参加适合于城市经济建设的各种生产事业。大会还对解放区农村的妇女运动、国统区的妇女运动方针作了若干规定。

在社会主义改造时期,1953年4月在北京召开的中国妇女第二次全国代表大会,确定了今后几年妇女工作的八项任务。并强调,各级妇女组织都要从实际出发,切实解决妇女所遇到的特殊问题和困难,"继续与封建残余思想和封建残余的社会风俗习惯作斗争";"普遍开展妇女群众中的教育学习运动,以求逐步扫除文盲,提高文化,学会参加生产和服务社会的本领"。[1]1957年9月在北京召开的中国妇女第三次全国代表大会,发出了"勤俭建国,勤俭持家,为建设社会主义而奋斗"的号召。

经过"文化大革命"的挫折,经过粉碎"四人帮"后的两年徘徊,以中共十一届三中全会召开为标志,我国进入了改革开放的新时期。1983年9月在北京召开的中国妇女第五次全国代表大会,要求各族各界妇女在中共十二大精神指引下,为进一步实现宪法和法律赋予妇女儿童的权益,开创妇女运动的新局面努力奋斗。在1988年9月在北京召开的中国妇女第六次全国代表大会提出,应该进一步明确妇女运动的指导思想,并号召全国妇女"自尊自信自立自强,为夺取改革攻坚阶段的胜利建功立业"。1993年9月在北京召开的中国妇女第七次全国代表大会号召全国妇女在邓小平建设有中国特色社会主义理论指引下,发扬"四有"(有理想、有道德、有文化、有纪律)"四自"(自尊自信自立自强)精神,全面参与有中国特色社会主义的经济、政治和文化建设。1998年8月在北京召开的中国妇女第八次全国代表大会,以"高举邓小平理论伟大旗帜,贯彻落实党的十五大精神,团结动员各族各界妇女为实现我国跨世纪的宏伟目标而努力奋斗"为主题。为实现到2010年妇女发展总目标,完成今后五年妇女发展的任务,会议向全国妇女发出"巾帼创新业"的号召。

---

[1] 《中华全国妇女联合会四十年》,中国妇女出版社,1991年版,第525—526、390页。

中国妇女运动从发轫至今已逾一个半世纪。在这一历史进程中，广大妇女艰辛探索，努力奋斗，创造了辉煌的业绩，积累了宝贵的经验。

旧民主主义革命时期是中国妇女运动发端期，这一时期的妇女运动取得了若干重要成果。它促进了中国妇女的觉醒，是中国妇女运动不可逾越的重要阶段。但由于主观上没有科学思想的指导；客观上又由于国内外敌视、阻碍中国妇女解放的力量（包括物质的、精神的）异常强大，致使妇女运动屡遭失败。真正把中国妇女引上彻底革命和解放道路的，是用科学社会主义思想武装起来的中国共产党。它运用马克思主义妇女解放的基本原理，结合解决女性问题的特殊需要，制定出符合妇女解放和妇女发展实际要求的纲领、路线、方针和政策，引导中国妇女运动真正成为为民族独立和人民解放，为国家繁荣昌盛和女性自身解放而进行的不可或缺的社会运动。

第七章　中国社会与中国女性

中国女性自古以来就是创造中国历史的主体力量。中国女性的地位、作用总是和时代、社会制度的发展、变化以及男性的地位、作用紧密相连。一方面我们要从女性与其外涉关系中（包括经济、政治、文化、社会、家庭、两性关系等等）看她们的生存、发展规律，揭示多层面的中国女性在现实社会的实践活动中如何与男性共同生存，并且是怎样推动她们自身和人类社会从低级向高级发展的；另一方面又必须看到，女性主体作用的发挥与被压抑的矛盾与转化，是人类历史发展到一定阶段所产生的一种历史文化结构的产物。

中国有着悠久的历史，经历了原始社会、奴隶社会、封建社会、半封建半殖民地社会，现在正处于社会主义初级阶段。在这些社会阶段中，以封建时期为最长，对中国社会和中国女性的影响也最大、最深。因此，本章的论述是以中国封建社会与中国女性为重点。

第一节　制度演进与女性地位变迁

1.1 女性主体地位的丧失

女性作为人类的一半，在推动生产力发展和社会进步中有重要作用，这是不容置疑的。但是由于不同历史时期的生产力发展水平、社会分工以及社会制度的不同，男女两性在社会生产和社会、家庭生活中所处的地位、作用也就不同，因此男女两性的主体地位以及由此而产生的各种权力和权利的分配也就有了不同。

1.1.1 原始氏族公社制度的产生与母系氏族公社的出现

早在中国奴隶制国家夏朝建立以前，也就是由170万年前至公元前21世纪，这是我国的原始社会时期。在原始社会里，生产力非常低下，人们用来维持生活的劳动工具仅仅是石器以及后来才出现的弓箭，所以这个时代在考古学里被称为"石器时代"。其中用打制的方法制作石器的时代，称为"旧石器时代"，时间约为100万年前到五六万年前。用磨制的方法制作石器的时代，称为"新石器时代"，时间约为五六万年前到4000年前的青铜器时代开始以前。一定历史时代和一定地区内的人们及其所生存的社会制度，受到两方面的制约：一方面是要受到生产劳动发展阶段的制约；另一方面是要受到家庭发展阶段的制约。生产劳动的水平愈低，社会制度就愈是要受到血族关系的支配。

原始人群 在旧石器时代初期，劳动生产率极低，正如《韩非子·五蠹》中所载："上古之世，人民少而禽兽众，人民不胜禽兽虫蛇，……构木为巢，以避群害。""古者，丈夫不耕，草木之实足食也，妇人不织，禽兽之皮足衣也。"所以任何人都不能离开群体去独自生活，最早的社会组织被称作原始人群（又称群团）。原始人群需要共同劳动，群居共济，以维持生活和保护自己，根本不可能有剩余的生产和生活资料归己，所以人与人、男人和女人的地位也是平等的。

原始公社制度 我国原始社会从原始人群到氏族公社的转变经过了几十万年。在石器工具的种类增加和技术提高的同时，社会组织大体上也已脱离原始群居的状况，进入了血族群婚的阶段。这种群婚关系就是他们的社会组织基础，也是从原始人群过渡到原始公社制度的一个重要环节。氏族公社的形成，是来自人们向大自然作斗争的实际需要。原始公社制度就是氏族成员对于生产资料的社会公有制。在每个氏族和部落内部，各个男女成员都是平等的，共同遵守氏族习惯，参加公共活动。从山顶洞人的下室内埋葬的不同性别、年龄的人的随葬品可以看出，当时对所有氏族成员都是一视同仁的。

自从氏族公社代替原始人群这个历史发展阶段之后，经济生活方面有了重大的变化。特别是到了旧石器时代的晚期，开始有了简单的性别分工，男子以狩猎、捕鱼以及防御猛兽等为主，妇女以采集果实、种子，发展农业生产和烤炙食物，加工皮毛、缝制衣服、养老抚幼、看守住所等为主。这时磨制和钻孔技术已开始出现，生产工具有了明显的改进。1933年在北京房山县周口店龙骨山发现的山顶洞人居住的遗址中，除人骨化石外，发现有一枚尖端锐利、针身圆滑、尾部穿孔的骨针，此外，还有工具和饰物，这些都是旧石器时代晚期文化的重要代表，距今约有18000余年。

　　母系氏族公社　母系氏族大约从排斥兄弟姐妹之间的婚姻关系之时开始形成，经历了相当长的过程，才达到它的繁荣阶段。人们从狩猎、采集进入到锄农业和畜牧业，加之磨制石器的广泛应用和陶器的发明，使氏族公社进入了发达时期。这相当于考古学上的新石器时代。在锄农业阶段，农业、采拾主要由妇女来担任，男子则多从事渔猎。在这个时期中，由于妇女所从事的劳动是氏族成员的主要生活来源，她们的活动是维系氏族集团的中心内容，妇女成为氏族的组织者和领导者，她们在社会上的地位也就高于男子，于是形成了以母权制为特点的氏族社会。母系氏族公社由若干母系大家族组成，若干氏族组成胞族，若干胞族组成部落。大约六七千年以前，黄河流域的许多氏族部落最早达到了母系氏族公社的繁荣阶段，仰韶文化比较清晰地反映了母系氏族公社的面貌。迄今为止在仰韶文化时期的墓葬中，尚未发现一对成年男女（夫妻）合葬或父子合葬的情况，说明该时期一般都遵循母系氏族外婚的制度。1958年，在陕西省华县一个女性成人的墓葬中，出土了一批比西安半坡型仰韶文化更早的石片、骨针等实物，其中还有一个纺织工具。在河北磁山遗址还发现了距今7000多年前的原始社会最早的纺轮。在我国东北地区还发现男女墓葬随葬品的不同，有纺抟的便没有石镞，或者相反。这些情况反映了当时社会已经开始有了最早的男耕女织的社会生产分工。

1.1.2　母系氏族公社向父系氏族公社的转变

　　母权制氏族公社的一个决定性进步，就是由粗笨石器过渡到细石器、弓箭，这标志着原始社会生产力的新发展。通过对一些工具的研究可以看出，当时人类社会正处于以渔猎和原始农业经济为基础的氏族公社时期。从陶器的使用上可以看出,与这种渔猎业和采集经济向原始农业转化有密切关系的定居生活已经开始。

母系大家族是氏族制度繁荣阶段的产物,与此同时也在氏族内部渗进了离心因素。各个大家族都有自己的经济生活,因而在氏族的共同利益内部,还存在着本家族的特殊利益。从农业和畜牧业形成之日起,氏族公社由母权制向父家长制过渡的物质基础就已经在逐步积累。中国父家长制的形成,是由新石器的大量运用开始的。在以戈矛、套绳、弓箭为主要生产工具的牧畜经济中,男子起着主要作用。随着农业、畜牧业和手工业的发展,男子在这些生产部门中的地位逐渐上升,由此产生的男女分工是男子从事社会生产,女子从事家务劳动,这无疑是社会的一个进步,但同时也意味着女性被排斥在主要社会生产部门之外,她们的家务劳动也随之丧失了原来具有的公共的社会必要劳动的性质,这就促成并决定了从母系氏族制度向父系氏族制度的转变。父家长制的氏族公社的产生,正是以生产力的进一步发展和男子成为生产中的主要担负者为前提的。母系氏族社会逐步转变为父系氏族社会,最根本的原因是男女在社会生产中所处地位的变化。而"母权制的被推翻,乃是女性的具有世界历史意义的失败"。①

1.1.3 中国原始社会男女主体地位与两性关系的变化

中国原始社会男女主体地位的形成与演变,主要是由于生产力发展的需要,男女的劳动分工,以及男女在其发展过程中所起的作用决定的。与此相联系的还有当时的婚姻制度问题。上古原始社会的婚姻形态有:血族婚、亚血族婚(又称族外婚或"普那路亚"婚)、对偶婚、一夫一妻的个体婚。

母系氏族公社向父系氏族公社的转变,主要是在生产力发展和男女劳动分工以及婚姻制度的变化过程中逐步完成的,而父权制的确立则是和新的婚姻形态相辅相成,并借助新的婚姻形态而发展完

---

① 恩格斯:《家庭、私有制和国家的起源》,《马克思恩格斯全集》第二十一卷,人民出版社,1965年版,第69页。

善起来的。随着母权制过渡到父权制,对偶婚也转变为一夫一妻制。相传完成于虞舜、夏禹之际。《孟子·万章上》有"二嫂使治朕栖"的记载,讲的是舜娶尧之二女娥皇、女英和舜之弟象亦为二女之夫,象企图谋害舜,说明当时尚未脱离对偶婚的遗风。《尚书·舜典》的敬敷五教(父义、母慈、兄友、弟恭、子孝)中,惟独没有"夫妻"的道德规范,表明那时的夫妻关系还不稳定,禹娶涂山氏之女而生启,夫妻关系才算开始稳定下来。父系氏族时代的游牧地区,男子为主要劳动力,他们将婚盟氏族的女子娶来,组成公社,本氏族的女子则嫁到婚盟氏族所在的公社去。这样,氏族的世系也就由母系氏族演变为父系氏族,公社也就变成父系公社了。农耕地区的父系氏族是随着耜耕的出现,农业劳动也变为以男性为主而形成的。但是,无论是游牧区还是农业区,这种变化都只是氏族世系计算的变化,氏族的图腾依旧,氏族社会的其他规范特征也依旧。

父系氏族时代,随着男性在生产劳动中作用的加强,其社会地位已经有所提高。他们不仅主持社会公共事务,同时还承担起繁衍后代和养育子女的职责。不过,此时女性的社会地位仍然很重要,从羲和、常羲、瑶姬、精卫等一些女性神话人物的故事中可以看出,此时的女性仍然有能力与男性一起化生万物,并且有恋爱、婚姻等自由。由此可见,父系氏族公社时代早期仍然是一个男女平等的社会。

在社会生产的发展过程中,财富逐渐转归各个家庭私有并且迅速增加,男女所处的地位也随之发生变化,这乃是由母权制向父权制过渡的社会根源。随着母权制过渡到父权制,对偶婚也演变为一夫一妻制,而父权制的确立正是和新的婚姻形态相辅而行的。当社会财富开始私有,但尚未出现阶级时的一夫一妻制婚姻关系,是男女双方比较牢固、持久的结合,它形成了社会生活的基本细胞。其特点是:(1)产生了爱情的萌芽,这是排斥群婚的一大进步。(2)夫妻占有共同经营的家庭经济,使个体家庭从母系氏族中分离了出来。伴随这种经济生活而来的是爱情的独占性。汉字的"家",甲骨文写作"𠆢",意思是养猪的猪圈,表示财富的私人占有,就是对原始社会末期个体婚的生动写照。对偶婚缺乏一种独占性的同居,而一夫一妻制则是与母系氏族制度根本不相容的,因此它也就成为氏族制度瓦解的一个重要因素。氏族公社由母权制向父家长制过渡,这在人类历史上是一个大的转变。应该承认,这是历史的进步。

当一夫一妻制家庭成为个体经济单位,它便从母系氏族公社中分裂出来,男女结合由从妻居逐渐变成从夫居,家长由女性变成男性,子女都生长在父亲的氏族,而且天然地具有继承父亲的合法权利。随着一夫一妻制家庭中父权或夫权的日益加强,女性则逐步沦为家庭的奴隶和生育的工具,从而丧失了对家族、家庭的统治权。父系大家族的家长拥有支配全体家族成员的权力,使得家族内部日益失去原有的民主、平等的生活。不仅家长与一般成员的地位不同,而且自由人与奴隶、自由人中的夫妻之间的地位都是有区别的。尤其是富裕的家长们,他们还保留了群婚形式中有利于男性的内容,把它变成为一夫多妻,并对妻子握有生杀予夺之权,甚至死后还要妻子殉葬。这种大家族的一个共同特点,就是对女性的奴役。这就说明,"在历史上出现的最早的阶级对立,是同个体婚制下的夫妻间的对抗的发展同时发生的,而最早的阶级压迫是同男性对女性的奴役同时发生的"。[①] 对于女性来说,在这一无可否认的历史嬗变的轨迹中,又存在着一种相对的退步。

1.2 宗法制度与儒学礼教

1.2.1 宗法制度的形成与发展

关于中国宗法制度的形成与发展,王国维在《殷周制度论》中有精辟论述。宗法制度是指以家族为中心,按血统远近区别亲疏的法则建立起来的等级制度。宗法制度是由父系氏族社会的父家长制演变而来的。当中国社会进入以男权为中心的阶级社会之后,宗法制度逐渐形成。先秦时期的宗法制度是建立在原始血缘关系基础上的,表现为确定继统秩序,在宗族内部依父系血缘关系区分尊卑亲疏并规定各自的权利、义务。二者相辅相成,构成宗法制度的基本内容。

[①] 恩格斯:《家庭、私有制和国家的起源》,《马克思恩格斯全集》第二十一卷,人民出版社,1965年版,第78页。

宗法制度向着严密的方向发展，到传说中的唐、虞时代，各部落已结成部落联盟，产生了尧、舜这样的军事首长。约在公元前2200年左右，是中国历史上夏王朝的开始。夏代是我国历史上最早的奴隶制国家，不少古代传说都提到夏代铸造铜器的事，这反映了中国从夏代开始已由石器时代进入了青铜器时代。因为私有财产制度开始破坏原始公社制度，从而产生了帝位世袭的上层建筑，它反过来又加速了私有制度的发展。夏禹传子，是中国世袭制度的创始，也是天下为家的开始。王位世袭制的确立，是一个重大的历史变革，它是家庭、私有制、阶级和阶级剥削已经存在的标志。从此古老的氏族制就被后来的国家所代替了，这是中国社会发展过程中划时代的进步。

宗法等级制度的本质，王国维在《观堂集林·殷周制度论》中指出："其旨则在纳上下于道德，而合天子诸侯卿大夫士庶民以成一道德之团体。"商代（公元前16—11世纪）已经有了宗族组织。宗族内部的继统法以传子为主，并由此产生了直系与旁系、嫡与庶、大宗与小宗之分。西周、春秋时期是典型的宗法制度，其主要特点是，在严格区分嫡庶、确立嫡长子的优先继承权的前提下，在宗族内部区分大宗与小宗。无论大宗、小宗，都是以正嫡为宗子。宗子具有特殊的权力，宗族成员必须尊奉宗子。周人的创造性贡献即在于把夏、商时代家天下的制度加以系统、完备，把自然的血缘亲属关系与政治上的等级隶属关系，以宗法等级的形式结合起来，统一起来，并且通过宗法等级形式来管理国家。秦灭六国，建立了统一的封建主义中央集权国家。汉承秦制，更从上层建筑方面巩固和加强了封建主义统治，但是宗法制度的影响却极其深远。

宗法制度既是一种等级制度，却又不单纯是一种等级制度，它是宗法等级与血缘人伦这二者的对立统一体。也就是说，宗法制度中的等级关系是凭借人伦来建立，而宗法制度中的人伦却又要以等级关系来确认，于是，在等级压迫剥削的内核上就蒙上了一层血缘情感的纱幕，而真正的血缘人伦关系却又人为地被置于宗法等级之下。因为国是以统治者的家族依宗法关系为主干来建立的，所以在实质上国家也就是一种扩大了的家族。其结果就使得人伦的自然亲属性与宗法等级的社会性、阶级性都不是以其各自的本质来表现,而是通过一种对立统一的形式——宗法制度体现出来,由此便引出了"国"便是"家",家也就是国的结论,使这种不平等关系能够被认为是天经地义,也就易于使人们接受和容忍。

1.2.2 儒学礼教的产生发展及其对女性的规范

在宗法制度中的等级人伦关系确定之后,"人"在其中的位置与行为规范如何,就成为一个十分重要的问题。这里所讲的"人",并非是指自然的人,而是指人伦关系中的人,具体来说,就是指在宗族、家族、家庭中,个人所处的位置和应起的作用。要使每个人的所作所为都能够符合等级人伦关系中所规定的要求和规范,这个要求和规范就叫作"礼"。在处理两性关系问题上,基本内核仍然是"男尊女卑",这和早期儒学是一脉相承的。要了解儒学礼教的实质和特点,就必须抓住宗法人伦与"三纲"、"三从"的关系。

周礼是中国最早的,也是最能从礼制上体现中国宗法制度的思想与文化的结晶,它通过政治、经济、道德、礼仪、习俗、宗教等具体内容,把宗法等级与血缘人伦这两个对立统一关系系统详尽地贯穿于其中。宗法等级制度与周礼的一致性表现为家国同构和政治与道德融为一体。因为国家制度是靠宗法人伦建立的,所以那种约束家族上下男女尊卑关系的宗法人伦道德也就成为政治法则。这些对立统一的结构和内容都包括在周礼的种种规定之中,所以周礼也就成为中国传统文化的源头。

汉代是中国封建社会的定型期,也是封建礼教的奠基时期。以周礼为核心的儒学成为由官方利用政权力量推行的统治思想,是由汉代开始的。董仲舒利用阴阳家的神学观,把"天人合一"论和荀子的政治哲学结合在一起,不只是强调从道德伦理意义上去探讨人格的完善,而是以阴阳五行学说来论证"三纲五常"系出于天,以说明君臣、父子、夫妇之间的上下、尊卑关系是天意所定,不可改变的。于是在原本的宗法人伦关系之上又涂上了一层神秘的色彩。这种政治化、神秘化了的儒学,就成为后来封建礼教的开端。随着封建社会的发展,以西汉刘向为代表的封建正统思想,继承了"男尊女卑"、"三纲五常"等观念,并试图以忠孝节义等封建伦理观念和封建等级思想来解决社会危机。不过当时他在《列女传》一书中对女性所提出的道德观还有客观之处。而在《白虎通·三纲六纪》中,论及男女尊卑、婚姻家庭观念时说:"夫妇者何谓也?夫者,扶也,以道扶接也。妇者,服也,以礼屈服也。""夫有恶行,妻不得去者,地无去天之义也。夫虽有恶,不得去也。"这就进一步规定了女子对于男性的服从与依附关系。

如何将封建礼教变成系统的社会女子道德观,并形成具体的女性行为规范,东汉班昭的《女诫》完成了这个任务。该文仅1600余字,分为7章,即"卑弱第一"、"夫妇第二"、"敬慎第三"、"妇行第四"、"专心第五"、"曲从第六"、"和叔妹第七",通篇贯穿一个理论:男尊女卑;围绕一个中心:夫为妻纲;全面阐释了《礼记·昏义》中的女子道德标准:"四行(即四德)——德、言、容、功";特别强调了女子"从一而终"的贞节观。该文依据董仲舒的阴阳五行之说,把《白虎通·三纲六纪》的精神与古代妇女生活局限于家庭范围的特点相结合,系统、全面地融宗法伦理道德于女子教育,而且能够寓情于理,深入浅出,成为中国封建社会第一部,也是影响最大、流传最为久远的一部女子教科书。此后,历代王朝都将之奉为经典。尽管后人也编出了一些女教书,然而却无出其右者。所以班昭就被中国的封建统治者奉为"女圣人"。

但是,由于我国幅员广大,民族众多,各个历史阶段,各个地区,各个民族,各个阶级、阶层的经济、政治、文化以至于传统习俗都不尽相同,甚至可能存在着相当大的差异。再者,封建礼教的产生、发展、演变有一个历史过程,统治者通过政权的力量,把纲常、礼教与政治、法律结合起来,最终成为人们衡量是非的道德标准和支配妇女言行的规范,进而渗透到民间,变为民风、民俗,也还需要经过一个历史过程。这"两个过程"并非完全同步进行,而是还存在着一定的历史的时间差。我们从大量的史料中可以看到,儒学礼教对女性的规范是与每个时期的经济基础、政治制度、文化背景、社会习俗以及男女两性所处的地位等等因素紧密地联系在一起的。

以明代来说，它处于中国封建社会后期，是中国历史上一个很有特点的朝代。社会经济高度发展，有新的因素——资本主义萌芽的产生，而旧的自然经济仍占统治地位；社会矛盾极其尖锐，农民起义持续不断，特别值得提出的是，在农民起义中还产生了女领袖唐赛儿，可是从总体上来看，明代仍然是一个高度封建集权专制主义的大帝国。虽然有李贽等思想家对封建正统思想和理学的抨击与批评，朦胧地提出了男女平等的主张，反对封建桎梏对妇女的束缚，但儒家思想却始终居于统治地位。虽然理学产生于宋代，然而将理学奉为官学则始于明代，统治者将理学的"存天理，灭人欲"纳入封建的贞节观，成为妇女价值体系的核心和衡量妇女道德品质的重要甚至是首要标志。根据廿四史所含十三史中的《列女传》统计，其中节妇烈女共235人，明代就有113人。明代为夫守节殉节的节妇烈女数量之多是中国历史上空前的，究其根本原因，则是政府将政治手段与儒学礼教相结合的统治恶果。

1.2.3 中国古代婚姻制度与夫妻关系的发展演变

男女两性的婚姻关系本来是一种人伦关系，然而在阶级社会中，婚姻的等级性则是婚姻关系的重要特征，其理论基础是儒学礼教，其本质则是父权制下的宗法等级制度在婚姻制度中的体现。中国古代的婚姻制度是作为宗法制度的根基之一而存在的，同时也是伴随着儒学礼教的发展而发展的。婚姻的目的，按照《礼记·昏义》的规定，就是"婚姻者合二姓之好，上以事宗庙，下以继后世"。三者相互联系，缺一不可。"合二姓之好"，又是以男性家族为主的。孟子说的"无后为大"，指的就是男性家族中的后代。由此可见，婚姻是关系到家国同构的古代宗法社会立国立家的根本。按照《说文解字》的解释："婚，妇家也。""姻，婿家也。"《尔雅》卷四说："妇之党为婚兄弟，婿之党为姻兄弟。"《礼记·昏义》也讲到，"昏（婚）礼者礼之本也"。"男女有别而后夫妇有义，夫妇有义而后父子有亲；父子有亲而后君臣有正"。崇尚礼制的宗法社会是把婚姻作为十分重要的社会行为，把家庭视为社会机体的胚胎，"婚姻……为人伦之本，家始于是，国始于是，社会之一切制度莫不始于是，是为中国古代婚姻观念之一大特点"。① 周礼则是其思想基础。儒家学说中关于婚姻、两性关系的论述之所以能够受到历代统治者的信奉，最根本的原因是其学说能够将宗法制度中所规定的人与人、男人与女人之间的各种血缘人伦关系和社会中所存在的人与人之间的各种等级关系最为精确、最为巧妙地统一起来。

从春秋时期的诸侯割据到秦王朝统一中国的这一历史阶段，就婚姻制度而言，其主流是向一夫一妻制过渡的。虽然由于各个地区经济发展水平的不同而形成婚姻制度、思想、风习的差异，但是总的发展趋势是以"男女有别"、"夫妇有别"，来维护和巩固一夫一妻制的家庭。《周易·说卦》："有天地，然后有万物；有万物，然后有男女；有男女然后有夫妇，然后有父子，然后有君臣，然后礼义有所错。夫妇之道，不可以不久也，故受之以恒。"《礼记·经解》说："昏姻之礼，所以明男女之别也。夫礼，禁乱之所由生，由坊止水之所自来也。……故婚姻之礼废，则夫妇之道苦，而淫辟之罪多矣。"反对"烝"、"报"等乱伦，正是反映了当时婚姻制度的发展、变化。

所谓"烝"，是指父亲死后，儿子可以娶庶母；"报"，是指兄、叔死后可以娶寡嫂或叔母。"烝"、"报"，原为祭祀名，因实行"转房"或"收继"时需要祭祀祖先，以期在心灵上得到安慰。超出上述情况的两性关系称为"通"、"傍淫"，是要受到社会舆论指责的。所以实行这种制度，是因为奴隶制下的女性是用聘财买来的，属于家族的财产，所以在丈夫死后，就必须转让给本族中的其他男子，以免财产外流。从《左传》记载的情况来看，当时"烝"、"报"的情况是相当普遍的。

一夫一妻制要求夫妻关系稳定，用以保证社会秩序安定，这是社会进步的一种表现。与此同时又要看到，封建礼法是按照父家长制的要求来对待婚姻伦理关系的，所以主张"男不亲求，女不亲许"，以"父母之命"、"媒妁之言"来规范男女婚姻，特别是对女子进行严格的管束，这从人性的角度又暴露出它的相对退步。实际上，周代宗法制度实行的是一夫多妻制的变相形式——嫡、妾制。妻分

---

① 陈鹏：《中国婚姻史稿》卷一"总论"，中华书局，1990年版。

为嫡、妾，妾之外又有媵，故所生子女有嫡、庶之分。

中国古代女性与男性相比较，其婚姻地位低于男性的状况，从一系列扼杀妇女权利和偏袒男子的措施中都可反映出来。尽管男女结婚都必须遵从父母之命、媒妁之言。"不待父母之命，媒妁之言，钻穴隙相窥，逾墙相从，则父母国人皆贱之。"（《孟子·滕文公下》）但一夫一妻制只是对妇女而言。男子既可以多妻（妾）又可以休妻。当女子出现七种情况——无子、淫、不事舅姑、口舌、盗窃、妒忌、恶疾中的任何一种时，丈夫就可以休妻，谓之"七出"。同时随着封建统治的野蛮性与残酷性的加强，夫死（包括未婚夫）不得改嫁的戒律也逐步实行起来，要求女子必须"从一而终"。"妻以夫为纲"，贯穿在全部婚姻、家庭生活之中。

从实际情况来看，上述措施的实行有一个漫长的发展过程，不过总的来说，是随着封建社会的发展和专制主义的加强而日趋强化的。以汉代的情况看，女性的恋爱婚姻相对来说是比较自由的，无论是在上层还是下层，也无论是男性还是女性，"从一而终"的贞操观念尚未普遍深入人心。从大量的材料可以看出，两汉时期，上自帝王之家，下至平民百姓，妇女改嫁是一种常见的社会现象。西汉褒奖"贞妇顺女"的第一道诏令是在宣帝神爵四年（公元前54年）颁行，至王莽摄政时期（公元9年—23年），又第二次褒扬；到了东汉时期，皇帝颁布的有关诏令共有五次，其影响也比西汉要大。东汉时期的画像石、画像砖和壁画上的节妇、孝妇的题材已占有相当重要的地位，如山东武梁祠画像石上的"梁节姑姊"、"楚昭贞妻"等。不过，对于这些影响也不能估计过高，从史料来看，其影响主要还是在儒家学者阶层的范围之内。

无论是允许改嫁、再嫁还是提倡、强调"从一而终"，都是通过贞节观念的弱化或强化所表现出来的社会多种因素形成的合力作用的结果。事实上，汉代女性的婚嫁状况，是与当时强调女性传宗接代的任务以及对宗族的责任紧密相联的。为了保障家族的稳定，也有男子不娶后妻的。这样的人都是高官、贵族、大姓，这表明，随着封建家族的发展，地主阶级也在考虑、摸索如何巩固家族关系的途径。唐代的法律对待妇女改嫁问题仍持宽容态度。宋代的法律《宋刑统》在婚姻立法方面基本是沿用唐制，主要渊源于《唐律疏议》，原则上也是允许妇女改嫁的。不过，在男权为中心的封建社会中，加强家族总是与加强男权相一致的。汉代以降，妇女的婚嫁状况尽管由于其社会背景的不同而不尽相同，但其社会主导方面却是由原来的男女恋爱婚姻相对比较自由、比较宽松的状况，走向国家正统的"夫为妻纲"和女性"从一而终"的单向贞节观日益强化的趋势，这与中国封建专制集权统治的日益强化是一致的。

1.3 家国同构的社会条件

人们的社会与家庭地位，是指人们在社会、家庭中对物质资源（包括食物、收入和其他财富）以及社会资源（包括知识、权力和威望）的占有及控制能力。对女性来说，即为女性在社会和家庭各个方面自身所处的位置及其与男子相比较所处的地位。它可以从女性的外涉关系即经济、政治、文化以及与男性的关系来考察。当然，从根本上来说，男女两性的社会、家庭地位都是要受到一定的社会制度（包括婚姻制度）的制约的。

随着男女在社会生产和社会分工中地位的变化，男女两性的社会地位也在发生着变化。中国古代女性在父家长制宗法社会中的社会地位，由于受到"男耕女织"的社会分工和"男主外，女主内"的角色定位的限制，除极少数人之外，一般女性都被排除在掌握政治、经济、军事等社会权力以及受教育的权利之外。即使女性在社会允许的范围内参与了上述活动，做出了贡献，社会给予女性的社会地位与评价和女性的社会参与与社会贡献也是极不相称的，甚至是截然相反的。

政治参与的程度是人们社会地位高低的重要表现。在中国两千多年来男性为中心的皇权统治的社会里，按照女性"主内"、"无外事"的社会角色，从原则上来说，她们是不能参与政事的。即使有个别的后妃参政，是否就可以说她们已经和男性的皇帝一样真正掌握了国家政权，并且具有了崇高的社会政治地位了呢？联系中国古代历史的实际，首先，可以看到，后妃参政只是在中国这样的家国同构的男权政治暂时无法由男性来掌握权力的情况下的一种权宜之计,所以她们不是作为主体而是作为客体去参与;其次,她们在参与掌握政治权力时,并不是代表女性群体,更不是以女性为主体,而是透过父系家族的利益代表了男权政治,作为中国女性,即使是千古一帝的武则天也不例外;第三,她们即使在参与掌握政治权力时做出了贡献,也往往不能得到公正的评价,甚至还要被指责或者丑化,被诬为"牝鸡司晨"。中国自周代以降,随着父家长制的日益强化,女性被排斥于社会公共领域,特别是政治领域之外,尽管后妃参政现象贯穿于中国封建社会历史的始终,但它却只能是在某种特殊条件下才会出现的历史偶然现象,而不可能是作为男性皇权统治的一种必然规律。后妃参政现象是男权政治的一种特殊表现形式,对于那些后妃来说,仍然是"主内"的一种延伸而已。

家庭作为社会最基本的组织细胞,是以婚姻和血缘为纽带而建立起来的,婚姻是家庭存在的必要条件和前提。家庭地位是一个复杂的概念,作为婚姻双方中的一方的女性,其家庭地位是相对其家庭内的其他成员特别是其丈夫而言的相对概念。这种相对性主要表现在两个方面:(1)对家庭资源的拥有和控制程度;(2)自主权和对家庭重大事务决策的发言权,当然也包括在家庭中的威望和权威。很多的研究表明,中国古代女性尽管为家庭、社会创造了物质财富,为国与家做出了贡献,但她们在家庭经济方面却是没有自主权和控制权的。当然,这并不排除在某些朝代、地区、民族或个别家族、家庭中存在例外。至于对家庭重大事务决策的发言权以及在家庭中的威望和权威问题,则是一个由各种因素影响、决定的问题,如女性在家庭中所承担的生产劳动与家务劳动的分量、相夫教子的作用,以及她们的家庭出身背景等等,都可能会成为一种影响因子。不过,从根本上来说,女性的家庭地位也仍然是要受到时代、社会制度以及在此条件下的男女两性地位的制约的。

在家国同构、血缘地域二系合一的古代中国,家庭既是农业自然经济下进行生产、承担赋税徭役的基本生产单位,又是宗族血缘制约下的基本社会组织。中国封建社会是植根于小农经济基础之上的,一家一户作为一个经济单位,不存在夫妻或个人财产问题。其次,家庭共同财产的范围,不仅包括不动产,同时也包括动产在内。

在父家长制社会里，不论哪种类型的家庭都有一个共同的特点，那就是男性家长是生产资料的所有者，又是生产资料和生活资料的提供者，其家属是没有独立的、完整的个人权力和行为能力的。《礼记·内则》："子妇无私货，无私畜，无私器。"《礼记·曲礼》又说："父母存，不得有私财。"这就表明，就是男子，当其父母在世时，也不得有私财。

西汉王朝时，一方面屡迁大族至关中，使其"不得群居"，另一方面又实行"与民休息"的政策，促进"五口之家"、"百亩之田"的小农家庭空前发展。这类小农家庭有两种类型：一是以夫妻为主体的一代户家庭；一是由父母和一个已婚之子组成的二代户家庭。在这种家庭中，夫妻都参加劳动，男女比较平等，但是作为妻子仍然是不能拥有"私货、私畜、私器"的。从西汉末到东汉时期，土地兼并之风愈演愈烈，豪族大姓为了确保土地和便于经营，多实行累世同居，宗法血缘思想加强。在这种大家庭中，子辈没有独立经济，强调的是子对父的"孝"，弟对兄的"恭"，妻对夫的"从"。这种片面的服从关系，既反映了依附性的增强，也表现出专制主义思想的渗透，妇女的家庭地位就在这种对男性的依附性中逐步下降。

后世封建王朝的更迭并没有降低女性对男性（主要是妻子对丈夫）的依附性。唐代被公认为是对女性最为宽容的时代，然而它毕竟仍然处于中国的封建时代，因而女性并没有独立的经济地位和权利，除特殊情况外，家中的土地、财产完全由男性支配。政府颁布的《田令》中明确规定，女性不能受田，没有土地所有权。在《户令》和《丧葬令》中又规定，女性只有家庭财产使用权，没有家庭财产所有权，不能参加家庭财产的划分。宋《司马氏居家杂仪》载："凡为子妇者毋得蓄私财，俸禄及田宅所入尽归之父母舅姑，当用则请而用之，不敢私假，不敢私与。"在多代同居的大家庭中，家庭共同财产管理权一般都是由男性家长掌握，当然有时也会有个别例外。

随着商品经济的发展，商品交易活动也在频繁地冲击着植根于小农经济基础之上的大大小小的家庭，个人私蓄财产的事例已经出现。从宋代的一部诉讼判决书和官府公文的分类汇编《名公书判清明集》中的若干案例可以清楚地看出，宋代女子是有财产继承权的。

按照南宋时期关于再婚的法律规定,女子再婚,其妆田是可以带走的。然而,在《元典章》、明清的户令中,却规定女性夫死改嫁时,原则上不得带走夫家财产和自己的奁产,应由前夫之家作主。所以,作为社会、家庭财富创造者的中国封建社会的女性,是否能够拥有一定的家庭资源或拥有一定的个人财产都需要从实际的社会历史情景去考察、分析。

1.4 社会转型与女性作用

1.4.1 中国近代社会的性质决定了妇女运动的特点

近代中国,半殖民地半封建的社会土壤,资本主义生产方式逐渐产生但又很不发达,这可以概括为中国的基本国情。这一国情,决定了近代中国女性的地位作用乃至解放运动具有区别于西方欧美女性与妇女运动明显的不同特征。

1840年后,中国是在西方列强的侵略炮火之下迈进近代社会的门槛的。民族矛盾刺激之下,各阶层的有识之士,开始思考救亡之策,社会观念的转型剧烈地进行着。中国近代女性地位的提高与作用的发挥起步于妇女解放运动的兴起,而妇女解放运动又是伴随着资产阶级登上政治舞台滥觞的。妇女运动的产生、发展与高涨,同政治改革、政治革命的发生与发展同步出现。也就是说,社会革命是中国妇女解放运动的最基本的内容和最基本的性质。

在欧美等发达国家,资产阶级革命之始,妇女便提出了自身的要求,如法国大革命中,《人权宣言》发表后不久,女性就针锋相对地提出了《女权宣言》,因为获得了政权的资产阶级没有把权力给予全社会,包括积极参与革命斗争的广大妇女,因此,在资产阶级夺取政权后,又出现了独立的妇女解放运动。妇女运动的矛头指向整个男权社会,其直接目标不是为了救国救民,而是为了自身的利益,为了从男性手中争取应有的权力。

而在中国近代,随着帝国主义与中华民族的矛盾、封建主义与人民大众的矛盾的日趋激化,反帝反封建的历史任务变得异常艰巨,需要调动全社会的力量进行斗争才能完成。资产阶级在发动妇女运动的时候,着眼于女性的力量和作用,而忽视女性应该得到的权利。

广大女性逐渐自觉地投身于政治斗争和政治改革的大潮中,这一斗争又反过来促进了女性的进一步觉醒。

1898年的戊戌维新,是中国近代第一次大的政治改革运动,与之相伴,中国妇女运动也拉开了序幕。"救亡图存"是那个时代的最强音,是时代赋予资产阶级维新派的历史使命,而这个时期的妇女运动,也以爱国主义为主要的特征,带有鲜明的社会变革的色彩。维新派的禁缠足、兴女学这两项重要措施揭开了近代中国妇女解放的序幕。它不仅影响到20世纪初兴起的资产阶级女权运动,而且影响着中国近、现代妇女解放运动的全部历程,使之与政治革命紧密相连。

1911年的辛亥革命结束了君主专制制度。资产阶级民主革命,为妇女争取解放提供了契机和广阔天地。广大妇女步入反帝爱国斗争的行列中,成为辛亥革命中的一支重要生力军,近代妇女解放运动的高潮逐渐兴起。先进妇女还以极大的主动性参加争取自身权力的斗争,并涌现出秋瑾这样杰出的妇女领袖和一批颇具才干的妇女活动家。妇女的权利意识增强,推翻清王朝后掀起了颇具声势的参政斗争。

中国妇女参政运动发生的直接原因,是辛亥革命的蓬勃发展。1911年11月,由留日女学生同盟会员林宗素等人在上海发起组织的"女子参政同志会",是中国最早的女子参政团体。这一参政团体的宗旨是"普及女子之政治学识,养成女子之政治能力,期得国民完全参政权"。① 1912年1月5日,女子参政同志会派代表赴南京谒见孙中山,要求女子参政权。3月19日,临时参议院讨论女子参政请愿案,予以否决。此事激起妇女们极大的义愤,造成轰动全国的大闹参议院事件。4月8日,"中华民国女子参政同志会"于南京成立,这是当时最大的妇女参政团体。该团体曾提出九条政纲:(1)男女平权之实现;(2)女子教育之普及,实施;(3)家庭妇女地位的向上;(4)一夫一妻主义之实现;(5)自由婚姻之实行及无故离婚之禁止;(6)妇女职业之厉行;(7)蓄妾及妇女买卖之禁止;(8)妇

---

① 《女子参政同盟会草章》,《辛亥革命在上海史料选辑》,第910页。

女政治地位之确立;(9)公娼制度之改良。① 此九条纲领把女权的诸方面要求由妇女团体明确提出并作为奋斗目标。这是我国妇女运动史上的创举,为以后的妇女参政运动的理论与实践的发展,提供了形象鲜明的历史借鉴。

五四时期的妇女解放运动带有鲜明的时代特征。它是在两个方面同时展开的:一方面在反帝爱国运动中冲锋陷阵;另一方面在反封建斗争中,为争取自身的自由解放而拼搏斗争。因为反帝爱国运动同妇女解放运动是紧密相连的,它本身就含有妇女解放运动的意义。而先进妇女通过参加反帝爱国运动,又激发了她们自身的政治责任感及政治参与意识。

毫无疑问,中国妇女运动把社会变革当作她们的首要目标,是近代中国具体国情的产物。而妇女运动融汇于反帝反封建的民族民主革命,正是半殖民地、半封建社会中国妇女解放的必然途径和正确道路。近代中国妇女解放的历程就是随着轰轰烈烈的社会革命而沉浮涨落的奋争记录。如果没有社会革命的胜利,中国妇女就不可能有自身地位的提高和改善。

1.4.2 妇女运动的发展改善和提高了妇女的地位

中国近代妇女运动,从产生起,就谋求恢复妇女被剥夺的各种权利,因而,改善和提高妇女的地位,也是妇女运动的主要目的。

妇女地位的提高和改善主要表现在接受教育权、婚姻自主权、经济独立权及参与政治权等方面。

(1) 妇女获得接受教育权

最早接受女子入学校学习的是教会女学,从19世纪30年代开始,先后有艾迪绥女塾、裨文女塾、文纪女塾、淑贞女子小学、福州女书院、贝满女塾等相继创办。至1876年,全国仅基督教教会所办的单设女子学校就有女日校82所,学生1307人,女寄宿学校39所,学生794人,而天主教在江南一带也有女校213所,学生2791

---

① 谈社英:《中国妇女运动通史》,南京文心出版社,1936年版,第57页。

人。①

中国人自办女学是从1898年5月31日经正女学堂的诞生开始的。随后，务本女塾、爱国女学、城东女学社、宗孟女学、北京的京师女子师范学堂、天津的北洋女子师范学堂、公立女子学堂、南京的旅宁学堂等也都先后创办。

民间的办学热潮，促使清政府在1907年正式颁布了我国第一个女学章程，即《学部奏定女子小学堂章程》26条和《学部奏定女子师范学堂章程》39条，对女子师范及女子小学堂在办学宗旨、入学年龄、课程设置、修业年限、培养目标等方面做了详尽的规定和要求。这标志着中国女子在被压抑千百年后，首次取得受教育的合法地位。

随着女子教育的不断发展，女子要求享有与男子平等受教育的权力，尤其是享受高层次教育权之事便被提到了议事日程。辛亥革命后，南京临时政府成立，著名教育家蔡元培出任教育总长，1912年1月19日，教育部颁布《普通教育暂行办法》14条，其第4条载："初等小学校可以男女同校。"这就确定了男女平等接受教育的原则。

五四新文化运动的展开，促使女子教育出现了更大的改革和发展。其一，是中学男女同校。中学男女同校的新风，是对几千年来"男女有别"的陈规陋习的有力冲击，推动了近代女学教育跨入一个新的历史时期。其二，是在邓春兰等女性的呼吁之下，北京大学首开女禁，于1920年2月开始接收女生入学。1922年中国自办高等学校中，已有31所专收或兼收女生，至30年代中期，女大学生约占大学生总数的15%。② 女留学生亦达万人以上。③

（2）女性初步获得婚姻自主权

清末民初，先进的女性冲破社会和家庭的藩篱，开始了自择婚配，如妇女运动活动家陈撷芬，就是在秋瑾的帮助下，抗婚成功，通

---

① 杜学元：《中国女子教育通史》，贵州教育出版社，1995年版，第270页。
② 陈重光：《民国初年妇女地位演变》，教育部1931—1936年度全国专科以上学校学生数报告，第29页。
③ 孙石月：《中国近代女子留学史》，中国和平出版社，1995年版，第261页。

过自由恋爱嫁给四川人杨隽。

婚姻媒介形式出现了社会化和公开化的趋向,自由恋爱代替媒妁之言已成为一种时代的风尚。戊戌维新时期的"不缠足会"、"天足会"、"放足会"等团体都带有婚姻介绍所的性质,凡入会者及其子女可以互通婚姻。

在离婚再嫁问题上更加自由。婚姻自由、不合则离的思潮日益在整个社会产生着现实的效益。据《上海市社会局业务报告》记载,1930年,上海市共发生离婚案件853件,其中男方主动提出的为177件,占20.75%;女方主动提出的138件,占16.18%;从离婚动机上来看,"意见不合"居多,占73.39%。同时,再婚现象也具有一定的普遍性。

一夫一妻制开始实行。1911年,清政府出台了《大清民律草案》亲属编。1915年和1925年民国民律第二次草案和第三次草案,对亲属编又进行了两次修订。1931年5月《中华民国民法》亲属编、继承编再经修订正式施行,原则上肯定了一夫一妻制。但出于私有制经济的现实,又规定"妾之问题,无庸规定",实为一夫多妻网开一面。

这一时期,革命根据地的婚姻立法更有了长足的进展。1931年、1934年先后公布的《中华苏维埃共和国婚姻条例》和《中华苏维埃共和国婚姻法》,贯穿了彻底的反封建精神,后被抗日边区政府的"婚姻条例"所继承。真正意义上的一夫一妻制,只有在新中国成立后,才严格推行。

(3) 妇女争取经济独立权获得部分成绩,得到部分职业权

近代女性大规模的就业,始于产业女工。从19世纪60年代以后,在外资、官办和民办缫丝、棉纺等轻工企业中,女工的使用日渐普遍。据不完全统计,1894年甲午中日战争前,女工约3.5万人,占全国产业工人总数(不含矿山工人)的35%,五四前后达到35万人。[①] 20世纪二三十年代以来,越来越多的知识女性走上了广泛的

---

① 郑永福、吕美颐:《近代中国妇女生活》,河南人民出版社,1993年版,第391—392页。

职业岗位,构成了职业妇女群。

(4) 争取参政权的斗争取得了一定的成效

中国妇女的觉醒、政治的参与,起始于近代的资产阶级革命。在广大女性的努力之下,女子参政在一些地方有了突破性的进展。如 20 年代初联省自治运动中,湖南、浙江各选出了一名女省议员,湖南有 10 名女子当选为县议员。40 年代初,第一届国民参议会女议员达到了 10 名,第二届 15 名,均占议员总数的 5%。中国共产党领导的革命根据地,妇女参政受到法律保护,成绩巨大。1933 年 9 月,在根据地的一次大规模选举中,多数乡苏维埃的妇女代表达到了 25%。抗日战争时期,1941 年的陕甘宁边区有 30% 的妇女参加了选举,晋察冀的北岳区等地,参加选举的妇女高达 80%。各根据地还涌现出一批女县长,女乡长。① 1953 年,全国解放后第一次普选时,98 万妇女当选为各级人民代表,其中 147 人走进了全国人民代表的行列。②

综观中国近代社会历程,可以发现,妇女地位的改善与提高,是破除封建专制制度的结果,是社会进步的标志,是传统社会结构发生变化的体现。同时,中国近代女性在争取和恢复自身权力的过程中,既受到社会进步和发展的影响,也推动了中国近代社会各个领域的变革。

1.4.3 妇女运动的发展推动了近代社会的变迁

中国近代的妇女解放运动是集新思想、新活动、新成果为一体的新的社会力量。这种新的社会力量主要是从观念的更新、制度的演变、社会角色模式的变化等三个方面推动着近代社会的变迁。

(1) 观念的更新

观念的更新是社会变革的前奏,是必不可少的舆论准备。中国近代的妇女运动对近代社会产生影响最大的,是对腐朽观念的冲击、

---

① 吕美颐:《论中国近代妇女运动对社会变迁的推动作用》,《郑州大学学报》,1999 年第 4 期。

② 逢源:《九十年代的巾帼风采——中国妇女参政议政一瞥》,《人民日报(京)》,1997 年 8 月 18 日。

荡涤，对新观念的鼓吹、传播，并经过斗争使新观念逐渐为人们所接受。

明清时期广为流传的"女子无才便是德"的腐朽观念，在中国近代兴女学的运动中，受到猛烈冲击。人们把兴女学与提高妇女地位、"富国强兵"联系起来，并从理论上作了精辟的阐述，从而使女子教育逐步产生和发展。

妇女缠足这一陋习，在我国大约存在了近千年的历史。近代妇女解放运动兴起之后，戒缠足，倡天足，渐成风气，进而酿成全社会的运动和风潮，使得视足小为美的变态审美观念得以转变，缠足陋俗才得以彻底铲除。

（2）制度的演变

近代婚姻制度的变迁，是妇女解放运动冲击的直接结果。特别是革除恶俗陋规、简化婚礼仪式等都得到了社会上的广泛拥护。新式婚制的主要内容是订婚结婚尊重男女两方的意见，征得当事人的同意，婚礼仪式节财用去奢从俭，革除坐花轿、拜天地、闹洞房等陈规陋习，有的模仿并直接移植西方婚礼的一些仪式，形成新旧参杂、"中西结合"的婚制、仪节。

教育制度的变革也是如此。在妇女运动蓬勃发展、女子教育遍及全国的形势之下，清政府才被迫于1907年颁布了对女子师范及女子小学堂在办学方面的规定和要求。1912年在唐群英等妇女活动家的积极鼓吹与妇女解放运动的推动下，南京临时政府教育部才颁发了一些有利于发展女子教育的法令。

（3）社会角色模式的变化

中国女性的社会角色，随着近代兴女学、派留学、禁缠足、办女报、结团体、谋自立、参政等社会思潮与活动的兴起，发生了根本的变化。传统家庭内部男性支配一切的地位同样受到了猛烈的撞击。在部分大城市中，少数家庭妇女进入工厂参加生产，获得相对独立的经济地位，多少改变了以往完全依附丈夫的地位和状况；另一方面，一些已婚妇女接受了新式教育，逐渐认识到自身的价值与实际能力，遂奋起争取本来就属于自己的自由平等权利。

中国的社会转型包括两种情况：一种是属于社会制度的转型，如由半封建半殖民地社会转为社会主义社会;一种则是在同一个社会制度之内的社会转型,如宋代就是属于由封建社会前期向后期的一种转变。这显然是属于两种不同性质的社会转型。正如历史的发展不是单纯地依靠某一种力量,而是由经济、政治、思想、文化诸因素交互作用所形成的合力的推动那样,在对于女性问题的研究中同样发现,妇女的命运总是和时代、社会制度、家族、家庭以及男性的命运紧密相连。所以,我们不能脱离社会、家族、家庭和男女两性之间的交互作用所形成的合力来考察女性的地位和作用,通过对社会转型时期的了解,往往更有利于我们认识中国女性的地位、作用。

中国女性家庭地位发展的总趋势,也是要受到一定的社会的经济、政治、文化的制约的。由原始社会走到今天的社会主义现代化时期,妇女在家庭中的地位也经历着历史的演变。由原始的平等到母系氏族时期的母权制,妇女在家庭中居于主导地位,这时的社会进步与妇女的家庭地位的提高是一致的;待到父权制形成,母权丧失,在宗法制度下的家庭中,男性处于主导地位,此时男女地位就由原来的原始的平等进入了原始的不平等;进入奴隶社会和封建社会后的妇女,地位低下,受到阶级和男权的双重压迫,封建的"三纲五常"、"三从四德"又把妇女压到了底层,在家庭中也是处于从属地位。直到进入社会主义社会,妇女在家庭中的地位才得到逐步的提高。

第二节 制度制约与女性的独特贡献

女性如何认识自身的特性以及女性与社会(包括与男性)的关系,是一个十分重要的问题。人(包括男女两性)的发展,从根本上来说是要受到一定社会制度下的经济、政治、文化、历史传统、社会习俗等条件的制约的。这种制约既表现为不同的时代向人们提出不同的要求,也表现为对人们活动的条件和范围的支配。尽管有时社会制约会受到某个统治者个人因素的某些影响,或者某些个人具有超凡的力量去偶一冲击、突破它，不过，从总体上来说，人们的发展是不能超出社会历史条件制约的范畴的。同时，不仅不同的社会制度的演变对人们的制约的方面与内容有相应的变化，即使是在同一社会制度下，随着时代的发展，社会对人的活动条件、范围以及地位、作用的制约也会有所调整的。尽管中国古代女性的生存环境和活动范围受到很大限制，但她们却仍然表现出非凡的创造力，为家庭和社会做出了很大的贡献。

2.1 相夫教子

中国古代把"主内"作为对女性的角色定位，把相夫教子作为女性的天职。因为当社会婚姻形态进入到一夫一妻制，家庭成为社会的基本单位时，夫妻关系与家庭功能的稳定则是社会进步的一种表现。特别是在家国同构的历史背景下，女性相夫教子作用发挥得如何，不仅关系到家庭的兴旺发达，也关系到社会、国家的繁荣昌盛，所以，女性的作用尽管很广泛，可是能够得到社会普遍承认的首先是相夫教子。当然，这种对女性活动范围与人生职责的限定，一是对女性独立人格剥夺与价值功能的贬损，制约了女性的生存与发展。

相夫教子的具体内容和侧重点是会在传统要求的基础上随着社会的发展而变化的，所以不同历史时期女性的相夫教子都会有鲜明的时代特点。春秋战国时期的女性虽然生活在距今两千多年前，但是社会并没有把她们完全封闭在狭小的生活圈子里，她们的视野开阔，思维敏捷，比较广泛地关心和参与社会，追求理想，富于个性解放精神。在她们相夫教子的事迹中，无不闪烁着智者的聪慧和强者的胆略与勇气，从而反映了这个时代的精神风貌。众所周知的孟母、齐姜、樊姬、钟离春等，就是其中杰出的代表。

当时代进入封建专制中央集权的汉朝特别是东汉以后，女性的角色定位、道德规范和社会舆论在经过长时间的反复的社会实践后，扶助丈夫与儿子逐渐成为女性自身的一种价值观、道德观。西汉时期的班婕妤是成帝的妃子。她恪守妇道，严于律己。当成帝要求她同游后宫时，她坚决辞谢，并说："观古图画，圣贤之君皆有名臣在侧。三代之末主乃有女嬖，今欲同辇，得无似之乎？上善其言而止。"①这表明班婕妤并非以获得皇帝的恩宠为荣，而是要以虞舜的娥皇、女英二贤妃和周文王的母亲太任、周武王的母亲太姒为榜样，希望通过自己的仁义贤淑去辅佐皇帝。东汉梁鸿、孟光"举案齐眉"的故事是夫妻和睦的佳话。而更为重要的是，梁鸿对社会贫富悬殊不满，曾作《五噫歌》，由此得罪了汉章帝，使得梁鸿非常紧张，不知所措。孟光遵循"邦有道则见，邦无道则隐"的精神，劝丈夫隐姓埋名，远走他乡。他们流落在外数年，生活十分贫困，但是由于两人都安贫乐道，所以能够共患难而更加恩爱，经坎坷而志不移。东晋名臣陶侃以其忠于职守、廉洁奉公而流芳千古。鄱阳孝廉范逵却称赞说："非此母不生此子。"因为当年在陶侃负责管理鱼塘时，曾将塘中的鱼腌制后带回家去，其母湛氏斥责他，说："尔为吏，以官物遗我，非惟不能益吾，乃以增吾忧矣。"②刘宗周是明末著名的哲学家，父死，母亲章氏挑起家庭重担，"躬操纺绩，以供晨夕"，同时严格教育刘宗周，终于把儿子培育成材。

处于中国由前封建社会向后封建社会转型时期的宋代，对女性的相夫教子，助内持家，在传统内容的基础上又有了反映时代特点的新要求。宋代在科举制度的广泛实行下，科举取士之多在中国历史上是空前绝后的。它推动着"贫富无定势，田宅无定主，有钱则买，无钱则卖"的社会流动，③进一步打破了"士庶天隔"的界限，实现着为官者"骤得富贵，其家不传"的社会演变，于是出现了"为父兄者，以其子与弟不文为咎，为母妻者，以其子与夫不学为辱"的社会风气。④科举既是宋代官绅家族子弟凭借知识去保持和提高政治与经济地位的重要手段，也是下层寒门子弟改换门庭的惟一途径。生活在这样的文化氛围中的女性，尤其是一些上层女性，辅助夫子成材立业的事迹不胜枚举，仅以苏氏一门为例，已经可以充

---

① 《列女传校注》，《四部备要》史部，上海中华书局据汪氏刻本校刊。
② 《晋书·列女传》，中华书局，1990年版。
③ 袁采：《袁氏世范》卷下，文渊阁《四库全书》本。
④ 洪迈：《容斋四笔》卷五《饶州风俗》，上海古籍出版社，1966年版，第665页。

分反映出女性相夫教子的作用和贡献。苏洵、苏轼、苏辙之所以能够成为我国历史上著名的文学大家，程夫人相夫教子之力是功不可没的。司马光在为程夫人所写的墓志铭中说："妇人柔顺足以睦其族，智能足以齐其家，斯已贤矣，况如夫人能开发辅导成就其夫子，使皆以文学显重于天下，非智虑高绝能如是乎！"在这份高度赞赏的墓志铭中，我们可以清楚地看到，程氏确实是一位伟大的妻子、伟大的母亲、伟大的女性！

2.2 物质生产

中国古代女性不仅是家庭经济生活的负担者、社会财富的创造者，同时也是国家赋税的承担者。在"男耕女织"的自给自足的小农经济社会中，"耕"与"织"是国家的经济命脉。《盐铁论·园池》明确指出："夫男耕女织，天下之大业也。"东汉班昭作《女诫》，把"专心纺绩"列在"女功"的首位。随着时代的发展和统治者的需要，出现了大量的官营作坊，但一家一户的家庭纺织仍然是主要的生产形式和纺织品的主要来源，而女性（包括一些大家族中的女性）则是劳动力。即使是在官、私营纺织作坊中，女性也是主要劳动力。中国古代女性在纺织业方面的贡献主要是：

1. 在劳动生产与技术创造方面

自战国以降，一家一户的男耕女织的家庭生产形式逐渐稳定下来。到了汉代，纺织业普遍兴盛，广大农村中家家户户都从事纺绩，男耕女织是普遍现象。"一夫不耕或受之饥，一女不织或受之寒"（《汉书·食货志》），是当时社会的真实写照。

伴随着中国自给自足自然经济的发展，还出现了私人经营的作坊。据《汉书·张汤传》载，汉武帝时，豪富张安世经营的作坊有700人从事生产，他的妻子也参加纺绩。早期的商品经济发展起来以后，丝织品已成为广泛流通的商品，妇女也可以经商。宋代农业生产的进步，带动了纺织业的迅速发展，在民间已出现了相当数量的独立经营的专业机织户，如两浙、江南东路一带由于太湖流域农业及养蚕业的发展，一般家庭都经营丝织业。女子在织机上"交臂营作，争为纤巧，以渔倍息"。① 官营作坊除京城外，遍及全国主要丝绸产地，其中多为女工。仅开封绫锦院就有织机 400 余张，女工每人能供应三四张织机所需要的襻、丝线、染练等。② 此外，一些寺庙还利用尼姑来进行纺织。

生长于宋末元初的黄道婆，是中国古代的纺织家。她把从黎族那里学到的棉纺织加工技术总结提高，形成一套比较先进的织造技术，遍传江南一带。

2. 在国家的财政税收、对外贸易与交流方面

赋税是国家财政的重要来源，中国古代女性被定为征收的对象，对国家负有义务，而其所交纳的实物税主要是纺织品。《周礼·闾师》载："任嫔，以女事供布帛。"《管子·入国》中说："有三幼者无妇征，四幼者，尽家无征。"说明春秋战国时期的女性就是要被征税的。汉代的征收对象则是对所有的成年男女。以赋税来说，秦汉时期女性所承担的经济义务与男子相同。西晋时期成丁女子也要承担不小的赋税，男子交租 4 斛，女子也要交 1 斛 6 斗。曹魏时期既要按土地征税，同时又推行户调制，户出绢二匹、绵二斤，这个负担女性当然是责无旁贷的了。唐代实行"租庸调"的赋税、徭役制度。"租"，是丁男每年需向政府交纳粟 2 石或稻 3 斛；"庸"，是丁男每年需服徭役 20 天，闰年加两天，如不服役，每天折纳绢 3 尺或布 3.75 尺；"调"，是丁男每年交纳绢或其他丝织品 2 丈，棉 3 两；不产丝、棉的地方，则纳布 2.5 丈，麻 3 斤。这一制度的实行，无疑对当时社会经济的恢复与发展起到了推动作用。

在对外贸易与交流方面，据《三国志·魏书·东夷传》记载，公元 238 年，日本女王卑弥呼派遣专使来中国，向魏明帝赠送了斑布，魏明帝回赠了绛地交龙锦等丝、毛纺织品。日本使者除带回了这些赠品外，还带回了中国当时的纺织技术。南宋时期，海外贸易已成

---

① 李觏：《直讲李先生文集》卷十六《富国策第三》。
② 《宋会要·食货》六四之一六，《宋会要辑稿》(7)，台北新文丰出版公司，1976 年 10 月。

为国家财政收入的重要来源,而丝织品则是主要的对外贸易货物。宁宗嘉定年间(公元1208—1224年)甚至规定,凡买外货都要以绢、帛、锦、绮交换。

3. 在缂丝、刺绣方面

缂丝是女性在为社会提供人们日常生活所必须的物质文化——纺织品的基础上,又创造出来的精美绝伦的纺织文化。出土的战国楚简《遣策》中,就有"缂"、"缂丝"的记载。宋代缂丝在我国染织史上相当有名,在众多的名家中,以画家兼工缂丝的朱克柔为最。她的生卒年不详,生活于徽宗、高宗年间(公元1101—1162年),其工艺代表了宋代缂丝艺术的最高水平,缂丝"牡丹"、"莲塘乳鸭图"等作品均被保存至今。

伴随着丝织业的发展,刺绣在春秋战国时期已经存在。武则天、杨贵妃时,后宫专门为她们刺绣的女工有数百甚至上千人。除了进行丝绸服饰加工外,还广泛用于宗教方面的绣佛经、佛像,这些都为宋代书、画刺绣开创了新途径,这是我国刺绣史上的一大转变。元代统治者对刺绣物品的需求量特别大,宫廷为此设作坊制作。到了明世宗嘉靖(1522—1566年)年间,仅存留(长住性质)绣匠数量就达到了800多人。①

中国古代女性担负着家庭和社会生产(主要是纺织)的重要任务,创造了大量的财富,撑起了"男耕女织"时代的"半边天"。然而她们只有劳动的义务,她们的劳动价值却始终得不到社会和历史的肯定——在中国史书中除了分散、零星的记载外,从来没有对女性对国家经济、社会生产方面所作出的重要贡献给予全面的论述和应有的评价。

2.3 商品经济与市井文化

中国城市的发展有着很长的历史。城市的出现,不仅意味着经济、政治、军事和文化中心的出现,而且是人类社会由野蛮时代跨

---

① 吴淑生、田自秉:《中国染织史》,上海人民出版社,1986年版,第261页。

入文明时代的重要标志之一。城市人口集中,社会分工复杂,农村那种以血缘、宗法为基础的人际关系变成以职业、行业为基础的人际关系;"日出而作,日入而息"的生活方式,也被城市中"鸡鸣而起,孜孜求利"多方联系的较快的节奏和多彩的生活所代替。社会的进步是与城市的发展紧密地联系在一起的。两宋(公元960—1279年)处于封建社会转型期,在中国城市发展史上具有相当的典型性。随着农业、手工业、商业和市民阶层的兴起,女性特别是市民阶层中的女性,逐步成为两宋城市商品经济与文化发展中一支重要的推动力量。

1. **榷酒业** 由于酒的利润很高,政府决定将榷酒即酒的官卖,作为调整生产与消费的关系,抑制豪强,增加国库收入的一项重要政策。酒的生产与经营由国家垄断后,为了增加酒的销售量,甚至不惜大量使用娼妓去引诱人喝酒,以致都城歌楼、酒店、茶坊、妓馆中娼妓遍布。娼妓是歌舞女艺人的总称。实际上宋代的娼妓并非完全都是卖艺不卖身,如庵酒店内就可以宿客。①正是因为政府设法利用妓女作为促销酒的特殊工具,榷酒(包括酒曲)收入在宋朝的财政中,仅次于两税、榷盐,居于第三位,其岁入总额比榷茶收入要大数倍。由此可以想见宋代妓女之多和她们对于国家财政所作的贡献之大。可是这部分年轻女子的社会参与和她们所得到的社会承认却是成反比的,而且她们的贡献又是和她们的苦难与牺牲联系在一起的。

2. **餐饮业** 两宋时期,发达的手工业和商业贸易加速了城市与集镇的商业化。城镇商业的发展,为女性投入到商业经营方面提供了机会。特别值得提出的是饮食店中的女性,她们除了参加店里的劳动外,其中的佼佼者还直接参与管理,有的家庭店铺甚至还以她们的称谓命名。《宋稗类钞》卷七《饮食》载:"宋五嫂鱼羹,常经御赏,人争赴之,遂成富媪。"不过,更多的餐饮业主还是以其精湛的技艺而闻名于世,如曹婆婆肉饼、王妈妈家茶肆等。这部分宋代

---

① 灌圃耐得翁:《都城纪胜·酒肆》,载《东京梦华录》(外四种),中华书局,1962年版。

市井女性由于她们直接参加生产劳动，具有高超的手艺，甚至掌管着经营权，所以在家庭中享有一定的经济地位，自身也获得了一定程度的自由。正是代表了封建社会转型时期妇女前进的方向。

3. 娱乐业　大众娱乐业成为市井的重要行业始于宋代。这主要是因为壮大起来的市民阶层需要有反映他们的思想情感、生活趣味，为他们所喜闻乐道的文化娱乐活动，所以各种民间伎艺便应运而生，在城市里也就出现了大批从事歌舞、戏剧、游艺、杂耍、说书等行业的男女艺人和瓦子、勾栏等娱乐场所。记载南宋杭州景况的《武林旧事》卷六《诸色伎艺人》中记载的演艺行当有55种，其中有女艺人的至少有20个。南宋的女艺人较北宋更多。

4. 工艺美术　宋代是工艺美术有着巨大成就的时期。伴随着商品经济的发展和生产技术的提高，以及绘画、书法等专业美术的成熟，而有了革新与创造。瓷器发展到了宋代，在普及的同时有了突破性的发展，制瓷工艺达到了一个新高峰，在工艺制作上女性也占有一席之地。宋代黑瓷发展很快，南宋时期的吉州窑很有名。吉州有五窑，以瓷塑艺人舒翁的舒公窑为最佳。而舒公窑的工艺技术则主要是依靠舒翁的女儿舒娇。她是制瓷能手，制作的玩具栩栩如生。木雕是中国的一种传统工艺，宋代女性在这个方面也表现出了相当高的水平。

5. 宋词　宋词的发展与市井文化有着千丝万缕的联系。所谓市井文化，就是对市民生活方式的精神表述，包括他们的价值取向、思想观念、社会心理、生活情趣等等。在《全宋词》的词作者中，女性达107人，其中大约有1/3是妓女。宋代妓女对宋词的贡献主要表现在三个方面：(1) 妓女苦难的生活，成为同情她们的男性词人的创作源泉。柳永能够成为北宋文人俗词的代表人物，的确与他常流连于教坊、勾栏，纵游于秦楼楚馆，与妓女、歌娘、乐工结为知己，善于发现她们的内心世界是分不开的。(2) 妓女是宋词的传播者。通过妓女的演唱，使宋词迅速流传于世。(3) 妓女本身也是宋词的创作者。如果说过去写妓女的文学作品基本上出于男子之手，是源于间接的观察体会，把妓女作为客体去描述，那么，宋代妓女词则是倾诉自身受压迫、被玩弄、遭摧残的感受，是发自主体的心声，她们在文学作品实现由客体向主体的转变中是有重要作用的。此外，她们的作品还有一个共同的特点，那就是对传统的人生观、价值观、伦理道德观的某种叛逆和挑战，这也生动地体现了宋词的时代精神。

综上所述，宋代商业、城市的发展，社会结构与文化形态的变化，无不体现了前封建社会向后封建社会的转型。处于转型期中宋代女性特别是市民阶层的女性，是宋代经济发展的参与者、推动者，也是市井文化的传播者、创造者，同时还是市井文化的源泉。但是，我们必须看到，当时女性的总体生存状况并没有改变，加之生长在封建社会中的市民阶层具有很强的依附性，因此，尽管她们通过自己的社会参与对国家、社会做出了很大的贡献，却不足以改变以儒学为主导的正统文化的统治，更无法从根本上改变自己的地位。

第三节　文化传承与立世精神

光辉灿烂的中华文化之精髓并不只是男子所创造，而是中华儿女共同创造的；它也不仅只是哺育、滋养着男儿，而是世世代代地哺育、滋养着自强不息、刚健有为的中华儿女。与此同时，我们还必须看到，中国传统文化中也有消极落后的方面，对于女性的压迫与歧视正是其消极落后的表现。

中国传统文化中积极的进步的与消极的落后的内容同时作用于女性，但是对于不同历史阶段、不同阶级与阶层、不同地区、不同民族的女性，其影响和作用的侧重点则是不完全相同甚至是很不相同的。当历史发展进入到以男权为中心的阶级社会，特别是进入到了专制集权的封建时代，儒学成为统治思想以后，封建礼教中歧视妇女的思想、理论、道德观念与国家的政策、法令相结合，渗透到了社会生活的各个层面，就不仅对女性具有了精神的束缚力，而且还具有了法律的强制力。一般来说，中国古代女性从总体上是无法突破或超越这种历史的樊篱的。

不可否认，确有敢于以中华民族的立世精神去反对和冲击那些压迫、禁锢女性的戒条的杰出女性，她们在历史上留下了闪光的足迹。虽然她们最终未能成为改变中国古代妇女历史命运的力量，然而其立世精神却汇入了中华民族的精神宝库，并成为世世代代中国女性立世精神的源泉。一个民族的传统文化并非只是存在于某些不变的、无生命的典籍、文物之中，它也始终存在于一代又一代人对人类永恒精神价值的不懈追求与传承之中。所谓女性立世精神的时代性，就是指其在传统性的基础上又具有了时代的特性。这种时代特性在社会转型时期表现得尤为突出。中国古代妇女的立世精神内涵极其广博深厚，是中华民族传统文化的重要组成部分。

3.1 从属身份与进取的人生态度

当中国古代女性被确定为"三从"、"主内"的身份之后，中华民族的主体意识、独立性、主动性和自觉性在女性身上是否还能够得到体现和发挥呢？事实证明，中国女性自身既是文化的创造者，同时又要受到一定社会文化的制约，中华民族的立世精神只有与当时女性的处境相结合，才能够发挥一定的效用。南朝宋人范晔的《后汉书·列女传》中记载了17位女性，属才辩智慧者就有4人，如蔡琰（文姬）等。以上情况表明：（1）尽管汉代特别是东汉以后，系统的封建女性观已经问世，然而它的真正实行尚须时间，所以与后代相比较，范晔的女性观还比较开明，对女性的才与德的要求比较全面，否则像两次改嫁的蔡琰是不可能被收入列女传的；（2）女性当中有文化的人虽然不多，但确有出类拔萃者。班昭自己在《女诫》中要求女子"不必才明绝异也"，可是她自己却可以不以身作则；（3）女性不仅自己可以参与社会文化教育等活动，像班昭还能够入宫教授妃嫔等，而前秦太常韦逞母宋氏则居然家立讲堂，置生员百二十人，讲经书。她们的行为都是作为女子的典范来加以标榜的。由此也可以看出，正是因为当时还有一个人情味较浓、自由度比较大的宽松环境，所以才能够涌现出上述的具有积极进取精神的杰出女性。

中国古代女性在相夫教子方面所表现出的积极进取的人生态度，既要受到社会大环境的制约，又是随着时代的发展变化而发展变化的。根据宋代妇女墓志铭中展示的官绅家族妇女的言行，可以将她们的立世精神概括为：（1）道德文化上仁孝忠恕，知书识礼；

(2)生活作风上勤劳刻苦，无私无欲；(3)待人处世上忍辱负重，委曲求全；(4)思想感情上宽容大度，喜怒不形于色。总之，女性博大到能够包容一切，惟独没有她们自己。女子的一生只能是在奉献中去拥有，在牺牲中去获得，在无我中去寻求自我，这就是当时女子的全部理想、全部追求、全部的精神支撑、全部的生命依托——在这当中不可避免地包含着愚忠愚孝的成分。因此，女性积极进取的人生态度脱离不了她们所处的从属身份，也无法摆脱当时的社会文化环境。

3.2 卑下地位与独立的人格追求

保持和追求独立人格，是人的欲望和权利，可是女性的这种欲望和权利却被抑制、剥夺了。然而，人性是禁锢不住的。卑下的地位是压抑不了所有女性对独立人格的追求和对美好生活的向往的。中国古代女性为了坚持人格独立和争取美好自由幸福的生活，进行了坚持不懈、前仆后继的斗争。从太后、皇后、公主到奴婢、民女、娼妓，在争取获得纯真的爱情，要求过正常人的婚姻家庭生活这个目标上，她们的思想情感都是相通的，有些人甚至为此献出了宝贵的生命。

魏晋南北朝时期总的来说是比较开放的，在这样的社会文化氛围里，世族女性渴望获得精神自由，挣脱自身的桎梏，保护自身的尊严。正是在这个社会历史背景下，《世说新语》创造出了一个富于人性美和艺术美的女性群体形象。据《晋书·列女传》载，谢道韫是东晋著名的才女，她是安西将军谢奕的女儿，东晋著名诗人谢安的侄女，大书法家王羲之之子王凝之的妻子。她聪慧而有才辩，经常参与家族中有关文学艺术问题的讨论，是这个历时数百年的家族文学集团的重要成员。其联诗咏雪的故事早已成为千古佳话。

在中国古代几千年的历史上，以真、善、美作为自己高尚人格的追求目标的优秀女性是不胜枚举的，并曾有过一批成就斐然的女文学家，她们曾创作过大量的诗词歌赋，有的还有专著行世。在《宋诗纪事》的诗作者中，女性达106人。《全宋诗》中女性作者约有二百余人。在《宋诗纪事》和《全宋诗》中，许多女作者没有能够留下自己的姓名,只是以"某氏"、"某某妻"、"某某女"的身份出现,而且更多的人的作品不易结集、刊刻、流传,大量的作品亡佚在历史文化的长河中,留下了无尽的惋惜和遗憾,这也反映了在当时社会中女子的从属地位。尽管如此,从现存的诗作还是可以看出当时女性创作的概貌。她们以文学作品言情,言志,抒发真情实感;揭露封建礼教对女性的压抑与摧残;关注国家大事,为我们研究古代妇女的历史及其立世精神提供了极其宝贵而丰富的资料。到了明末清初,弹词已非常盛行。清代女作家陈端生(公元1751—1796年)的不朽名著《再生缘》十七卷(主要部分完成于公元1770年),是一部女人写给女人看的关于女人的作品。《再生缘》的不朽价值在于它全面地揭露了在男权社会的强大的压力下的女子无名、无称谓、无话语的暗哑世界,揭露了在强大的男权压迫下,女性只能作为被男性所定名、所指称、所解释并赋予特性的现实。她第一次在重重的男性话语的淤积中曲折地表明女性对男尊女卑定势的逆反心理,以及与男性并驾齐驱、公平竞争的强烈愿望。她第一次拨开了女性不可逃脱家庭洞穴的陈规定势,幻想着不同于女性传统的独立自主、建功立业的全新生活。

3.3 外在柔弱与内在刚强

班昭在《女诫·敬慎第三》中明确提出:"阴阳殊性,男女异行。阳以刚为德,阴以柔为用。男以强为贵,女以柔为美。"时至今日女性仍不能完全摆脱其阴影。然而,这只是问题的一个方面。大量的事实说明,中华民族自强不息、刚健有为的立世精神是一种无所不在的内在力量,它也充分体现在广大女性身上。即使是承担"内助"的女性,也不只是一味地局限于以"柔顺"、"服从"去助内,"富贵不能淫,贫贱不能移,威武不能屈",不只是对男子品德的要求,同样也需要女子具备。在这些立世为人的原则上,夫妻母子能够取得共识,不仅关系到夫、子的事业与前途,还关系到家族与家庭的兴旺与发达。

女性作为人类繁衍的载体,"自强不息"、"厚德载物"的精神体现在妇女身上,更有一种保卫生灵的特殊责任感和坚韧不拔的顽强性。从众多的事例可见,中国历代女性在家族命运艰危、大难临头的时候,或是在大敌当前、危在旦夕的时候,她们是不畏强暴,抗击外敌,与家族、夫子共患难,甚者英勇献身的。她们的可歌可泣的事迹千古传颂,永远鼓舞和激励着后人。这种精神表现在正义战争中尤为突出。在中国古代保卫国家主权、反对异族入侵的民族战争中,千百万妇女为了维护民族主权与自身的尊严,做出了很大的贡献和牺牲。"击鼓退金兵"的梁红玉流芳千古,而更多的则是鲜为人知的无名英雄。如宋代的永国夫人何氏,子为太守,敌军进犯,夫人坚决留下,协助其子守城,历经艰险,几毁其家。敌退,夫人亲自登城慰劳将士。又如抗金名将岳飞的夫人李孝娥,岳飞和官兵远征,她就亲自去慰劳官兵家眷,送去慰问品,"人感其诚,各勉君子以忠报"。岳飞父子被杀害后,她忍辱含垢,流徙海南,抚教子孙。其秉性之坚强,令人折服。再从廿四史所含的十三史中的列女传的列女数字来看,在827名妇女中(有的一传包含数人),因战乱不屈或强暴不从而牺牲的妇女总数为394人,占47.5%,表明这些节妇烈女多数是在战争中牺牲的。贯穿于两宋的民族战争中,各阶层的妇女在血与火的洗礼中,以鲜血和生命谱写的慷慨悲歌难以数计。她们的"节",主要是崇高的民族气节;她们的"烈",主要是坚贞不屈的壮烈行为。她们为中华文化的优秀传统谱写了新的篇章,使刚健有为、自强不息、厚德载物的民族精神放出了更加明亮的光彩。

第八章 女性与未来

未来,作为时间概念,它总是在不可逆转地一分一秒地迫近我们;从人类历史的演变过程来讲,人类总是在不可阻挡地一步一步地向未来迈进。未来的意义绝不仅仅是时间上的被动等待,而应是积极、自觉的思想和物质创造。人类的命运掌握在人类自己的手中,女性的未来也掌握在人类——女性与男性自己手中。人们可以在运动的时空中走向女性自由而全面发展的未来和人类自由而全面发展的未来。

第一节 可持续发展中的女性

可持续发展系指满足当前需要而又不削弱子孙后代满足其需要之能力的发展。在当代和未来的可持续发展中,以男女平等为基础的崭新合作关系是以人为中心的可持续发展的条件之一,它不仅止于法律上的平等或消除法律上的歧视,还在于使女性作为可持续发展的推动者和受益者,与男性同等分享参与发展的平等权利、责任和机会。

1.1 面临新问题

1.1.1 可持续发展的核心

"可持续发展"(Sustainable Development)的思路是在1972年6月于瑞典斯德哥尔摩召开的人类环境大会上第一次提出的。80年代,欧洲一些学者赋予"可持续发展"这个词10个以上的不同"定义"。1987年以挪威总理布伦特兰(Gro Brundtland)为主席的世界环境发展委员会（WCED）在其名为《我们共同的未来》（Our Common Future）的报告中提出可持续发展的定义，又称布伦特兰定义。[1] 1989年5月联合国环境署第15届理事会期间各国达成共识，并且以《环境署第15届理事会关于"可持续发展"的声明》的形式，记载了这一共识。《声明》的全文如下：

"可持续的发展系指满足当前需要而又不削弱子孙后代满足其需要之能力的发展，而且绝不包涵侵犯国家主权的含义。环境署理事会认为要达到可持续的发展，涉及国内合作及跨越国界的合作。可持续的发展意味着走向国家和国际的公平，包括按照发展中国家的国家发展计划、轻重缓急及发展目的，向发展中国家提供援助。此外，可持续的发展意味着要有一种支援性的国际经济环境，从而导致各国特别是发展中国家的持续经济增长与发展，这对于环境管理也具有很大重要性。可持续的发展还意味着维护、合理使用并且提高自然资源基础，这种基础支撑着生态抗压力及经济的增长。再者，可持续的发展还意味着在发展计划和政策中纳入对环境的关注与考虑，而不代表在援助或发展资助方面的某种新形式的附加条件。"[2]

这是一项比较全面的、有针对性的国际共识。1992年召开的"联合国环境与发展大会"以"可持续发展"为指导方针，制定并通过了《21世纪议程》（Agenda 21）和《里约宣言》（The Rio Declaration on Environment and Development）等重要文件。可持续发展是根本区别于现有发展模式的全新发展模式，它的实现和保持是一个长期、渐进的过程。

我国有学者将可持续发展的内涵概括为："一、协调性，要在实现经济社会发展的同时努力保护和改善环境，实现社会经济与资源环境协调发展；二、公平性，不仅要考虑到当代国与国之间、地区与地区之间、人与人之间的公平，也要考虑当代人与下代人之间的公平；三、持久性，要求人类经济社会的发展行为不能超过自然资

---

[1] World Commission on Environment and Development (The Brundtland Commission Report), *Our Common Future*, Oxford: Oxford University Press, 1987.

[2] 述孔：《"可持续发展"的由来和发展》，《人民日报》，1996年4月25日。

源与环境的承受能力。"①

随着人类进一步扩宽对"发展"含义的认识,"可持续发展"既涉及环境、人口、经济、社会发展的各个方面,也包含了子孙后代的需要、国家主权、国际公平、自然资源、生态抗压力、环保与发展结合等重要内容,并在此基础上形成了社会可持续发展的发展观。

社会可持续发展是与地球生物圈承载能力相适应的适度发展,是与文化进化的多样性要求相符合的内源发展,是综合解决全球生态环境问题的协调发展。社会可持续发展是以实现人的自由、平等和全面发展为目标的新发展观,以当代以至各代际人的均衡、持久的发展为中心任务,以人类生活质量的提高和与之相伴的社会不断进步为目的。社会可持续发展是面向人类未来的发展,其价值指向是人的自由、平等、尊严及能力的全面发挥。② 一言以蔽之,社会可持续发展是以人为中心的发展观。

1.1.2 实现可持续发展中的女性问题

实现两性平等是实现可持续发展的根本的问题之一。两性之间的不平等关系不仅影响女性的地位和发展,而且会影响全球可持续发展的实现。可以说,"以男女平等为基础的崭新合作关系是以人为中心的可持续发展的一项条件"。③ 但是,目前全球仍存在着普遍的两性不平等状况。其主要内容为:

第一,受教育机会的不平等;第二,工作机会和报酬的不平等;第三,利用资源、环境、参与决策机会的不平等;第四,女性对发展的贡献在很大程度上被忽视,在经济发展的同时出现了贫困的女性化与女性的贫困化的趋势,等等。

教育对于可持续发展的意义在于它一方面可以提高可持续发展的中心——"人"的素质,为可持续发展的实现提供高水平的参与

---

① 毛文峰、吴仁海:《可持续发展与累积影响评价》,《环境导报》,1997年第5期。
② 刘贤奇、王晓红:《论社会可持续发展的理论和战略选择》,《吉林大学社会科学学报》,1996年第6期。
③ 《第四次世界妇女大会行动纲领》,第1段,《第四次世界妇女大会重要文献汇编》,中国妇女出版社,1998年版,第166页。

者；另一方面，它可以为可持续发展提供有力的知识和科技保证。尽管世界上大多数国家女性在各种学校的入学率都有很大提高，男女受教育水平的差距正在缩小，但目前男女受教育机会和受教育水平仍存在很大差距。这种差距反映在各级各类学校中，尤其反映在初级教育中。正因为男女受教育机会的长期不平等，女性文盲数目远远多于男性。低素质的人口是制约社会、经济可持续发展的"瓶颈"，人口素质改进、人力资本质量的提高又是经济增长的源泉。性别不平等本质上就是对女性发展权利和机会的剥夺，从而阻碍女性发展并因此阻碍人类的可持续发展。

女性对人类发展做出了巨大贡献。但对发展做出更大贡献本身也并不必然导致更大的性别平等和公正。在1998年10月16日"世界粮食日"前夕，联合国粮农组织新闻司长卡林利斯·斯瓦雷女士说："人们往往不注意妇女在粮食生产中的重要作用。实际上，全世界一半以上的粮食是由妇女生产的。在发展中国家的农村地区，人们消费的粮食有80%是妇女生产的，而生产了粮食的妇女，多数属于挨饿的人群。"[①]

根据世界银行的统计，女性构成了世界40%的农业人口、25%的工业人口和三分之一的服务业人口。今天，发展中国家的农村女性生产了世界上50%以上的粮食，在非洲女性生产的粮食达到80%。同时联合国报告显示，世界女性为每天的劳动时间贡献66%，在多数国家，女性的无报酬工作是男性的2倍。报告还指出，她们只拥有世界财富的1%，而她们赢得的收入只占世界收入的10%。在世界上13亿穷人中，近70%是女性，仅在过去的20年，生活在绝对贫困中的农村女性人数增长了50%。[②] 因而可以说，传统的发展

---

① 《今年世界粮食日主题——"妇女养活世界"》，《人民日报》，1998年10月16日。
② "Women at a Glance", Published by the United Nations Department of Public Information——May 1997. Website：http://www.un.org/ecosocdev/geninfo/women/women96.htm, date of online：1999/2/22. Barry Carter：MAI and the Marginalization of Women, (Fri, 19 Sep 1997). Website：http://www.earthsystems.org/list/ecol-econ/01766.html, date of online，98/8/22.

观忽视了女性的贡献和社会公正。

在以人的全面提高为核心、以人的自由、平等和全面发展为目标的可持续发展中，建立男女两性平等和谐的发展模式，逐渐实现女性和人类的全面而自由的发展，是 21 世纪的中心任务。男女平等与女性发展现在已经不再是单独的女性问题，而成为关系到世界平等、和平与发展的综合问题，成为可持续发展的一个有机的组成部分。因此，必须将女性置于可持续发展的战略之中，充分认识女性在可持续发展中的作用以及男女平等在可持续发展中的重要意义。

1.2 男女平等原则

1.2.1 可持续发展中男女平等原则的主要内容

可持续发展中男女平等原则体现在"女性的充分参与是实现可持续发展的必不可少的条件"和"可持续发展要使女性和男性平等分享发展的成果与利益"两个方面。这两个方面充分体现了哥本哈根世界妇女大会上对于"平等"概念的定义："平等并不仅止于法律上的平等或消除法律上的歧视，还在于妇女作为受益者和积极活动分子享有参与发展的平等权利、责任和机会。"[1]

第一，女性的充分参与是实现可持续发展的必不可少的条件

随着人们对发展含义、根源和条件的概念作出重大修正，女性在人类的可持续发展战略中的地位和作用越来越引起人们的重视：女性的充分参与是实现可持续发展的必不可少的条件，她们在环境管理和发展的各个方面可起重大作用；要想使可持续发展的努力取得成功，就必须让女性充分参与，并且反映女性的利益、需要和观点。为了人类的可持续发展，社会结构应根据女性的愿望、兴趣和才能，采纳和包含她们对平等的看法，对各种发展战略的选择以及对待和平的态度。可以确信，如果没有妇女的充分参与，就不可能以可持续的方式实现社会和经济的发展。因此，为了实现女性充分参与可持续发展，就必须消除阻碍女性充分参与可持续发展的法律、

---

[1] 《联合国妇女十年后半期行动纲领》，A/CONF. 94/35（80. IV. 3）第 3 段，《联合国与提高妇女地位（1945—1995 年）》，联合国新闻部出版，1995 年版，第 279 页。

行政规定、文化习俗、行为方式以及社会和经济各个领域的障碍，增加女性在环境和发展领域的决策者、规划人员、技术顾问、管理人员和推广工作人员中所占的比例，使女性全面参与决策和参与可持续发展活动的执行，并将女性的作用纳入与可持续发展有关的方案和决定。

1995年1月联合国《秘书长关于第二次审查和评价〈提高妇女地位内罗毕前瞻性战略〉执行情况的报告概述》说："妇女在发展中的作用不再被认为几乎只同诸如营养、子女抚养和计划生育等公共卫生和人口政策大问题相联系，妇女现在被认为是变化的动因，她们本身就是一支经济力量，而且是一种宝贵的资源，如果没有这种资源，发展的进程就将受到限制。"①

第二，可持续发展要使女性和男性平等分享发展的成果与利益

发展的首要目标是要使个人和社会的福利得到长期的改善，并使所有人受益；发展不仅应被看作是一个有益的目标，而且也应被看作是加强男女平等和维护和平的重要手段。但是就发展的实际情况来看，长期以来在许多国家，男性和女性在经济发展机会上存在的巨大差距并未随着经济增长而相应减小；即使在那些就业机会大为增加的国家，女性仍无法平等地分享这种增长的利益；从对国民生产所做贡献的角度来看，在相等贡献的情况下，女性平均收入少于男性。在工业方面，女性基本上属于次级劳动力，平均每小时的工资低于男子，社会立法对妇女的保障也不如男子等。

消除贫困是可持续发展的重要内容，日本学者岩佐茂认为，可持续发展包含两个关键概念，其中"一个是，必须优先考虑世界上的穷人所必不可少的'必需物品'的概念"，这"是基于人类的公正原理，主张应把满足现在地球上因饥饿与贫困而受苦的人们的基本

---

① 联合国《秘书长关于第二次审查和评价〈提高妇女地位内罗毕前瞻性战略〉执行情况的报告的概述（摘录）》第2段，E/CN. 6/1995/3，1995年1月10日和E/CN. 6/1995/3/Add. 1，1995年2月24日，《联合国与提高妇女地位（1945—1995年）》，联合国新闻部出版，1995年版，第773页。

要求（衣食住）作为最优先的课题"。① 第四次世界妇女大会《北京宣言》强调，"公平的社会发展承认必须赋予贫穷人民，尤其是生活于贫穷之中的妇女权力，使其可持续地利用环境资源，这种社会发展乃是可持续发展的一个必要基础。"② 鉴于贫困的女性化与女性的贫困化问题，以性别平等为基本出发点，将具有平等发展权的女性列入社会发展过程中，保证所有女性的发展权利和机会是可持续发展所要求的新女性观。

所以，在以人为中心的可持续发展中，必须强调提高女性地位与社会经济政治发展之间的关系，有效地调动资源。发展的目标同平等与和平的目标不可分割地联系在一起，要实现发展这一目标，各国政府应该在发展的一切领域和部门建立或加强有关的机构，形成一种制度，使女性问题得到解决，消除包括教育、就业、收入、参与决策等内容在内的一切形式的男女不平等，使女性完全参与到发展进程中来，平等地分享改善的生活条件。

1.2.2 实现可持续发展中男女平等原则的具体措施

各国政府应采取积极措施，切实贯彻执行"女性的充分参与是实现可持续发展的必不可少的条件"和"可持续发展要使女性和男性平等分享发展的成果与利益"原则。题为"为妇女采取行动以谋求可持续的公平发展"的《21世纪议程》第24章指出，这些措施应包括：

第一，采取措施审查政策和制定计划，以增加作为决策人员、规划人员、管理人员和科技顾问参与草拟、制订和实施可持续发展的政策和方案的妇女的比例；

第二，采取措施加强和授权妇女管理机构、妇女非政府组织和妇女团体，以增进促进可持续发展的能力；

第三，采取措施消除女性文盲与增加妇女和少女在教育机构的

---

① 岩佐茂：《环境的思想》，中央编译出版社，1997年版，第56、57页。
② 《北京宣言》第36段，《第四次世界妇女大会重要文献汇编》，中国妇女出版社，1998年版，第163页。

注册入学人数，推进女童和妇女普遍有机会接受中小学教育的目标的实施，增加妇女和少女在科技方面接受中学以上程度的教育和训练的机会；

第四，制订方案，鼓励通过由政府、地方当局、雇主和其他有关组织设立更多费用不高的托儿所和幼儿园，通过男女平等分摊家务来减少妇女和少女在家庭内外的沉重工作负担，并促进同妇女协商设计、开发和改进的无害环境的技术、易取得的清洁用水、适当卫生设施的提供和高效率燃料的供应；

第五，制订方案，设立和加强预防和治疗方面的卫生设施，包括以妇女为主要对象、由妇女管理的安全有效的生育保健服务，依照自由尊严的原则和个人所持的价值观，酌情提供费用不高的、可以得到负责任的计划生育服务；

第六，制订方案，以适当的经济、政治和社会支持系统和服务，提供包括托儿服务，特别是日托设施，以及产假和取得信贷、土地及其他自然资源的平等机会，来支持和加强正规部门和非正规部门妇女公平就业的机会以及同工同酬的原则；

第七，制订方案，建立农村银行系统，以便利和增加农村妇女取得信贷以及农业投入和农具增加等方面的机会；

第八，制订方案，培养对妇女的消费者认识和促进妇女的积极参与，强调她们在国家，特别是在工业化国家内促成必要的改革，减少或摒除无法持续的消费和生产形式，鼓励对无害环境生产活动的投资和诱导有利环境和社会的工业发展方面所发挥的重要作用；

第九，制订方案，通过改变社交活动形式、新闻媒介、广告和正规及非正规教育，来消除长期存在的对妇女不利的形象设计、定型观念、态度和偏见等等。

《21世纪议程》同时要求各国政府采取紧急措施，防止当前在发展中国家发生的环境和经济状况急剧恶化的现象，以避免在遭受干旱、沙漠化、滥伐林木、武装敌对行动、自然灾害、排放有毒废物以及使用不当农用化学品所生后遗症荼毒的农村地区生活的妇女和儿童，其生活普遍受到这种现象的影响。《21世纪议程》指出，为了达到这些目标，妇女应当全面参与决策和参与可持续发展活动的执行；还应加强国际和区域合作与协调，将妇女的作用纳入与可持续发展有关的方案和决定中。①

在以信息科技为中心的科学技术迅猛发展、世界经济全球化进程日益明显的新形势下，人类面临着其赖以生存的地球生态环境恶化、全球贫富差距越来越大、贫困女性化等新问题，以及政治、经济，特别是环境的可持续发展的新要求。尤其是发展中国家，它们面临着发展经济和保护治理生态环境的双重压力，没有强大的经济后盾和科学技术手段，环境保护难以兑现；不保护好环境，有效地利用自然资源，经济发展的质量也会受到影响，更谈不上可持续发展。所有这些都为人类发展与女性发展提供了良好的机遇和严峻的挑战。

第二节　科技发展与女性地位

"科学技术的发展和作用是无穷无尽的。"② 科学技术是实现可持续发展的强大手段，世界银行 1998 年 10 月发表题为《知识促进发展》的 1998—1999 年度世界发展报告，强调知识是经济增长和可持续发展的关键，是可持续发展的动力。21 世纪科学技术的新发展将给女性带来新的机遇与挑战。

2.1　新的机遇

人们在社会和家庭中的地位，归根到底是由人们在社会生产中的地位决定的。只有当女性和男性一起从事公共的、为社会需要的劳动的时候，女性才有可能与男子处于同等地位。依靠科学技术，大

---

① 《21 世纪议程》第 24 章：为妇女采取行动以谋求可持续的公平发展（摘录），A/CONF. 151/26 Rev. 1（第一卷）（93. I. 8），1992 年。《联合国与提高妇女地位（1945－1995 年）》，联合国新闻部出版，1995 年版，第 528—529 页。

② 邓小平：《前十年为后十年做好准备（一九八二年十月十四日）》，《邓小平文选》第三卷，人民出版社，1993 年版，第 17 页。

力发展生产力,同时加强社会对女性权力和男女平等的认识是女性地位提高的根本条件。科学技术,包括信息通讯技术为女性提供了获得信息和知识、获得训练和获得商业机会与利用网络工作的潜力,能够使女性更全面、平等地参与可持续发展并享受其利益。

2.1.1 科技发展为女性就业提供了广阔的前景

随着社会的发展,科技的进步使原来需要重体力劳动的行业和工种逐渐实现了生产的机械化、自动化,增加了工人同生产过程的距离,加上防护设备的日益完善消除了一些危险性工种和有碍于健康的环境,其重要结果就是降低了生产过程对人的体力的直接依赖,使女性在体力上的弱势和生理上的特点尽可能不再成为她们就业的不利条件。

当代科学技术发展极大地提高了社会劳动生产率,改变了社会生产结构和人们在物质生产过程中的作用。劳动就业的主导方向迅速从生产领域转向服务领域,从第一产业转到第三产业,第一产业和第二产业的比重继续下降。而这更适合女性劳动者的生理和心理特点,进一步为扩大女性就业提供了条件。

与此同时,当代科技的发展更多地使经济发展从依赖资源和资金转向依赖技术和知识,信息产业将促使知识生产成为主要的生产形式。知识生产者成为先进生产力的代表,从而导致社会政治结构、组织结构、劳动方式和生产方式发生变革。美国未来学家约翰·奈斯比特(John Naisbitt)在《2000年大趋势——90年代十个新趋向》中指出:"假如产业工人的原型是男人,那么信息工人的典型则是女人。""妇女和颂扬脑力胜于体力的信息社会是一对天生的伙伴。哪里信息社会繁荣发达,哪里的妇女就投入劳动行列之中。无论什么地方开展信息革命,妇女就汇集成一支劳动的大军。"[1]据统计,在一些发展中国家,信息技术的变化在许多女性中间创造了新的企业

---

[1] 约翰·奈斯比特、帕特丽夏·阿伯丹:《2000年大趋势——90年代十个新趋向》(*Magatrends 2000: Ten New Directions for the 1990's*),中国人民大学出版社,1991年版,第215、236页。

活动,以加纳为例,在阿克拉,提供如传真、电子邮件这类服务的商业中心正在增长;这些中心的主人是女性,而且客户也常常是女性。在1995至1997年之间,拉丁美洲妇女国际互联网用户增长了700%。经由国际互联网的信息分享和网络联系是重要的赋权工具。而且,新技术的分散的、互动式的和无等级的属性可以向女性提供表达其观点的机会以及为其提供从全世界女性与男性的互动中受益的空间。①

2.1.2 科技发展将减轻女性家务劳动的负担

恩格斯说:"妇女的解放,只有在妇女可以大量地、社会规模地参加生产,而家务劳动只占她们极少的工夫的时候,才有可能。而这只有依靠现代大工业才能办到,现代大工业不仅容许大量的妇女劳动,而且是真正要求这样的劳动,并且它还越来越要把私人的家务劳动溶化在公共的事业中。"② 这表明,妇女解放的第一个先决条件就是一切妇女重新回到公共的劳动中去。但是,从现在女性就业比例较高的一些国家的情况来看,由于女性在家庭中的繁重任务并没有从根本上减少,所以进入劳动大军中的女性常常需要承担家庭和社会工作的双重负担,结果造成女性的角色冲突。

随着科学技术的发展,各种自动化、数字化的设备进入家庭,使家庭劳动自动化,从而改变人们的生活方式。鉴于女性仍是家务劳动的主要从事者的现状,如计算机、洗衣机、电冰箱、煤气灶、电烤箱、微波炉、洗碗机、各式电饭煲、热水器等厨房卫浴设备的使用,可以大大减轻女性的家务负担,减少其家务劳动时间。这为她

---

① Framework for Further Actions and Initiatives that Might Be Considered during the Special Session, Women 2000: Gender Equality, Development and Peace for the 21 Century, Report of the Secretary-General, Commission on the Status of Women Acting as Preparatory Committee for the Special Session of the General Assembly in the Year 2000, Second Session, 15—19 March 1999, General E/Cn. 6/1999/Pc/2. Website: http://www.un.org/womenwatch/daw/csw/future.htm, date of online: 1999/2/20.

② 恩格斯:《家庭、私有制和国家的起源》,《马克思恩格斯选集》第四卷,人民出版社,1972年版,第158页。

们参与工作提供了条件，有利于提高女性的政治、经济和社会参与能力。

科技发展还为女性有计划地选择生育提供了条件。在长期的父系社会里，女性的家庭地位和社会地位都十分低下，无法选择自己的生育行为，备受频繁生育之苦，身体健康受到严重损害，并要忍受由此带来的一系列生育、养育问题。

科学技术的发展已使这种状况发生了巨大变化。首先，科学技术在社会生产领域的广泛运用使得人力不再是物质生产的惟一决定力量，这为有计划地选择生育提供了有利的环境。其次，先进的医学技术和避孕药具使人类计划生育成为可能。20世纪20年代，医疗技术的发展使女性有了选择生育的条件；60年代控制生育技术的发展使女性有了计划生育的权利；80年代人工授精技术的发展，使人类的生育方式受到前所未有的冲击；未来生育方式的发展可能会使女性更能自主地选择自己的生育时间和生育方式。①

2.1.3 信息产业将为女性提供更多的潜在机会

信息技术在给女性带来了新的就业机会的同时，也为女性带来新的受教育和参与社会生活的机会以及其他潜在机会。

信息革命给女性带来了新的受教育的机会。由于信息技术的发展，教育形式将更加多样化，女性可以通过网上学校学习各种文化知识和技能，获取信息，有效地提高自己的素质和竞争能力。

信息化将导致商业、金融、贸易的组织形式和工作方式发生重大改变。人们还可以利用已经建立的信息网络，在家中购物，进行双向视频点播、科学咨询、浏览报纸杂志、网上求职等。在此基础上，大范围地实行弹性工作制、"远程工作"或"在家上班"将成为必然趋势。据估计，到2016年全球将有2亿人在家上班。② 对于需要花费比男性更多的时间来照顾孩子的女性而言，这无疑提供了更

---

① 丁伟忠：《科技发展与妇女的发展》，《妇女研究动态》（北京大学中外妇女问题研究中心），1996年第8期。

② 高红冰：《信息化改变社会生活》，《人民论坛》，1998年第8期。

灵活的工作时间和工作方式,有利于女性更多地参与各种社会活动。

由于计算机通讯技术使人与人不接触便可以处理相关业务,性别在其中的意义逐渐减少。这样女性就可以充分利用新经济社会的优势,致力于提高自身地位并为经济的可持续发展贡献力量。

2.2 新的挑战

科学技术是生产力,是促进社会发展与进步的动力,本身并没有性别差异,更不可能有性别歧视。但作为一种社会实践,它不可能与它所赖以存在的社会和社会文化现实分开,也不可能与运用科学技术的国家和人分开。因此,尽管目前的科技发展为女性提供了新的就业机会和其他活动空间,但世界各国普遍存在的性别歧视现象和女性所处的相对不利的地位必然会影响到科学技术进步中的女性地位,从而影响到女性平等参与可持续发展并与男性同等分享科技发展带来的机会和利益。

2.2.1 受教育程度对女性科学技术能力的影响

人的经济地位和受教育水平对其掌握新技术的影响十分重大。在男性和女性的对比中,女性的受教育程度普遍不及男性。加之女性的就业率、工资收入、从事技术工作的人数都低于男性,因而女性掌握科学技术等的能力也必然会受到制约。

从世界范围来看,到第四次世界妇女大会召开之际,大约1亿儿童中的至少6000万女童还没有机会接受初级教育,全世界9.6亿成人文盲中,超过2/3是妇女。在大多数发展中国家尤其是撒南非洲和若干阿拉伯国家女性文盲率很高,这仍然严重阻碍妇女地位的提高与发展。[1] 而以中国为例,尽管妇女受教育程度有所提高,但在目前全国15岁以上1.48亿文盲人口中,女性仍为1.06亿,占71.62%;[2] 另据中国农业大学农村妇女研究所调查,女性平均受教

---

[1] 第四次世界妇女大会《行动纲领》第70段,《第四次世界妇女大会重要文献汇编》,中国妇女出版社,1998年版,第191页。

[2] 董宏君:《走向新世纪的中国妇女——实施〈中国妇女发展纲要〉综述》,《人民日报》,1999年5月27日。

育时间比男性要少一年半到三年。而且，文化越低的母亲对子女的受教育程度越不重视，致使女童的辍学率一直居高不下。

根据1997年中国科协公布的90年代以来对中国公众科学素养进行的第二次调查的结果,当前中国女性的科学素养明显低于男性,其中在对科学方法、科学过程的理解和科学知识的掌握方面,差距尤为显著。科协调查表明：对分子、温室效应、计算机软件三个科技术语"很了解"的女性只占被调查女性总人数的5.8%、10.7%、5.2%,而对科学新发现、新发明、新技术感兴趣的女性比男性少20个百分点。①

毫无疑问,受教育程度低于男性,限制了女性接触新技术的机会和能力,因而除少数人外,多数女性专业人员都在新技术运用方面从事辅助性工作。

2.2.2 社会刻板模式对女性掌握科学技术的影响

人们的社会预期影响着男性和女性对新科学技术的掌握的程度,在传统的社会刻板模式中,女性在掌握新技术方面不如男性,这影响了女性对新技术的掌握。

在1997年8月亚洲媒体信息与传播中心在新加坡召开的题为"传播新技术、民主与亚洲妇女"的学术讨论会上,与会者认为,新技术领域的性别歧视首先表现在对女性的角色期待上。印度尼西亚代表表示,实际上人们仍然认为男性在掌握和使用新技术方面优于女性。这种想法在家庭和工作场所中均有所表现,并挫伤了女性在掌握新技术方面的创造性。②据对中国女性的一份调查显示,在对男女在计算机行业中适合从事的工作的看法中,认为男性适合从事硬件设计、软件设计、操作、录入工作的分别为88%、74%、54%、25%,而认为女性适合的分别为23%、41%、78%、74%,反映出女性本身对科技发展中男女分工的看法。③甚至有人戏称："电脑是女性的,

---

① 杨光曦：《女性科技素养提高有潜力》,《人民日报》,1997年5月28日,第10版。
② 黄育馥：《信息高速公路上的东南亚妇女》,《外国社会科学》,1998年第1期。
③ 黄育馥：《信息传播新技术与女性的地位》,《21世纪女性研究与发展国际学术研讨会论文（二）》,北京大学中外妇女问题研究中心,1998年6月,第171页。

所以男人都为她着迷"。

世界上越来越多的女性正在使用计算机互联网络。在1995年，使用网络的女性与男性的比例还是一比九。到1997年春天，美国和加拿大已有5千万人进入互联网络，其中女性占三分之一。美国一些大学正在开设女生使用互联网课程，以使男女用户的比例达到平衡。但中国国内情况却不容乐观。目前国内所有关于网络的调查结果都表明女性只占网络用户的百分之十几、二十几。根据1996年中国少年报中学生读者样本做的统计，男孩中认为计算机对自己有很大帮助的人数比例（16.6%）大大高于女孩（9.2%）。也就是说，从童年开始，男孩与女孩在技术利用方面的距离就已经开始形成了。我们经常会遇到这样的情况：家里买了计算机的妇女认为计算机是给丈夫或孩子用的，与自己无关。在各类高等院校中，女生使用互联网的比例也普遍低于男生。由于受传统性别角色的影响，人们总是习惯于将男性与理性、高科技、勇于参与、勇于探索等特征联系在一起，而被动和感性总被归结为女性的特征，结果影响了女性对互联网的使用。①

2.2.3 女性在科技发展中的竞争力问题

随着高科技的发展，个人的知识水平决定着就业起点和收入，个人的知识结构决定着就业方向，个人的知识积累决定着工作中的进步。掌握科学技术的多少，是决定一个人所处社会地位的重要因素。

现在世界各国普遍存在女性文盲率高、女童辍学率高的现象，女性总体受教育程度低于男性，在科学技术领域的女性比例少等，造成低技术含量的工人中，女性比例大，女性失业率高等问题。在一些国家，技术发展甚至在某种程度上造成了女性的边缘化，使之成为科技发展的牺牲品。

现代科学技术的发展对于女性的影响具有两面性：一方面，科学技术的发展必然会为女性地位的提高提供广阔的前景；另一方面，由于男女不平等的现实仍未彻底改变，女性从科技发展中得到的分

---

① 卜卫：《互联网：缺少女网客》，《人民日报》，1998年2月13日。

享机会和利益仍小于男性。早在1975年在墨西哥城举行的国际妇女年世界会议中就指出："在许多国家里,科技的发展对妇女的情况有着正反两方面的影响。在克服这种发展所带来的任何不良影响过程中,政治的、经济的和社会的因素都是有重要作用的。"① 这种情况现在仍然存在。

科技发展和知识经济既为女性的发展带来了重大的机会和宽广的领域,又带来了挑战。如何提高女性的科学技术水平、增加竞争能力,与男性同等参与发展并得到同等的利益,这不仅关系到男女平等问题,更关系到能否实现可持续发展的问题。因此,在充分把握科技发展给女性带来的机会、克服其不利因素的过程中,各国必须充分重视女性受教育程度在可持续发展中所具有的举足轻重的作用;广大女性必须以信息和知识充实自己,从而在可持续发展中充分利用科学技术进步所带来的广阔空间。

第三节 生态环境、经济全球化与女性作用

可持续发展的思想最早来源于环境保护,保护生态环境是可持续发展的重要组成部分,是实现社会和经济可持续发展的前提。实施可持续发展战略,就是要坚持人与环境协调和谐统一的原则,人类要自觉地将自身的社会实践限定在自然界所能承受的范围内;实施可持续发展战略,就是要正确处理和协调环境与发展二者之间的关系,为遏制环境质量恶化、改善生态状况做大量工作。女性既是生态环境问题的最主要的受害者,也是环境的重要管理者与维护者,她们与生态环境保护有着密切的关系。

---

① 1975年6月19至7月2日在墨西哥城举行的国际妇女年世界会议的报告,E/CONF.66/34(76.Ⅳ.Ⅰ),1976,《实现国际妇女年目标的世界行动计划》第11段,《联合国与提高妇女地位(1945—1995年)》,联合国新闻部出版,1995年版,第205页。

3.1 女性与生态环境

在1992年里约热内卢国际环境与发展大会上通过的《21世纪议程》中特别强调了女性与可持续发展及环境保护的关系。国际社会强调女性参与国家和国际的环境系统管理和环境退化的控制；增加在环境和发展领域女性决策者、规划人员、技术顾问、管理者和推广工作人员的比例；消除女性全面参与可持续发展和公共生活的各种障碍；到1995年在国家和国际领域设立机制来评估执行对女性的发展与环境政策项目的情况和影响，确保女性的贡献和利益[1]。学术界对女性与环境的关系的研究可以概括为两个方面：

其一，女性是生态环境变化最主要的受害者

人类，包括女性和男性，对于生态环境恶化都负有不可推卸的责任，人类又是生态环境恶化的受害者，其中女性是生态环境变化的最主要的受害者。这主要可以从环境与贫困的关系、环境与健康的关系两个方面来分析。

第一，环境退化是导致贫困的主要根源之一。"贫穷和环境恶化是密切关联的。贫穷虽然造成某种类型的环境压力，全球环境持续恶化的主要原因是不可持续的消费和生产型态，尤其是在工业化国家，这是个令人严重关切的问题，并且加剧贫穷和不平衡"[2]。实证研究的结果表明，处于贫困之中的人们比富人更加依赖自然资源，因为他们面临的可选择的余地极其有限。贫困人口是环境污染和环境破坏的最大受害者，而女性占世界贫困人口的70%。研究表明，许多女性在贫困——环境退化——进一步贫困的恶性循环中挣扎。第二，环境对任何人的身心健康都有不同程度的影响，对女性的影响尤其严重，农村妇女和土著妇女所受危害更甚。环境污染对人的健

---

[1] 《21世纪议程》第24章：为妇女采取行动以谋求可持续的公平发展（摘录），A/CONF. 151/26 Rev. 1（第一卷）(93. I. 8)，1992。《联合国与提高妇女地位（1945—1995年）》，联合国新闻部出版，1995年版，第527页。

[2] 第四次世界妇女大会《行动纲领》第35段，《第四次世界妇女大会重要文献汇编》，中国妇女出版社，1998年版，第176页。

康的损害不仅影响到女性的自身,还会通过怀孕、哺乳影响下一代。女性是生态环境变化的最主要的受害者已经引起国际社会的重视,并反映在许多相关文件中。

第四次世界妇女大会《行动纲领》指出,资源耗竭、自然体系退化以及污染物质的不断排放,"正在毁坏脆弱的生态系统,使各种社群尤其是妇女无法参与生产活动,是对安全和健康的环境不断加重的一种威胁。""自然资源恶化使各种社群特别是妇女无法从事创收活动,同时使无酬工作大增。在城市和农村地区,环境退化和对整体人口特别是女孩和所有年龄的妇女的健康、福祉和生活素质都产生不利的影响。"① 一些发达国家利用资本输出的机会,将污染本国环境的工业转移到发展中国家,妇女深受其害。

涉及性别与可持续发展关系的研究主要集中在处于农村/农业地区环境变化中,特别是在森林砍伐和沙漠化中的女性角色。研究表明,砍伐森林和沙漠化过程给那些花费大量时间来采集燃料用木材、饲料、取水的农村居民带来了不良影响。在很多社会中,这些工作一直由女性承担,环境退化使女性需要花费更多的时间来完成这些任务。例如在印度部分地区,女性要多步行1至5小时找一担燃柴。在非洲的一些地区,女性一天花几个小时汲水。女性作为环境退化的主要受害者的情况在城市地区也存在。贫穷的城市人口一般生活在环境恶劣或退化的区域中的那些不安全和狭窄的建筑里,不能得到充分的生活保障。炊烟和腐败的有机物污染,缺乏基本的排污系统,工业和交通废气所造成的空气污染以及缺少安全充足的饮水等问题,都使得很多城市人口成为各种传染病携带者。女性在家时间多于男性,因而受到各种环境污染的影响的机会更多。另外,由于男性人口流动和迁移的数量一般多于女性,更多的女性留在农

---

① 第四次世界妇女大会《行动纲领》第246、247段,《第四次世界妇女大会重要文献汇编》,中国妇女出版社,1998年版,第290、291页。

村继续从事不可持续的农业活动。①

因此,在1994年6月召开的首届"中国妇女与环境"会议上,与会女性出于共识而达成了《中国妇女环境宣言》。《宣言》说:"我们深深感受到:由于妇女的性别特征及她们在社会繁衍和发展中的特殊作用,因而更容易和直接地受到环境恶化的危害,因此妇女和儿童是环境恶化的最大受害者。保护环境,维护人类及子孙后代的生存和发展是全世界人民的共同利益,也是所有妇女的共同利益。"②

其二,女性在自然资源管理和环境维护方面起关键作用

占人口半数的女性肩负着家庭劳动和社会劳动的负担。作为消费者和生产者、家务操持者和下一代的教育者,女性可以通过对目前和后代生活素质和可持续能力的关切,在促进可持续发展方面发挥重大作用。因此,80年代末以来,单纯强调女性作为环境退化受害者的做法已经逐渐地被把女性看作既是环境恶化的受害者又是环境的管理者的观点所代替,开始着重研究女性在自然资源的管理和环境维护方面所起的关键作用。

第一,生存在地球上的人类有一半是女性。在地球这个共同的家园里,女性理应同男性一样共同肩负起推动社会经济发展、保护生态环境的重任。这不仅是女性应尽的职责,同时也是其不可剥夺的权利。第二,由于各国社会文化普遍将女性塑造成更具有爱心、养育责任、维系和谐关系以及非暴力特征的人群,她们更倾向于保护环境。第三,在世界各国,尤其是发展中国家,女性是家庭饮水、食物和做饭、取暖所用燃料的主要收集者或提供者,因而是自然资源、环境的主要接触者,在资源管理上女性比男性具有更大的优势。第四,女性在家庭消费、家务管理中扮演着非常重要的角色,她们选择何种消费品和选择何种消费方式对环境和生态具有重大意义。一

---

① George Martine & Marcela Villarreal: "Gender and Sustainability: Re-assessing Linkages and Issues." Website: http://www.fao.org/LIBRARY/currawar/faodoc/curren-1/379803.htm, date of online: 1998/8/22.

② 《中国妇女环境宣言》,《环境保护》,1994年第8期。

些西方生态女权主义者甚至认为,女性对自然的亲近是以女性的身体为基础的,生育和给予生命的能力产生了一种不同于男性的与自然的密切关系。

无论是否同意西方生态女权主义者的观点,可以肯定,在环境可持续发展中,女性占有相当重要的地位,她们不仅应当享有与男性平等获得和利用资源环境的机会,而且应享有与男子平等参与决策、保护资源环境的机会。

3.2 保护环境的权利与义务

就目前情况来看,尽管人类对女性在环境管理中作用的认识日益明确,女性依然大体上没有参与各级关于自然资源和环境管理、养护、保护和恢复的政策制订与决策,她们在宣传和监测自然资源管理方面的经验和技能,在政策制订和决策机构,以及在教育机构和与环境有关的机构的管理一级,往往处于无关紧要的地位。女性很少被培养成为具有决策能力的专业的自然资源管理人员,如土地使用规划者、农学家、海洋科学家和环境律师等。即使女性被培养为专业的自然资源管理人员,她们在全国、区域和国际各级具有政策制订能力的正规机构内的人数往往不多。女性往往不是决策最能影响环境品质的财政和公司机构的管理阶层的平等参与者。[①]

《中国妇女环境宣言》明确提出:保护环境是女性的权利和义务。它代表了环境恶化最大的受害者,在资源管理、环境保护中起关键作用的世界各国女性的心声。国际社会为促使女性、特别是发展中国家的女性参与环境保护和可持续发展也做了大量工作。中国女性已经在保护环境方面付出艰苦的努力并取得了一些成绩。1990年初,中国全国妇联和国家林业部共同开展的"三八绿色工程"活动,发动亿万城乡妇女参与植树造林,改善生态环境。近几年,有1.3亿中国妇女参加植树、种草、栽花、防护林工程及小流域治理。近三年植树21亿株,营造的"三八林"、"三八果园"、"三八苗圃"等绿

---

① 第四次世界妇女大会《行动纲领》第249段,《第四次世界妇女大会重要文献汇编》,中国妇女出版社,1998年版,第292页。

色基地 6 万多个，不仅优化了生态环境，而且增加了妇女收入。①"三八绿色工程"成为有史以来妇女参与造林绿化人数最多、领域最宽、效果最好的一项活动，它有效地促进了我国的环境生态平衡和林业经济发展。②

3.3 经济全球化的影响

经济全球化是当今世界经济发展的重要趋势。对于经济全球化，目前国内外尚无统一的界定。应当说，所谓经济全球化是一种有着多方面和多层次内容的复杂的社会经济现象，系指生产要素在全球范围内自由流动和合理配置，逐渐消除各种壁垒和阻碍，使国家间的经济关联性和依存性不断增强。

经济全球化对女性的影响这个问题常常为人们所忽略，但可以肯定，经济全球化既为女性提供了新的机会，同时也带来了很多新问题，出现了显著的进步和持续的不平等现象共存的事实，存在男女之间不平等变本加厉的趋势。所以说，经济全球化对于广大妇女是一把双刃剑，尤其是发展中国家的妇女往往还要承受着双倍的压力与挑战。

经济全球化在一定程度上增加了女性的就业机会，增加了一些女性的收入。首先，经济全球化促进了包括大量女性工人在内的国际工人的跨国流动；其次，经济全球化、特别是贸易自由化和外国直接投资的工业为女性工人增加了就业机会；第三，在迅速增加的国际金融服务领域中雇佣女性的比例较高；第四，在诸如软件设计、电脑程序设计和经济服务（银行业和保险业）等在发展中国家处于资源重新配置的行业也雇佣了相对高比例的女性，有些女性甚至处于较高的职位上；第五，尽管尚没有关于服务行业就业情况的充分而确定的数据，但很显然，一些国家的新型的服务业为女性提供了工资相对高的工作。

---

① 《中华人民共和国〈提高妇女地位内罗毕前瞻性战略〉国家报告》，《第四次世界妇女大会重要文献汇编》，中国妇女出版社，1998 年版，第 366 页。

② 朱晓征：《全国妇联让绿色的旗帜飘起来》，《人民日报》，1999 年 6 月 24 日。

《发展中妇女角色1999年世界调查》——一份在联合国妇女地位委员会43届年会上提交给委员会的执行总结认为,全球化一般不能减少或根除以性别为基础的有差别的实践,一般也不能使性别不平等实现最小化,在一定环境中,它甚至可以使之恶化。① 有学者认为:"对于经济全球化现象,许多支持者称赞它是提高全球生活水平的途径,但它却未能很好地改善世界女性的经济困境。生产的全球化没有为女性创造长期提高地位的重要工作机会。而且,当多边投资协定(Multilateral Agreement on Investment)进一步提高跨国公司的市场份额时,它们却未能保证女性的大多数基本得到贷款、土地、资本和训练。"② 从以下三个方面可以窥见经济全球化中女性问题之一斑:

第一,经济全球化打击了曾经用以减少女性边缘化的政策。

例如,为了使世界上最穷的女性实现一定程度的经济自立,曾向她们提供得到必须资本所需的途径,而现在这些行动则都已不能获得成功。在全球化的经济角逐中,拥有小型商业的女性被迫与拥有更大资源获得权的多国投资者竞争,她们往往在竞争中成为失败者。

第二,在经济全球化中,大量的国际剥削与犯罪威胁着妇女儿童,特别是发展中国家的妇女儿童。例如,在以谋求最大经济利益为目的的"血汗工厂"中,妇女和儿童仍然受到极大的剥削;以麻醉品、武器、洗钱为基础的地下经济正在改变一些国家的政治文化,这些活动的主要受害者是妇女和儿童;与此同时,大量劳动密集型、

---

① Framework for Further Actions and Initiatives that Might Be Considered during the Special Session, Women 2000: Gender Equality, Development and Peace for the 21 Century, Report of the Secretary-General, Commission on the Status of Women Acting as Preparatory Committee for the Special Session of the General Assembly in the Year 2000, Second Session, 15—19 March 1999, General E/Cn. 6/1999/Pc/2. Website: http://www. un. org/womenwatch/daw/csw/future. htm, date of online: 1999/2/20.

② Barry Carter: MAI and the Marginalization of Women (Fri, 19 Sep 1997). Website: http://www. earthsystems. org/list/ecol-econ/01766. html, date of online: 98/8/22.

甚至有毒的工业转入发展中国家，招收当地的年轻女性工作，这些年轻女性在缺乏安全卫生措施和劳动保障的环境下工作，身心受到极大损害。

第三，随着经济全球化的发展，现代化冲击着传统的农业区域。在农业地区现代化的同时，传统的女性手工业无力抵抗现代化在地域上和产品价格与质量上的冲击，从而受到排挤。而缺乏现代技术和知识的失业女性则因不能得到适当的工作而处于失业状态。同时，出于赢利的目的，许多发展中国家的农村技术发展多集中于商品作物（Cash Crops），而商品作物的生产者又多为男性，因此人数众多的农村女性只能从事粮食作物和原材料作物（Staple Crops）生产，而未能从现代化中得到与男性同等的好处。①

随着经济全球化的发展，旅游业、零售贸易、航空/旅行和娱乐工业在东南亚的许多国家发展起来，西方游客来亚洲旅游，享受"具有异国情调的和迷人的世界"。与之紧密联系的是卖淫和跨国拐卖亚洲女性的地下买卖发展起来。据估计，亚洲每年有近100万儿童，其中主要是女童被迫卖淫。②

而处于转型时期的东欧和前苏联国家，"为了实行稳定政策和低效率机构改革而进行的私有化，对妇女的经济地位产生了不利的影响。""由于过去采取了支持妇女参与劳动力的特别保护措施，也由于对两性关系的传统成见重新抬头，因此妇女难以在私有化企业找

---

① 关于此三点概括请参见：George Martine & Marcela Villarreal："Gender and Sustainability: Re-assessing Linkages and Issues." Website: http://www.fao.org/LIBRARY/currawar/faodoc/curren-1/379803.htm, date of online: 1998/8/25. Karen Coelho and Michael Coffey: "Gender Impacts on Policy." Website: http://www.fao.org/waicent/faoinfo/sustdev/WPdirect/WPan0007.htm, date of online: 1998/8/25.

② Josefa S. Francisco: "Gendered Impact on East/Southeast Asia", September 13, 1996. Website: http://www.corpwatch.org/trac/feature/india/globalization/women.html, date of online: 98/8/11.

到工作，或被解雇后难以找到新工作"。①

重新审视和反思经济全球化对女性影响与重新审视和反思经济全球化对世界和发展中国家的影响紧密相连。从国际社会来讲，在经济全球化的趋势中如何促进发展中国家和女性与发达国家和男性同步发展、共同受益；从发展中国家和女性本身来讲，如何在经济全球化中很好地利用机遇、迎接挑战，实现与发达国家和男性同步发展、共同受益；这些都是在未来的发展中需要解决的重要问题。

第四节　社会进步与女性发展

社会的进步和女性的发展之间有着必然的联系，社会的进步和发展决定了女性的进步与发展，女性的发展同时反作用于社会，影响着社会的发展。因此，探索女性发展的规律以及社会发展与女性发展之间的关系，可以帮助我们回顾历史、总结经验，同时预见和把握女性以及人类社会的未来。

4.1　同步前进

女性发展首先表现为逐渐提高女性地位，改变男女在政治、经济、文化、社会、家庭等各个方面的法律和事实上的不平等，充分发挥女性的潜能，以使男女在权利、尊严、机会与价值上实现平等和协调发展，其理想状态是女性获得自由而全面的发展。

不能否认，女性与男性的平等地位是在社会发展与进步中丧失的。这一事实反映出了女性发展是受社会发展规律所制约的。

而从本质上来讲，女性的进步和发展与整个人类社会的进步发展是同步的。这表现在以下几个方面：

---

① 联合国《秘书长关于第二次审查和评价〈提高妇女地位内罗毕前瞻性战略〉执行情况的报告概述（摘录）》第 35 段，E/CN. 6/1995/3，1995 年 1 月 10 日和 E/CN. 6/1995/3/Add. 1，1995 年 2 月 24 日。《联合国与提高妇女地位（1945—1995 年）》，联合国新闻部出版，1995 年版，第 784 页。

第一,女性的地位高低反映了社会发展进步的程度。"在任何社会中,妇女解放的程度是衡量普遍解放的天然尺度。"著名空想社会主义者傅立叶在《关于四种运动的理论》中指出:"某一时代的社会进步和变迁是同妇女走向自由的程度相适应的,而社会秩序的衰落是同妇女自由减少的程度相适应的。""妇女权利的扩大是一切社会进步的基本原则。"① 男女不平等的产生有其深刻复杂的社会原因,其中包括社会的经济和政治制度,也包括社会意识形态和人们的思想观念的原因。因此,实现男女平等既要通过生产力的发展、生产关系的进步,又要通过上层建筑的不断完善。这就是说,社会的全面进步与发展必然会促进女性的解放与发展,而女性的解放与发展也必然会推动社会的发展。

第二,提高女性地位的妇女运动是随着社会进步开始的。

在西方国家的封建社会末期、资本主义社会初期,生产力迅速发展,资产阶级由于追求高额利润的需要和高速发展生产的需要,使得女性参加社会劳动成为必须。而随着工业革命的发生和发展,利用廉价的妇女劳动力便成为有利可图的事情,大量下层妇女涌入生产领域,形成了一支妇女劳动大军。女性大量参加社会劳动,客观上有利于她们在经济上获得独立、在社会上逐步得到发展,从而也在客观上有利于女性地位的提高;大量妇女走向社会也有力地促进了女性广泛觉醒和妇女运动的产生,为提高女性地位创造了条件。

第三,争取男女平等的运动是在重大社会事件中产生并得到发展的。

广大女性往往会卷入到重大的社会事件中去。在参与这些事件与活动的过程中,男女不平等明显地表现出来,促使广大女性和反对歧视女性的男性组织起妇女运动;同时,重大社会活动也为妇女运动的发展提供了重要的思想基础和理论根据。法国资产阶级革命后妇女运动兴起,20世纪60年代美国妇女运动伴随着美国民权运动而壮大,中国妇女运动也是随着中国人民对革命道路的探索而开

---

① 引自恩格斯:《反杜林论》,《马克思恩格斯选集》第三卷,人民出版社,1972年版,第300页;注释第211,618、619页。

展起来的。

第四，女性发展受到社会发展的限制，真正实现男女平等还需要一个相当长的历史过程。

法国大革命后的妇女运动为女性发展和女性地位的提高开辟了道路，社会主义制度的确立，极大地提高了女性的政治与社会地位，这是社会发展的结果，与社会发展同步。同样地，女性发展与社会进步同步的规律也制约着未来女性发展的进程。随着生产力的发展、物质生产水平和社会文明程度提高，最终实现男女平等的目标，还需要一个相当长的历史时期。在这个过程中，由于男女不平等现象的普遍存在，在社会进步中女性往往不能与男性同等地受益，甚至在有些国家出现了女性地位下降的情况。因此，国家有责任从法律和政策上来保障女性的权益，促进女性发展。

4.2 进步模式

女性发展与社会进步同步，女性地位的提高与社会进步的关系极为密切。在社会进步中，不同国家提高女性地位、促进女性发展的模式不尽相同。后者对前者起到重要作用。截至目前的情况来看，提高女性地位的模式大体可分为以下三大类：

第一，西方发达资本主义国家提高妇女地位的模式——通过女权运动促进女性地位的提高。法国大革命后，西方资本主义国家的女权运动开始兴起，女性地位也逐渐提高；在本世纪60年代的民权运动中，女权运动第二次高潮发展并波及整个西方国家。这一系列女权运动促进了西方国家妇女地位的提高和女性的发展。

第二，社会主义国家提高女性地位的模式——在社会制度的变革后通过政府积极的行动促进女性地位的提高。苏联在建立社会主义制度后，积极致力于男女平等事业。中华人民共和国成立后，中国政府积极促使女性参加社会劳动，提高女性的经济地位和政治地位，制定了一系列提高女性地位的法令，中国女性地位有了明显的提高。第二次世界大战后，东欧各国、朝鲜、蒙古、越南等国家建立了社会主义制度，女性地位也获得明显提高。在这种模式中，确立了社会主义制度的国家政府在提高女性社会参与和法律地位方面扮演了关键的角色。

第三,第三世界民族主义国家提高妇女地位的模式——女性积极投身参与反帝反殖的斗争,国家独立后女性地位有较明显提高。20世纪60年代以来,在亚非拉民族解放运动蓬勃发展的高潮中,女性为反对帝国主义、殖民主义的奴役压迫,争取国家独立,消除社会歧视,实现男女平等进行了不懈的努力。国家独立后,女性也随之获得法律上的平等权利。

当然在以上各种模式中,各国都有具体的、不尽相同的表现。

女性发展是社会全面发展的基础,是女性在社会历史中不间断地进步问题。女性的发展与社会的发展一样,呈现出自身的规律性;同时,在世界不同国家和地域、不同的生产力发展水平和生产关系形式,不同的文化背景和宗教习惯之下,它又呈现出多样性和差异性。女性的未来是与人类的未来紧密相连的,它有赖于社会、经济、政治的进步,有赖于思想文化、社会意识形态的转变,有赖于生产力的发展和生产关系的变革,同时也极大地取决于社会对女性和人类发展未来的认识,以及人们朝向男女平等和人类自由而全面发展的努力。

4.3 两性平等和谐

从历史和男女平等的思想史来看,在提高妇女地位中,一些男性思想家的努力是不可缺少的。约翰·穆勒(John Stuart Mill)、马克思、恩格斯等在妇女解放思想史上占据重要地位,他们是研究妇女问题的最有洞察力的思想家。相反,也有一些女性不同程度地维护现存的男女不平等的事实,不主张致力于男女平等。显然,是否同意、支持男女平等并不与其本身的性别特征有必然联系。在争取中国男女平等的斗争中,康有为、梁启超、孙中山、李大钊、陈独秀与毛泽东等男子都对宣传和促进男女平等做出了贡献。

从社会现实来看,男性在实现两性平等、促进女性发展中发挥着重要作用。首先,在大多数社会中,男子在生活的几乎所有方面——从决定自家子女多少到决定各级政府的政策和方案——都具有极大的权力,没有男性的努力与参与,女性发展与男女平等将很难实现。其次，在思想和行为领域，特别是在女性被普遍排除的范围内，如经济政治管理领域、军事领域和学术界等，男子的思想更容易被社会接受，所以带有男女平等观点的男性更容易改变男性和女性的认识态度和行为。第三，男性和女性有着密切的关系，尽管男性在家庭与社会中的地位普遍高于女性，但一些男子愿意为自己的母亲、妻子或女儿的利益以及家庭的和谐而接受男女平等思想、促进男女平等发展。

从社会发展的未来来看，实现男女平等不仅是提高女性地位、争取女性权益的问题，而且是改变男女不平等的社会关系、建立两性和谐平等的全面发展模式的过程。只有保证男女在家庭中共同承担私人领域的责任，完成家务劳动、照顾子女；同时确保女性与男性一样平等充分地参与公共领域的工作，才能创造男女在公共和私人领域平等和谐相处、全面发展的模式。实现这一目标需要男女的共同努力，更需要国际社会、国家、各级组织的法律法规来确定并采取各种措施保证法律法规的顺利执行。

女性在自然界中的地位、社会地位和性际关系中的地位是女性地位的三个重要的方面。男性和女性作为人，应享有平等的社会地位，而不应有等级差别，男女平等是指男女的人的尊严和价值的平等以及男女权利、机会和责任的平等。实现男女平等是两百多年以来世界各国妇女运动的核心内容，女性谋求自身解放绝不意味着提高妇女地位而不顾或排斥男性以及社会的进步，妇女运动不是搞男女对立；它是将女性从男女不平等中解放出来而不是男女地位的互换。女性作为人类的一半，其进步和发展与整个人类社会的进步发展同步，实现男女平等的事业，是消除等级差别，实现男女共同解放，建立男女两性平等和谐发展新模式的过程。女性与男性一起，各自充分发挥自己的潜能、价值和个性，在改造客观世界的同时，自己的主观世界也将得到改造，社会的物质生产、精神生产和精神生活得到发展。女性与男性将一起具有高度的科学文化知识和技术水平，摆脱传统观念和刻板模式的束缚，建立和谐的婚姻家庭关系，不断完善并最终实现男女两性平等和谐发展新模式。

4.4 自由而全面的发展

女性发展的理想状态是实现女性自由而全面的发展,这是人的自由而全面发展的一部分。没有女性的自由而全面的发展,就没有每一个人的自由而全面的发展,也没有整个人类的自由而全面的发展。女性"自由而全面的发展"同样也是个动态过程,它将随着社会的进步而不断演进,不断丰富,永无止境,静止绝对的"自由而全面的发展"是不存在的。"自由而全面的发展"在任何时候总要受到自然、社会与人类本身条件和需要的限制。这些限制,一方面是约束,一方面也包含着促进。

从社会发展与进步的角度来看,在以包括信息技术、农业生物工程等在内的科学技术进一步发展、全球经济一体化日益明显的 21 世纪,各地信息交流日渐快捷、社会生产率极大地提高,全世界的经济财富将日益增加,繁重的体力劳动和家庭劳动负担不断减小,加之教育的逐步普及,女性参加社会劳动的水平将有所提高,女性地位将进一步提高。可以说,社会的发展与进步为女性地位的提高、女性自由而全面的发展提供了良好的物质准备和前所未有机遇。

从妇女运动发展的规律看,随着妇女运动逐渐走向全球化,妇女运动的发展水平已历史地进入前所未有的新高度,妇女运动的理论进一步发展,妇女运动的内容进一步广泛和深入,女性政治参与走向成熟并趋于群体化,妇女非政府组织成为所有非政府组织中最活跃的力量之一,联合国多次世界大会中涉及提高女性地位的决议已广泛得到国际社会的认可,各国政府已经将男女平等和提高女性地位列入议事日程,并受到联合国等有关国际组织的监督。这就为女性地位更进一步的提高提供了组织与政策的准备。

"开辟未来"是一个响亮的号召,它在超越时空的意义上回答了必然与自由的关系问题,引导人们由必然向自由过渡。21 世纪是一个科学技术进一步发展、全球经济一体化进程进一步加快的时代,人类将面临各种新的机遇和挑战,对于人类社会未来与女性的发展,这也将是至关重要的新千年,人类只有抓住机会、勇敢地迎接挑战,才能实现男女平等、男女和谐发展,并获得女性的自由而全面的发展和人的自由而全面的发展。尽管在走向未来的过程中会遇到各种困难和曲折,女性和人类的未来必定是光明的,必然会越来越接近人类自由而全面的发展。

后　记

本教材是集体研究和撰写的成果。

三年前，北京大学中外妇女问题研究中心为了加强女性学基本理论研究，在中心主任郑必俊教授带领下，组建了"女性学原理"课题组。1998年，经国务院学位办批准，北京大学首次招收女性学专业的硕士研究生，成为全国惟一一所设立此学科方向的高校。这一举措给中心的基本理论探索带来动力，编写《女性学概论》教材也提到了议事日程。

本教材的总体构思和框架设计最初由魏国英和郑必俊提出。在此基础上，课题组多次研讨，进行补充修订。教材初稿完成后，作为讲稿，在硕士专业基础课"女性学研究"中进行教学实践，获得了教学相长的收益。

本教材具体撰写分工是：魏国英撰写导言和第一章，苏彦捷撰写第二章，佟新撰写第三章的第一节、第二节、第三节，祖嘉合撰写第三章的第四节、第五节，蔡文媚撰写第四章的第一节、第三节、第四节、第五节，其中郑晓瑛撰写了第四章第五节第3个问题的一部分（5.3.2），马忆南撰写第四章的第二节，康沛竹撰写第五章，仝华撰写第六章，郑必俊撰写第七章，其中王美秀撰写了第七章第一节第4个问题（1.4），李英桃撰写第八章。

全体编写者同心协力，取长补短，团结合作，在反复讨论的基础上，认真斟酌，几易其稿。最后由魏国英对全书作加工、修改、整合的统稿工作。本书充分体现了集体的力量和智慧。

可以说，本书是新时期以来我国第一部系统完整的女性学原理性教材。我们相信，在学科建设发展史上是有它的地位和作用的。

敬希专家、读者、同行批评指正。

编　者

2000年8月